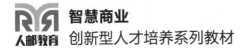

智慧商业
创新型人才培养系列教材

智慧物流与供应链管理

慕课版 ·······························

杨志伟　郝　骞◎主　编

郑宝成　韩立峰　王文涛◎副主编

人民邮电出版社

北　京

图书在版编目（CIP）数据

智慧物流与供应链管理：慕课版 / 杨志伟，郝骞主编. -- 北京：人民邮电出版社，2024.4
智慧商业创新型人才培养系列教材
ISBN 978-7-115-63199-2

Ⅰ. ①智… Ⅱ. ①杨… ②郝… Ⅲ. ①智能技术－应用－物流管理－高等学校－教材②智能技术－应用－供应链管理－高等学校－教材 Ⅳ. ①F252.1

中国国家版本馆CIP数据核字(2023)第225951号

内 容 提 要

　　智慧物流与供应链管理是现代企业管理的核心内容之一。智慧物流与供应链管理可以提高企业竞争力与服务水平，降低企业成本。本书系统地阐述了智慧物流与供应链管理的基础知识，主要内容包括物流管理与物流管理职业生涯规划、物流系统、物流功能管理、物流信息管理、企业物流管理、第三方物流管理、物流组织与控制、国际物流、智慧物流和供应链管理。

　　本书体系完整，讲解透彻，可以作为高等院校智慧物流与供应链管理基础、现代物流管理、物流管理基础等相关课程的教材，也可以供广大物流与供应链研究人员和从业者学习和参考。

◆ 主　　编　杨志伟　郝　骞
　　副 主 编　郑宝成　韩立峰　王文涛
　　责任编辑　侯潇雨
　　责任印制　王　郁　彭志环

◆ 人民邮电出版社出版发行　北京市丰台区成寿寺路 11 号
　　邮编 100164　电子邮件 315@ptpress.com.cn
　　网址 https://www.ptpress.com.cn
　　固安县铭成印刷有限公司印刷

◆ 开本：787×1092　1/16
　　印张：13.5　　　　　　　　2024 年 4 月第 1 版
　　字数：329 千字　　　　　　2025 年 8 月河北第 3 次印刷

定价：49.80 元

读者服务热线：(010)81055256　印装质量热线：(010)81055316
反盗版热线：(010)81055315

前言

现代物流一头连着生产，一头连着消费，高度集成并融合运输、仓储、配送、信息处理等服务功能，是延伸产业链、提升价值链、打造供应链的重要支撑，在构建现代流通体系、促进形成强大国内市场、推动高质量发展、建设现代化经济体系中发挥着先导性、基础性、战略性作用。

2022年，物流运行保持较好态势。全国社会物流总额实现 347.6 万亿元，同比增长 3.4%。社会物流总费用 17.8 万亿元，同比增长 4.4%。2022 年社会物流总费用与国内生产总值的比率降至 14.7%，较 2015 年下降 1.3 个百分点。公路、铁路、内河、民航、管道运营里程及货运量、货物周转量、快递业务量均居世界前列。

随着信息技术的不断发展，以及物联网、大数据、人工智能等新兴技术的广泛应用，物流的自动化、智能化、智慧化水平不断提高，智慧物流与供应链管理也得到快速发展。高层次技术技能物流人才的培养与储备已成为物流企业未来的竞争点之一。

本书特色

● **体系完整、强化应用**：本书力求内容体系完整，让读者能完整掌握现代物流管理的基础知识，以及智慧物流与供应链管理的进阶应用，从而全面提升学习效果。

● **案例主导、学以致用**：本书立足智慧物流与供应链管理的理论知识，通过大量的案例分析，让读者真正掌握智慧物流与供应链管理的实战技能。

● **同步视频、资源丰富**：本书配套同步视频，便于学生直观地学习相关知识，还提供PPT、教案、案例素材等立体化的教学资源，用书教师可以登录人邮教育社区（www.ryjiaoyu.com）下载使用。

本书编者

本书由河北工业职业技术大学杨志伟、郝骞任主编，郑宝成、韩立峰、王文涛任副主编，董曼培、樊洪涛、王彦飞、焦小龙参与了本书编写。另外，感谢深圳市怡亚通供应链股份有限公司、深圳市中诺思科技股份有限公司为本书提供的案例。

尽管我们在编写过程中力求准确、完善，但书中难免存在疏漏与不足之处，恳请广大读者批评指正，在此深表谢意！

编者

2023 年 11 月

目录

基础篇

模块一 物流管理与物流管理职业生涯规划 2

单元一　物流管理认知 3

单元二　物流管理职业生涯规划 10

同步测试 16

实训项目 16

模块二 物流系统 18

单元一　物流系统认知 19

单元二　物流系统构成 22

单元三　物流系统分析 27

同步测试 30

实训项目 31

模块三 物流功能管理 32

单元一　运输管理 33

单元二　仓储管理 42

单元三　配送管理 53

单元四　包装管理 62

单元五　装卸搬运 69

单元六　流通加工 74

同步测试 80

实训项目 82

模块四 物流信息管理 84

单元一　物流信息管理认知 85

单元二　物流信息系统 89

单元三　物流信息技术 92

同步测试 100

实训项目 100

模块五 企业物流管理 102

单元一　采购物流管理 103

单元二　生产物流管理 111

单元三　销售物流管理 117

同步测试 120

实训项目 121

模块六 第三方物流管理 123

单元一　第三方物流认知 ... 124

单元二　企业物流模式选择与第三方物流管理 ... 127

同步测试 134

实训项目 135

模块七 物流组织与控制 137

单元一　物流组织管理 138

单元二　物流服务管理 143

单元三　物流成本管理 148

单元四　物流质量管理......155

同步测试......161

实训项目......161

模块八　国际物流......163

单元一　国际物流认知......164

单元二　国际物流的基本
业务......168

同步测试......173

实训项目......174

进阶篇

模块九　智慧物流......177

单元一　智慧物流认知......178

单元二　智慧物流应用场景与
应用方向......180

同步测试......183

实训项目......184

模块十　供应链管理......185

单元一　供应链管理认知...186

单元二　供应链设计......193

单元三　供应链管理方法...201

同步测试......207

实训项目......208

参考文献......210

基础篇

模块一

物流管理与
物流管理职业生涯规划

知识目标

了解物流的产生与发展。

掌握物流和物流管理的定义。

掌握物流管理的核心。

了解物流管理岗位设置。

能力目标

能应用所学知识解释生活中的物流问题。

能初步制订自己的物流职业生涯规划。

素质目标

培育并践行社会主义核心价值观。

培育并践行物流管理人员的职业道德和职业精神。

知识框架

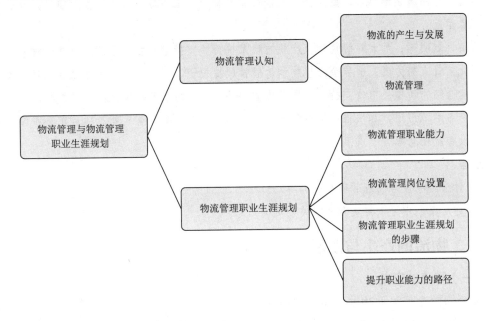

单元一　物流管理认知

案例导入

河北省智慧物流专项行动计划（2020—2022年）提出的八大行动

为加快推进河北省智慧物流体系建设，行动计划提出实施八大行动。

一是大数据开发利用行动，重点任务是推进政府物流数据开放共享、提升社会数据资源价值、建设数字经济安全保障体系。

二是智能仓储改造行动，重点任务是推进仓储设施智能化改造、推进智能共享仓建设、优化仓干配一体化网络布局。

三是智能货运提升行动，重点任务是建设智能立体物流网络、推动重大交通基础设施智能化改造、推进干支物流网络智能化升级。

四是重大载体联通行动，重点任务是打造智慧物流枢纽、建设智慧物流园区、建设智慧物流节点。

五是产业生态圈培育行动，重点任务是搭建全流程联运平台、推动应用场景创新、推动多平台融合对接。

六是智慧供应链创新应用行动，重点任务是推进京津冀物流数字化协同、健全制造业智能物流体系、发展智慧全程冷链物流。

七是市场主体赋能行动，重点任务是引进一批龙头企业、培育壮大一批本土企业、转型升级一批传统企业。

八是服务品牌塑造行动，重点任务是推行智慧物流标准、建设标志性重大项目、开展智慧物流试点示范。

行动计划明确，加大对智慧物流产业的政策扶持。支持智慧物流示范企业享受税收优惠政策。强化信贷支持力度，引导金融机构和政府性股权投资、引导基金加大智慧物流建设投入，给予智能仓储物流项目信贷支持，开发适应智慧物流发展特点的金融产品。开展物流智能装备首台（套）示范应用，加快推动智能装备物流产业化发展。简化智慧物流项目审批手续，支持企业建设智能化仓库。

思考

1．什么是物流与物流管理？

2．你从案例中可以得到哪些有关物流的信息？

一、物流的产生与发展

（一）物流的定义

物流的概念起源于20世纪初期的美国。1915年，美国市场营销学者提出了"Physical Distribution"（PD）的物流概念，其直译为"实体分配"或"分销物流"。阿奇·萧认为"物流是与创造需求不同的一个问题""物资经过时间或空间的转移会产生附加价值"。此时的物流指的是销售过程中的物流。

2021年8月，国家标准《物流术语》（GB/T 18354—2021）正式发布。《物流术语》对物流（Logistics）的定义为："根据实际需要，将运输、储存、装卸、搬运、包装、流通加工、配送、信息处理等基本功能实施有机结合，使物品从供应地向接收地进行实体流动的过程。"

物流是一种经济活动，也是不断满足客户需求的过程。物流可以创造时间价值、空间价值和加工附加价值，如表1-1所示。

表1-1　物流的价值

时间价值	空间价值	加工附加价值
1．缩短时间，创造价值，如使新开发产品尽早上市 2．弥补时间差，创造价值，如农产品生产有季节性，却要满足全年消费需求 3．延长时间差，创造价值，如延长普洱茶的储存期以创造价值	1．使产品从集中生产场所流入分散需求场所，创造价值，如将产品从产地运到消费地 2．使产品从分散生产场所流入集中需求场所，创造价值，如将农村生产的粮食送往有集中需求的消费地 3．使产品从低价值生产地流入高价值销售地，创造价值，如将在低成本地生产的产品运往高售价地销售	创造加工附加价值，如配送中心将食品进行流通加工后送往超市

（二）物流的功能要素

物流的功能要素指的是物流系统所具有的基本能力，这些基本能力有机地组合在一起，便构成了物流的总功能。

（1）运输。运输是指利用载运工具、设施设备及人力等运力资源，使货物在较大空间中产生位置移动的活动，包括集货、分配、搬运、中转、装入、卸下、分散等一系列操作。

（2）仓储。仓储是指利用仓库及相关设施设备进行物品的入库、储存、出库的活动。

（3）配送。配送是指根据客户要求，对物品进行分类、拣选、集货、包装、组配等作业，并将物品按时送达指定地点的物流活动。

（4）装卸搬运。装卸是指在运输工具间或运输工具与存放场地（仓库）间，以人力或机械方式对物品进行载上载入或卸下卸出的作业过程。搬运是指在同一场所内，以人力或机械方式对物品进行空间移动的作业过程。

（5）包装。包装是指在流通过程中为保护产品、方便储运、促进销售，按一定技术方法所采用的容器、材料及辅助物等的总体名称，也指为了达到上述目的而在采用容器、材料及辅助物等的过程中施加一定技术方法的操作活动。

（6）流通加工。流通加工是根据客户的需要，在流通过程中对产品实施的包装、分割、计量、分拣、刷标志、拴标签、组装、组配等简单加工作业活动的总称。

（7）信息处理。物流活动中各个环节生成的信息，一般随着从生产到消费的物流活动的产生而产生，与物流过程中的运输、仓储、装卸搬运、包装等各种功能有机结合在一起，是整个物流活动顺利进行所不可缺少的。物流管理人员利用计算机对收集的物流数据进行查询、分类、排序、合并、计算、模型调试及预测等加工处理，可以提高物流管理的效率。

（三）物流的作用

物流在国民经济中占有重要地位，是国民经济的综合性和支柱性产业之一，是提高微观经济效益和宏观经济效益的重要保证。物流发展水平已成为衡量一个国家现代化水平和综合国力的重要标准之一。

1. 物流在微观经济运行中的作用

对于微观经济运行，物流具有以下作用。

（1）提高企业服务水平。在当今经济全球化、消费需求多样化的时代，企业之间的竞争越来越激烈，有效的物流管理已被认为是提高企业竞争力的关键因素。物流可以实现零库存、降低流动资金占用成本，也是提高企业服务水平、增强企业核心竞争力的重要环节。在经济全球化、信息全球化的今天，企业只有建立高效的现代物流体系，才能在激烈的市场竞争中求得生存和更好的发展。

（2）降低企业成本。物流可以使企业减少人力、物力、财力的消耗，降低企业成本。例如，实现物流的机械化、自动化、智能化、智慧化，可以减少大量人工作业，大幅度降低人工成本，从而降低企业的物流成本支出。

（3）物流信息是企业经营决策的重要依据。近年来，物流信息在整个经济信息系统中占有越来越重要的地位，许多生产企业和流通企业都建立了先进的物流信息中心，以便及时掌握企业内部和外部的物流信息，为企业的生产经营决策提供重要依据。例如，运输活动需要依据供需数量、运输条件等信息确定合理的运输线路，选择合理的运输方式和运输工具；仓储活动需要依据货物入库数量、入库时间等信息确定合理的组织方式、入库时间和入库货位等。企业及时、准确掌握内外部物流信息，才能准确做出管理决策。

2. 物流在宏观经济运行中的作用

对于宏观经济运行，物流具有以下作用。

（1）物流是连接社会生产各部门的纽带。一个社会的经济是由众多的部分、单元组成的，它们分布在不同的地区，互相供应产品。它们之间既相互依赖，又相互竞争，形成错综复杂的关系。物流就是维系这些关系的纽带，能把社会生产各个部分连接起来，使其成为一个有序运行的整体。

（2）物流对经济发展具有促进作用。一方面，流通规模必须与生产发展的规模相适应，这是市场经济运行的客观要求。流通规模的大小在很大程度上取决于运输、仓储、装卸搬运、包装等物流效能的大小。例如，只有在铁路运输、水路运输、公路运输有了一定发展的情况下，煤炭、水泥等需求量大的产品才有可能成为大量生产、大量消费的产品，这些产品的生产规模才有可能继续扩大。另一方面，物流技术的发展能够改变产品的生产和消费条件，从而为经济的发展创造重要前提。例如，肉、奶、蔬菜、水果等产品，在没有仓储、运输、配送、包装等物流技术保障时，往往只能在几天到十几天的保存期内进行小范围的售卖，但是当物流技术有了充分发展时，这些产品就能在较短时间内进入广阔的消费市场和消费领域。随着物流技术的快速发展，物流流转速度将会大大加快，从而促进经济的快速发展。

（3）物流的改进是提高经济效益的重要源泉。一方面，物流组织的好坏直接影响生产过程能否顺利进行，决定产品的价值和使用价值能否实现。另一方面，物流成本已经成为生产成本和流通成本的重要组成部分。例如，在我国的生产建设行业中，煤炭的物流成本占其价格的50%左右，水泥的物流成本占其价格的30%左右，钢材的物流成本占其价格的10%～20%。在这些行业中，物流领域的发展潜力是巨大的。因此，通过采取合理组织运输、减少装卸次数、提高装卸效率、改进产品包装和装卸工具等减少物流损耗的措施降低物流费用，无论是在提高企业的经济效益方面还是在提高社会的宏观经济效益方面，都具有十分重要的作用。

（四）有关物流的学说

1. 商物分离说

商品从生产领域到消费领域的转移过程称为商品流通。这个过程涉及两个方面的流动。一是商品价值的转移，即商品所有权的转移，称为商流；二是商品使用价值的转移，即商品实体的转移，称为物流。

商流与物流是流通的重要组成部分，两者相辅相成、互相补充，既有统一（见图1-1），又有分离（见图1-2）。商流与物流的统一是指商流与物流在同一时间发生。商流与物流的分离是指商流与物流各自按照自己的规律和渠道独立运动。随着商品经济的发展，商流与物流的分离已成为必然的趋势。

小思考

商流、物流有什么区别和联系？

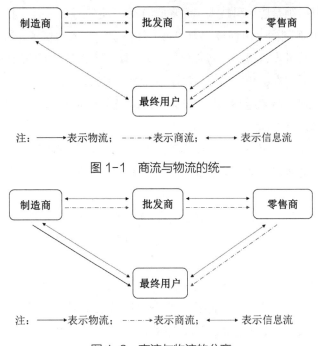

注：——→表示物流；- - -→表示商流；◄——表示信息流

图 1-1　商流与物流的统一

注：——→表示物流；- - -→表示商流；◄——表示信息流

图 1-2　商流与物流的分离

2. 物流的"黑大陆"学说

美国著名管理学家彼得·德鲁克认为，流通是经济领域里的"黑大陆"。由于流通中物流活动的模糊性尤其突出，属于流通领域中人们认识不清的领域，因此在现在看来，"黑大陆"学说主要是针对物流而言的。

"黑大陆"学说主要是指对某一事物尚未认识、尚未了解。按"黑大陆"学说的观点，如果物流理论研究和实践探索能够照亮这块"黑大陆"，那么摆在人们面前的将不是不毛之地，而是一片宝藏。从某种意义上讲，"黑大陆"学说是一种未知论的研究结论，是战略分析的结果，带有哲学的抽象性，但这一学说对物流领域的研究起到了启迪和动员的作用。

3. 物流"冰山"学说

物流"冰山"学说是由日本早稻田大学教授西泽修提出来的。西泽修在专门研究物流成本时发现，当时的财务会计和会计核算方法都无法展示物流成本的实际情况，因此人们对物流成本的了解存在空白，甚至有很大的虚假性，就像沉在水面下的冰山一样，他把这种情况称作"物流冰山"。冰山的特点是大部分沉在水面之下，而露出水面的部分仅是很小的一角。物流成本便是一座冰山，沉在水面之下的是我们看不到的黑色区域，而我们看到的只是物流成本的很小一部分。

西泽修用物流成本的具体分析论证了德鲁克的"黑大陆"说，用以说明物流领域不清楚和未知的东西太多了。"黑大陆"学说中的未知区域和物流"冰山"学说中的水下部分，正是物流需要开发的部分，也正是物流的潜力所在。

4. "第三利润源"学说

"第三利润源"学说起源于日本。从历史发展来看，人类历史上曾经有过两个大量提供利润的领域：第一个是资源领域，第二个是人力资源领域。资源领域起初是依靠廉价原材料、燃料的掠夺或获得，其后则是依靠科技进步而降低消耗、节约费用、综合利用、回收利用乃至大量人工合成而获取高额利润，习惯被称为"第一利润源"。人力资源领域最初是依靠廉价劳动，其后则是依靠科技进步，通过提高劳动生产率、降低人力消耗或采用机械化、自动化来降低劳动费用，从而降低成本、增加利润，习惯被称为"第二利润源"。

在这两个利润源潜力越来越小、利润开拓越来越困难的情况下，物流领域的潜力开始被人们所重视，物流领域开始被称为"第三利润源"。

"第三利润源"学说不仅将物流看成直接的谋利手段，还强调它是经济发展的新思路，将会对经济发展起到推动作用，这正是学术界给予该理论更多关注的主要原因。

5. 效益背反规律

效益背反指的是物流的若干功能要素之间存在矛盾，即某一功能要素的优化必然会给另一个或几个功能要素带来损失。这是一种此消彼长的现象，这种现象虽然在许多领域都是存在的，但在物流领域中尤其常见。

效益背反是物流领域中内部矛盾的反映和体现。以包装功能为例，假定商品价格和其他成本因素不变，那么包装成本越低，利润则越高。一旦商品进入流通领域后，成本较低的包装可能削弱对商品的保护效果，造成仓储、装卸搬运效益的降低。显然，包装功能效益的提高是以其他功能效益的降低为代价的。我国流通领域每年因包装不善造成上百亿元的商品遭受损失，就是效益背反的实证。

在认识到效益背反规律后，将运输、仓储、包装、装卸搬运等功能要素间的有机联系寻找出来，将其组成一个整体来认识物流，能有效解决效益背反问题，这是物流科学的一大发展。

二、物流管理

（一）物流管理的定义

《物流术语》对物流管理（Logistics Management）的定义为："为达到既定的目标，从物流全过程出发，对相关物流活动进行的计划、组织、协调与控制。"无论是生产制造企业还是商品流通企业，其生产经营活动自始至终都包含物流活动。而物流活动、物流服务必须符合客户的需求。物流管理最基本的目标就是以最低的成本向客户提供满意的物流服务。

从企业经营的角度来看，物流管理是以企业的物流活动为对象，为了以最低的物流成本向客户提供满意的物流服务，而对物流活动进行的计划、组织、协调与控制活动。一般来说，从管理层次上看，物流管理分为以下3类。

1. 物流战略管理

物流战略管理是指站在企业长远发展的立场上，对企业物流的发展目标、物流在企业经营中的战略定位、物流服务水平和物流服务内容等做出整体规划。物流战略管理是一个系统的管理过程，主要包括物流环境分析、物流目标设定、物流战略制定、物流战略实施、物流战略控制等5个阶段。

2. 物流运营管理

物流战略确定以后，在实施物流战略时必须有一个得力的实施手段，即物流运作系统。物流运营管理的主要任务是设计物流网络、规划物流设施、确定物流运作方式等，从而形成一定的物流能力，并对系统运营进行有效监控，根据需要调整系统。

3. 物流作业管理

在物流运作系统确定后，根据业务需求，制订物流作业计划，按照计划要求对物流作业活动进行现场监督和指导，对物流作业质量进行监控。

（二）物流管理的特征

1. 以客户满意为首要目标

物流企业以客户需要为出发点，从客户服务目标的设定开始，通过提供客户所期望的服务，在积极追求自身业务量增长的同时，满足客户的个性化需求，努力提高客户满意度。

2. 重视整个流通渠道的货物流动

现代物流不仅包括生产物流和销售物流，还包括供应物流、回收物流和废弃物物流。现代物流管理突破了企业物流的界限，开始从供应链管理角度构建物流运作系统，考虑供应链各节点企业之间的衔接，强调各节点企业的共赢，以降低供应链的物流成本。

3. 追求企业整体最优

充分分工与合作是当今市场的发展趋势。如果企业物流仅仅追求部分最优或部门最优，那么企业就不可能整合好企业内部资源，也不能充分利用企业外部资源，也就无法在日益激烈的市场竞争中取胜。因此，现代物流管理所追求的企业整体最优目标是针对采购、生产、销售等企业各部门而言的。

4. 重视效率和效果

物流管理从原来的以运输、仓储为主的活动转向物流的全过程，从作业层次转向管理层次，从强调确保运力、降低成本转向强调物流服务水平的提高，从重视物流设施、设备等硬件要素转向重视信息等软件要素。这不仅体现了物流管理重视效率的特征，而且强调了整个生产制造、商品流通过程的物流效果。也就是说，从成果的角度看，有些物流活动虽然使成本上升了，但如果它们能促使整个企业战略更好地实施，那么这些物流活动仍然是不可或缺的。

5. 以物流为核心强化供应链参与者长期合作

现代物流管理已不再是单个企业内生产部门、销售部门的责任，而是由供应商、制造商、批发商、零售商、最终用户等所有参与者构成的整条供应链的共同活动，它强化了供应链中参与者之间的长期合作关系。现代物流管理带来的直接效应就是产需结合在时空上比以往任何时候都更加紧密，此时如果没有高度发达的信息网络支撑，市场需求是很难得到满足的。

（三）物流管理的核心

物流管理的核心是改善客户服务、降低物流成本和为客户创造价值。

1. 改善客户服务

现代物流管理活动从本质上说是一种向客户提供物流服务的过程。

物流服务是对客户产品可得性的一种保证，主要包括以下3个构成要素，如表1-2所示。

第一，备货保证，即能在库存品种、库存量等方面满足客户需求。

第二，输送保证，即能在时间上满足客户需求，判断指标包括订货时间、订货周期、订货单位、订货频率、紧急出货能力等。

第三，品质保证，即能在质量上满足客户需求，判断指标包括物理损伤率、保管中损坏率、运输中损坏率、错误输送率、数量差错率等。

表1-2　物流服务的构成要素

构成要素	指标
备货保证	库存品种、库存量等
输送保证	订货时间、订货周期、订货单位、订货频率、紧急出货能力等
品质保证	物理损伤率、保管中损坏率、运输中损坏率、错误输送率、数量差错率等

2. 降低物流成本

物流成本是指产品在运输、仓储、配送、包装、装卸搬运、流通加工、信息处理、物流管理等物流活动中所耗费的人力、物力和财力的总和，以及与存货有关的资金占用成本、存货风险成本、存货保险成本等。

企业对物流的关注首先是从物流成本开始的，其高低直接关系到企业盈利能力，因此降低物流成本是企业物流管理的一项核心内容。

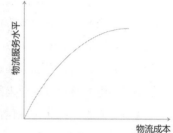

物流服务水平与物流成本之间存在明显的效益背反规律，如图1-3所示。也就是说，物流服务水平的提高往往会带来物流成本的提高，物流成本的降低往往也会使物流服务水平降低。企业在提出降低物流成本的目标时，必须认真考虑物流成本与物流服务水平间的效益背反规律，注意物流服务水平与物流成本间的平衡。

图1-3　物流服务水平与物流成本间的效益背反规律

> **小思考**
> 我们应如何平衡物流服务水平与物流成本间的关系？

3. 为客户创造价值

为客户创造价值也是企业物流管理的一项核心内容。客户价值是指客户购买企业产品与服务后能获得的所有利益，包括产品价值、服务价值、企业形象价值等。客户在获取相应利益的同时，也需要付出相应的代价，即客户成本。客户成本是指客户购买企业产品与服务时的所有支出，包括货币成本、时间成本等。因此，客户所获得的总价值实质上是客户价值与客户成本间的差额。向客户提供增值服务，使客户价值大于客户成本，从而为客户创造价值，是物流管理的重要内容。

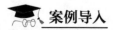 单元二　物流管理职业生涯规划

🎓 案例导入

职业生涯规划

"我现在已经考上大学了，可我真不知道自己应该干什么。我没有目标，所做的事情都是

老师要求的。我不知道毕业后自己能做什么！"很多大学生都有类似的困惑。我们作为一名大学生，应提前进行职业生涯规划，为实现职业理想做好准备。

思考

你准备如何规划自己的职业生涯？

一、物流管理职业能力

职业能力是人们从事某职业所需的多种能力的综合。职业能力可以定义为个体将所学的知识、技能和态度，在特定的职业活动或情境中进行类化迁移与整合，所形成的能完成一定职业任务的能力。

物流管理职业能力是指物流管理人员将所学的知识、技能和态度在运输、仓储、配送等物流活动中进行系统组织与管理，使物流系统以低成本为客户提供满意的物流服务的能力。

1. 战略型物流人才的职业能力

随着现代物流业的快速发展，企业目前急需从事物流行业发展趋势、物流企业发展方向、物流业与制造业深度融合等方面研究和管理的战略型物流人才。战略型物流人才既要懂得从战略角度规划企业长远发展，又要有一线部门实际工作经验，还要熟知制造行业、医药行业、商品流通行业等至少一个行业的物流理论与应用，具有从战略高度把握企业长远发展的职业能力。

2. 管理型物流人才的职业能力

从我国现代物流业发展现状来看，物流企业不仅需要从事物流行业发展趋势、物流企业发展方向、物流业与制造业深度融合等方面研究和管理的战略型物流人才，还需要懂得制造行业、医药行业、商品流通行业等行业物流，同时掌握财务管理、成本核算等相关知识和现代信息技术应用方法的管理型物流人才。管理型物流人才既要精通现代物流活动，又要能设计现代物流活动方案。

3. 技能型物流人才的职业能力

随着我国物流行业专业化、现代化程度的不断提高，企业对从事物流设备操作与维护、物流信息管理、物流客户服务，以及具体从事运输、仓储、配送等具体物流操作工作的技能型人才的需求也不断加大。

在现代物流业快速发展的今天，企业对物流管理人员的职业能力也提出了更高的要求，相关管理人员不仅应掌握一定的基本理论、基本知识，具有现代物流企业组织、运营能力和物流系统规划与设计技能，还要有较强的物流技术应用能力和创新能力。

二、物流管理岗位设置

物流管理涉及制造行业、医药行业、商品流通行业等许多行业，根据物流企业所处的行业及业务范围，物流管理的岗位分为物流操作岗位、物流管理岗位、物流发展岗位3种。

（一）物流操作岗位

物流操作岗位包括采购员、仓管员、拣货员、调度员、质控员、营销员、物流客服专员等。

采购员主要负责市场信息、供应商信息的收集与调研；按流程执行采购任务；执行采购合同的订单下发、物料验收及付款；维护并评估现有供应商，收集潜在供应商信息，持续开发新供应商；保存采购工作的必要原始记录，做好统计，定期上报。

仓管员主要负责物资设备进出库的验收、记账和发放工作；掌握库存状态，按规定盘点库存，保证物资设备及时供应，提高其周转效率；定期对库房进行清理，保持库房的整齐美观，使物资设备分类排列、存放整齐、数量准确；做好安全管理工作，检查库房的防火、防盗设施，及时弥补漏洞。

拣货员主要负责将货物从配送中心分拣出来、放到指定的发货位置；做好拣货设备的定期检查和维护；配合仓管员做好正常货物和问题货物的登记和存放工作。

调度员主要负责日常车辆调度工作，根据时间和发货量合理规划配送车辆和路线；有效管理司机，使所运送货物安全、及时送达客户手中，并不断帮助司机提高服务水平；管理客户的日常投诉问题，及时协调人员和车辆，调整司机送货路线。

质控员负责所有物资、产品、设备的质量检查工作；对丢失、破损、滞留订单进行责任判定，并督促责任部门快速处理；分析异常订单产生原因，把控物流质量，并推动各环节进行改善。

营销员主要进行物流业务推广工作；负责日常客户的协调管理及维护；制定物流方案、报价、合同并完成客户需求预测，及时满足客户需求。

物流客服专员主要负责采购、销售订单的系统录入及跟单；负责与客户服务相关的电话接听，售后服务维护跟踪；跟踪物流到货信息和客户签收情况，及时处理、反馈异常情况。

（二）物流管理岗位

物流管理岗位主要包括采购主管、仓库主管、配送主管、运输主管、营销主管、客服主管等。

采购主管主要协助采购部经理开展采购工作；根据各部门的采购申请编制采购计划，并安排人员进行采购；根据采购计划编制相应的采购预算，严格控制采购费用；组织和协调相关部门进行采购物资验收工作，并联系不合格物资的供应商进行处理；采购结束后对采购工作成本进行总结和核算；与供应商和企业内部其他部门进行沟通，有效协调工作中遇到的各种冲突和问题。

仓库主管主要协助仓储部经理管理仓库运作团队，确保收货、包装、发货等流程正常进行；负责制定、修订、完善仓库工作流程及日常管理办法；负责监督和纠正仓库成员工作，保证配送货物及时入库，根据要货单及时安排出库；负责客户库存管理，协调仓库与各部门的工作关系。

配送主管主要负责配送业务的日常管理工作，如流程制定、团队的建设管理等；做好进货、出货、换货等配送业务管理和运营管理；跟踪货物配送过程，对发现的问题及时处理并上报。

运输主管主要负责车辆的调度、运作、维护等各项管理工作；处理运输过程中出现的各类问题和事故，确保运输工作顺利完成；对承运商进行管理和监控，确保企业所运货物的安全。

营销主管主要负责物流产品的销售与推广；参与并完成客户物流服务方案的规划、设计，并跟踪落实；收集客户需求，及时向营销部经理汇报。

客服主管主要协助客服部经理做好日常行政类工作；协助业务部门开展各项工作，保障各项物流业务流程顺利进行；负责客户服务质量的管理；负责客户服务流程的管理及改进。

（三）物流发展岗位

物流发展岗位主要包括采购部经理、仓储部经理、配送部经理、运输部经理、营销部经理、客服部经理等。

采购部经理负责主持采购部的全面工作；调查各部门的物资需求情况，掌握物资的供应渠道和市场变化情况；审核各部门制订的采购计划，统筹确定采购内容，制订企业采购计划，并督导实施；负责供应商管理；分析并解决采购审计报告中出现的问题。

仓储部经理负责主持仓储部的全面工作；与采购、生产销售等部门的经理协调仓库活动；设计、改进、推行仓储管理制度及作业流程，并确保其有效实施；编制部门年度预算，并加以控制。

配送部经理负责主持配送部的全面工作；制定并优化配送工作流程，以提高配送效率和配送服务的客户满意度；制定配送应急处理预案，进行配送事故的调查和处理；制订物流计划及费用预算，审核配送线路。

运输部经理负责主持运输部的全面工作；调配运输车辆，监控运输作业，保证货物及时完好送达目的地；组织评审、选择第三方物流，管理第三方物流的业务操作；负责车辆的安全、成本管理；制定部门费用预算；及时处理运输中出现的紧急问题，保证运输任务顺利完成。

营销部经理负责主持营销部的全面工作；负责物流和供应链客户的发掘、商务谈判、报价、方案制作等工作；协调统筹企业资源，为客户提供专业化的物流服务；制定费用预算，确认客户的各项费用；总结、分析、提出营销管理工作中存在的问题并提交改进措施。

客服部经理负责主持客服部的全面工作；负责及时处理客户投诉、妥善安排善后事宜、征求客户服务管理工作的意见和建议；负责监督、检查客服部的工作完成情况，并协调各部门关系；负责重大客户的管理、维护，维系与客户的合作关系。

三、物流管理职业生涯规划的步骤

职业生涯规划是指个人和组织相结合，在对个人职业选择的主观因素和客观因素进行测定、分析、总结的基础上，确定自身最佳职业奋斗目标并努力实现这一目标的过程。

物流管理职业生涯规划是指根据个人自身情况、现有条件和制约因素，结合现代物流行业、企业的发展状况，确立职业生涯目标，并为实现目标而确定行动方向、行动时间和行动方案的过程。

一个完整的职业生涯规划一般包括以下几个步骤。

（一）审视自我，评估环境

一个有效的职业生涯规划必须在充分正确地审视自我、评估环境的基础上进行。一个人对自我和环境分析得越透彻，越能做好职业生涯规划。

审视自我不仅包括了解自己的兴趣、特长、性格，也包括认知自己的学识、技能、智商、情商、思维方式等。审视自我的目的是认识自己、了解自己，从而正确选择适合自己的职业和职业生涯目标。

评估环境包括了解物流市场需求、物流行业最新动态、就业前景、周围人对物流行业的评价等。评估环境的目的是充分了解行业所处的发展阶段，这是做好职业选择的基础性工作。

（二）排除干扰，确立职业目标

确立职业目标是进行职业生涯规划的关键。要正确确立职业目标必须排除不必要的犹豫和干扰，以自己的兴趣、爱好、特长和有利的环境等为依据，使目标有效可行。在确定职业目标时也要考察内部、外部环境与职业目标是否相适应，不能妄自菲薄，也不能好高骛远。

（三）制定策略，设计发展通道

制定策略即制订实现职业生涯目标的行动方案，包括如何提升职业能力，学习哪些知识，掌握哪些技能，提升哪些素质，参加哪些社会实践活动等。对照行动方案可将职业生涯目标分解为短期目标、中期目标和长期目标。分解目标有利于跟踪检查，同时可以根据环境变化调整短期行动计划。行动方案要对应相应的措施，并对制定的措施层层分解、具体落实，便于进行定时检查和及时调整。制定可行性较强的行动方案的过程，可以帮助你逐渐走向成功，实现职业生涯目标。

（四）不断评估，适时修正

影响职业生涯规划制定和实施的因素很多，有的因素是可以预测的，有的因素是很难预测的。要使职业生涯规划顺利实施，就要求职业生涯规划有一定的弹性，在设计过程中不断对其进行评估，以便及时反省、修正，将其作为下一轮职业生涯规划的参考依据。

成功的职业生涯规划需要时时审视自我、评估内外部环境，不断调整短期目标，以为自己的不断进步指明方向。

四、提升职业能力的路径

与物流管理相关专业的学生一般需要进行以下几个阶段的学习。

1. 课程学习

物流管理专业课程一般包括公共课、专业基础课、专业核心课、专业选修课和公共选修课，这些课程既涵盖从事物流管理工作所必需的素质、知识、能力，又包含一些制造、医药、商品流通等行业的拓展知识和技能。

2. 仿真实训

仿真实训是培养学生技能的重要手段，也是实践教学的重要内容。在专业课学习过程中，除了课堂的理论知识学习外，一般还有课程实训和专业综合实训，这些实训项目一般通过仿真实训进行。仿真实训可以加深学生对基本知识、基本理论的理解，增强学生运用专业知识解决实际问题的能力，使学生能够掌握企业各岗位工作的基本操作流程和方法，将专业知识和企业运作、运营有机结合起来。

3. 顶岗实习

顶岗实习是十分重要的实践教学环节。顶岗实习能使学生做到理论联系实际，丰富和深化学生所学的理论知识，使学生能够学有所用，增强学生的实践能力，使学生能更好地满足工作岗位及社会需求，尽快做好就业准备。

4. 社会实践

社会实践可以使学生在丰富多彩的社会课堂中认识社会、了解国情、接受教育、增长才干、锻炼品格。社会实践以培养学生的创新精神、实践能力、团队意识为重点，推动学生深入了解国情民情，增强学生的历史使命感和社会责任感。社会实践可以使学生将校内所学的专业知识、技能在企业中进行综合运用，进一步增强学生发现问题、分析问题、解决问题的能力。

内容小结

本部分主要介绍了物流管理的基础知识，包括物流管理认知和物流管理职业生涯规划等基本内容单元。

物流是指根据实际需要，将运输、储存、装卸、搬运、包装、流通加工、配送、信息处理等基本功能实施有机结合，使物品从供应地向接收地进行实体流动的过程。物流是一种经济活动，也是不断满足客户需求的过程。物流可以创造时间价值、空间价值和加工附加价值。物流在国民经济中占有重要地位，是国民经济的综合性和支柱性产业之一，是提高微观经济效益和宏观经济效益的重要保证。物流发展水平已成为衡量一个国家现代化水平和综合国力的重要标准之一。

物流管理是指为达到既定的目标，从物流全过程出发，对相关物流活动进行的计划、组织、协调与控制。物流管理的核心是改善客户服务、降低物流成本和为客户创造价值。

物流管理职业能力是指物流管理人员将所学的知识、技能和态度在运输、仓储、配送等物流活动中进行系统组织与管理，使物流系统以低成本为客户提供满意的物流服务的能力。物流管理涉及制造行业、医药行业、商品流通行业等许多行业，根据物流企业所处的行业及业务范围，物流管理的岗位分为物流操作岗位、物流管理岗位、物流发展岗位3种。物流管理职业生涯规划是指根据个人自身情况、现有条件和制约因素，结合现代物流行业、企业的发展状况，确立职业生涯目标，并为实现目标而确定行动方向、行动时间和行动方案的过程。

关键术语

物流　运输　仓储　配送　装卸　搬运　包装　流通加工　物流管理　职业能力　物流管理职业能力　物流管理职业生涯规划

同步测试

一、单项选择题

1. 物流的概念起源于（　　　）。
   A. 美国　　　　　　　B. 日本　　　　　　C. 德国　　　　　　D. 英国

2. 物流创造的时间价值是（　　　）形成的。
   A. 储存时间　　　　　　　　　　　　　B. 运输时间
   C. 包装和配送时间　　　　　　　　　　D. 物料供需之间的时间差

3. 除了时间价值和空间价值，物流还创造了（　　　）。
   A. 包装价值　　　　B. 配送价值　　　　C. 加工附加价值　　　D. 运输增值

4. 物流是根据实际需要，将（　　　）、仓储、装卸、搬运、包装、流通加工、配送、信息处理等基本功能实施有机结合，使物品从供应地向接收地进行实体流动的过程。
   A. 运输　　　　　　B. 生产制造　　　　C. 增值服务　　　　D. 包装

二、多项选择题

1. 物流管理的内容包括（　　　）。
   A. 对物流活动的管理　　　　　　　　　B. 对物流活动中具体职能的管理
   C. 对物流系统诸要素的管理　　　　　　D. 以上都不正确

2. 物流管理的职能包括（　　　）。
   A. 计划　　　　　　B. 组织　　　　　　C. 领导　　　　　　D. 控制

3. 物流活动所创造的时间价值表现在（　　　）。
   A. 缩短时间创造价值　　　　　　　　　B. 弥补时间差创造价值
   C. 延长时间差创造价值　　　　　　　　D. 延长时间创造价值
   E. 改变时间创造价值

三、判断题

1. 商流主要是进行运输和储存，实现物品实体空间和时间的转移；而物流主要是进行物品交换，实现物品所有权的转移。　　　　　　　　　　　　　　　　　　　　（　　　）

2. 物流的本质是服务，即满足客户及社会的需求，因而物流应被视为现代服务业。
   　　　　　　　　　　　　　　　　　　　　　　　　　　　　　　　　　　（　　　）

3. 物流管理的核心是不计成本地改善客户服务。　　　　　　　　　　　　　（　　　）

实训项目

实训1　物流企业参观考察

实训目标

教师通过现场教学，使学生了解物流企业的主要岗位及其岗位职责，熟悉物流企业的常用设施设备。

实训要求

物流企业的组织结构、岗位设置及职责会由于其所处行业、环节不同而有所差异，不同的物流企业对人才的需求也有所不同。通过参观考察典型物流企业，学生能深入了解物流企业需要的人才应具备的知识、能力和素质，从而明确学习目标。

1. 选取有代表性的物流企业。

2. 强调外出参观考察的纪律。

3. 撰写考察报告。

实训指导

1. 指导学生遵守企业的管理制度。

2. 指导学生撰写考察报告。

实训2 物流管理职业生涯规划

实训目标

教师通过指导进行职业生涯规划，使学生审视自我，准确定位职业目标，规划职业生涯，明确学习方向。

实训要求

学生现在已经开始学习物流管理专业课程，需要认真思考物流行业的职业道路怎么走。

1. 每个学生都要围绕"我是什么性格的人""我能做什么""我擅长做什么"等问题深度剖析自己。

2. 每个学生都要明确"我应该从事什么职业"。

3. 进行毕业3年的职业生涯规划。

实训指导

1. 指导学生利用网络收集进行职业生涯规划的相关资料。

2. 指导学生进行自我分析。

3. 指导学生进行职业生涯规划。

模块二

物流系统

知识目标

了解物流系统的概念及特征。

掌握物流系统的一般模式。

掌握物流系统的构成要素。

了解物流系统分析的概念。

掌握物流系统分析的原则、步骤和方法。

能力目标

能说明某企业物流系统的一般要素和流动要素。

能根据环境特点分析某企业的物流系统。

素质目标

培育并践行物流管理人员的科学探索精神和创新意识。

培养并践行物流管理人员的服务意识、成本意识。

**知识框架**

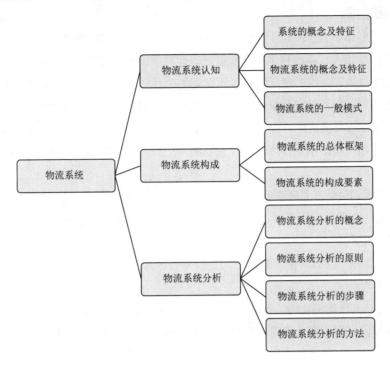

单元一　物流系统认知

案例导入

引入自动化物流系统，提升消费者购物体验

唯品会在国内的五大物流中心（华南、华东、西南、华北、华中）都引入了自动化物流系统，提升了消费者的购物体验。

唯品会为引入自动化物流系统投入了大量的人力、物力等资源，成立了专门的仓库管理核心团队，该团队成员都是物流方面的专家，他们对物流设施设备及其应用非常了解。

唯品会引入自动化物流系统不仅是为了提升消费者的购物体验，也希望能够承担一定的社会责任、扶持我国民族企业、提高我国制造水平。唯品会在满足国内市场需求的同时，还极力抢占国外市场，提高国际竞争力。唯品会持续发力海外精选业务，不断拓展与海外知名品牌的战略合作。

思考

1．什么是物流系统？

2．唯品会为什么引入自动化物流系统？

一、系统的概念及特征

（一）系统的概念

"系统"（System）一词源于古代希腊文，意为"部分组成的整体"。

一般系统论创始人、奥地利生物学家贝塔朗菲对系统的定义为"系统是相互联系、相互作用的诸元素的综合体"。这个定义强调了元素间的相互作用及系统对元素的整合作用。

中国著名系统工程科学家钱学森认为：系统是由相互作用相互依赖的若干组成部分结合而成的具有特定功能的有机整体，而且这个有机整体又是它从属的更大系统的组成部分。

综上所述，系统是由相互作用、相互联系的两个或两个以上要素结合而成的具有特定功能的有机整体。

我们可以从以下4个方面来理解系统的概念。

（1）系统是由两个或两个以上的要素组成的。这些要素可能是一个零件、一件商品，也可能本身就是一个系统。

（2）系统具有一定的结构。系统结构是指系统内部各要素之间相对稳定的联系方式、组织秩序的内在表现形式。

（3）系统具有一定的功能。系统与外部环境相互联系能使系统性能得到优化。例如信息系统的功能包含信息的收集、传递、储存、加工和利用，能辅助管理者进行决策，帮助企业实现战略目标。

（4）环境是系统形成和存在的基本条件。

系统的具体表现形式是系统包含子系统，子系统包含孙系统。如果把一个企业看作一个系统，其子系统就是企业下属各个部门，孙系统是部门下设的各个科室。

（二）系统的特征

系统作为一个整体，具有特定功能，都要通过要素之间的相互联系来实现。例如，一个企业系统要通过人、财、物等要素间的相互联系，进行各种生产经营管理活动。因此，研究系统各要素间的关系是进行系统分析和系统评价的关键。

研究系统的特征有助于我们明确系统各要素间的关系。

（1）具有判断目标设定合理性的标准。

（2）有几种不同方案能完成设定的目标。

（3）可应用物理模型、数学模型进行分析验证。

（4）具有相对独立性。

现代科学技术把系统的应用具体化，建立了逻辑推理、数学运算、定量处理等系统分析方法。

二、物流系统的概念及特征

（一）物流系统的概念

物流系统是指在一定的时间和空间里，由所需移动的物资、包装设备、装卸搬运机械、运输工具、仓储设施、人员和通信联系等若干相互制约的动态要素所构成的具有特定功能的有机整体。

物流系统的运作目的是实现物资的时间价值、空间价值和加工附加价值。物流系统是社会经济大系统的一个组成部分，其在保证社会再生产顺利进行的前提下，把各种物流环节有机衔接起来，向客户提供优质服务并取得最佳的经济效益。

（二）物流系统的特征

物流系统除具有一般系统的整体性、相关性、目的性等共同特征外，同时还具有其特殊的特征。

1. 物流系统是一个"人—机"系统

物流系统是由人和物流设备、工具及信息组成的。它表现为物流劳动者运用运输设备、装卸搬运机械、仓库、港口、车站、配送中心等设备设施，作用于物资的一系列生产活动。在上述活动中，人始终是活动的主体。因此，在研究物流系统的各方面问题时，必须把人和物两种要素有机结合起来加以考察和分析，而且要始终把发挥人的主观能动作用放在首位。

2. 物流系统是一个大跨度系统

大跨度系统的特征主要反映在两个方面：一是地域跨度大，二是时间跨度大。现代经济社会中，随着经济全球化的发展，物流活动已经突破了地域限制，形成了跨越不同地区的物流发展趋势。另外，通常采取储存的方式来解决时间跨度大的问题。大跨度系统给企业带来的挑战主要是管理难度较以往更大，对信息的依赖程度更高。

3. 物流系统是一个可分系统

系统具有层次性特征，物流系统同样具有层次性特征，因此可以按照层次结构对物流系统进行划分。首先，物流系统由多个作业环节构成，因此可以分为多个物流作业系统，例如运输作业系统、仓储作业系统、配送作业系统、包装作业系统、装卸搬运系统、流通加工系统等。其次，物流系统还可以分为多个物流运营系统，例如运输运营系统、仓储运营系统、配送运营系统、采购运营系统、供应链运营系统等。物流系统层次还具有相对性的特点，每个系统相对于它所包含的要素来说是一个系统，相对于更高一层的系统来说就变成了要素。

4. 物流系统是一个动态系统

物流系统总是连接多个生产企业和客户，随着需求、供应、渠道、价格的变化，系统内要求及系统运行经常发生变化。社会物资的需求供给状况、企业间的合作关系都会经常发生变化，物流系统也会随之发生变化。为适应社会环境的动态变化，物流系统的各个组成部分也需要不断调整、完善，这就要求物流系统要具有足够的灵活性和可变性，这就会增加企业经营管理的难度。

5. 物流系统是一个多目标函数系统

物流系统有物流成本最小化、服务水平最优化、环境影响最小化、库存最优化等多个目标。在企业经营管理过程中，要同时实现上述目标就会出现效益背反现象。效益背反是指一种物流活动成本的提高会导致另一种物流活动成本降低的相互作用关系。例如，降低包装成本，就会导致运输、仓储过程中的成本提高；运输中选择最快的航空运输方式，时间价值高，但运输成本高，经济效益不好。效益背反规律表明物流系统中一方效益最优的实现是以另一方效益的损失为代价的。因此，物流系统要想在多个方面实现企业的目标，就需要建立多目标模型，在多目标中实现物流系统的最优化。

三、物流系统的一般模式

物流系统的输入、转换（处理）、输出、反馈等功能，通过有机结合，构成了物流系统的一般模式，如图2-1所示。

图 2-1　物流系统的一般模式

1．输入

输入是指外部环境向物流系统提供各种资源，使物流系统发生作用。输入的内容包括原材料、设备、资金、能源、劳动力、信息等。

2．转换（处理）

转换（处理）是指物流系统本身的转化过程。从输入到输出所进行的供应、生产、销售等物流活动都涉及转换（处理）。转换（处理）的具体内容包括物流设施设备的配置，运输、仓储、配送、包装、流通加工、装卸搬运等物流业务活动，信息管理、物流管理工作等。

3．输出

输出是指物流系统利用其本身具有的各种手段与功能，对外部环境输入的各种资源进行处理后所提供的物流服务。其具体内容包括产品位置的转移、信息的处理、合同的履行等。

4．反馈

反馈是指物流系统在运行过程中，将转换（处理）结果返回给系统，以便对工作做出评价；或者环境变化、各种因素限制导致不能按原计划运作，需要将转换（处理）结果返回给输入环节，进行调整后再输出。反馈的具体内容包括撰写物流活动分析报告、调查报告和收集国内外市场信息等。

此外，物流系统还会受到资金、生产能力、需求、政策等因素的制约，从而使得物流系统的一般模式发生变化。

单元二　物流系统构成

案例导入

国家物流枢纽布局和建设规划（部分）

物流枢纽是集中实现货物集散、存储、分拨、转运等多种功能的物流设施群和物流活动组织中心。国家物流枢纽是物流体系的核心基础设施，是辐射区域更广、集聚效应更强、服务功能更优、运行效率更高的综合性物流枢纽，在全国物流网络中发挥关键节点、重要平台和骨干枢纽的作用。

党的十八大以来，我国物流业实现较快发展，在国民经济中的基础性、战略性、先导性作用显著增强。物流专业设施和交通基础设施网络不断完善，特别是一些地区自发建设形成一批物流枢纽，在促进物流资源集聚、提高物流运行效率、支撑区域产业转型升级等方面发挥了重要作用，为建设国家物流枢纽网络奠定良好基础。

到2020年，通过优化整合、功能提升，布局建设30个左右辐射带动能力较强、现代化运作水平较高、互联衔接紧密的国家物流枢纽，促进区域内和跨区域物流活动组织化、规模化运行，培育形成一批资源整合能力强、运营模式先进的枢纽运营企业，初步建立符合我国国情的枢纽建设运行模式，形成国家物流枢纽网络基本框架。

到2025年，布局建设150个左右国家物流枢纽，枢纽间的分工协作和对接机制更加完善，社会物流运行效率大幅提高，基本形成以国家物流枢纽为核心的现代化物流运行体系，同时随着国家产业结构和空间布局的进一步优化，以及物流降本增效综合措施的持续发力，推动全社会物流总费用与GDP的比率下降至12%左右。

——高效物流运行网络基本形成。以"干线运输+区域分拨"为主要特征的现代化多式联运网络基本建立，全国铁路货运周转量比重提升到30%左右，500公里以上长距离公路运量大幅减少，铁路集装箱运输比重和集装箱铁水联运比重大幅提高，航空货运周转量比重明显提升。

——物流枢纽组织效率大幅提升。多式联运、甩挂运输等先进运输组织方式广泛应用，各种运输方式衔接更加紧密，联运换装转运效率显著提高，集疏运体系更加完善，国家物流枢纽单元化、集装化运输比重超过40%。

——物流综合服务能力显著增强。完善互联互通的枢纽信息网络，国家物流枢纽一体化运作、网络化经营、专业化服务能力进一步提高，与供应链、产业链、价值链深度融合，对实体经济的支撑和促进作用明显增强，枢纽经济效应充分显现。

到2035年，基本形成与现代化经济体系相适应的国家物流枢纽网络，实现与综合交通运输体系顺畅衔接、协同发展，物流规模化、组织化、网络化、智能化水平全面提升，铁路、水运等干线通道能力充分释放，运输结构更加合理。全社会物流总费用与GDP的比率继续显著下降，物流运行效率和效益达到国际先进水平。依托国家物流枢纽，形成一批具有国际影响的枢纽经济增长极，将国家物流枢纽打造成产业转型升级、区域经济协调发展和国民经济竞争力提升的重要推动力量。

思考

1．为什么国家要进行物流枢纽布局和建设？

2．从上文来看，构建现代物流系统要从哪几个方面考虑？

一、物流系统的总体框架

物流系统主要包括物流硬件系统、物流作业系统、物流管理系统和物流信息系统等4个系统。

1. 物流硬件系统

物流硬件系统主要是指物流设施与物流设备。物流设施主要包括铁路、公路、港口、机场、仓库、配送中心等。物流设备主要包括汽车、火车、飞机、船舶等运输设备，货架、堆垛机等仓储设备，全自动包装机、半自动包装机、封口机等包装设备，叉车、起重机等装卸搬运设备。

2. 物流作业系统

物流作业系统是指具体实施物流活动的系统，具体包括运输作业系统、仓储作业系统、配送作业系统、包装作业系统、装卸搬运系统、流通加工系统等。

3. 物流管理系统

物流管理系统主要包括各种管理制度，具体包括组织管理制度、业务流程制度、绩效评价制度等。

4. 物流信息系统

物流信息系统是指由人员、物流设施设备、计算机软硬件和计算机网络组成的信息系统。物流信息系统的主要功能是收集、储存、处理、传输物流信息，为物流管理者提供决策依据。

二、物流系统的构成要素

物流系统的构成要素包括一般要素、功能要素、流动要素、支撑要素及物质基础要素五大类。

（一）物流系统的一般要素

物流系统的一般要素包括人、财、物、信息4个方面。

（1）人的要素。人的要素指的是劳动者要素，是物流系统的核心要素，也是物流系统的第一要素。提升劳动者的知识、能力、素质，是使物流系统合理化的根本。

（2）财的要素。财的要素指的是资金要素，是物流系统的动力。建设物流系统需要大量的资金投入，并且如果缺少资金，物流系统将无法正常运行。

（3）物的要素。物的要素指的是物流系统的劳动对象，包括各种物流设施设备、各种消耗材料等。它是物流系统运行的物质基础。

（4）信息要素。信息要素包括物流系统所需要处理的物流信息。它是提高物流系统运行效率的保障。

（二）物流系统的功能要素

物流系统的功能要素是指物流系统所具有的仓储、运输等基本功能。这些基本功能有机地组合在一起，便形成了物流系统的总功能，可以有效实现物流系统的目标。

一般认为，物流系统的功能要素包括运输、仓储、配送、装卸搬运、流通加工、包装、信息处理等。物流系统的功能要素反映了整个物流系统的能力，提高这些要素的现代化水平，就能提升物流系统的运行能力。

物流系统的各个功能要素间存在效益背反规律，如表2-1所示。因此，单个要素的最优化并不能实现物流系统的整体最优化。

表 2-1　物流系统各功能要素的效益背反规律

要素	目标举例	方法	结果	对其他要素的影响
运输	运输成本最低	采取整车运输、水路运输	待运时间长、运输时间长	采购批量变大、仓储成本提高
仓储	仓储成本最低	缩短采购周期、减少采购批量	紧急进货次数增加、配送次数增加	采购成本提高、配送成本提高
配送	配送成本降低、效率提高	采取全自动化配送	配送效率提高、客户库存量降低	客户成本降低
装卸搬运	降低装卸搬运成本	招聘临时工装卸搬运货物	效率低、货物破损率高	破损货物数量增加、包装成本提高
流通加工	降低流通加工成本	采用人工加工的方法	加工速度慢、时间长，库存量高	仓储成本提高
包装	破损货物减少、包装成本降低	提高包装材料的强度	包装材料成本提高	运输成本提高、采购成本提高
信息管理	优化业务流程、提高管理水平	构建物流信息管理系统	信息管理成本提高	其他各要素成本降低、效率提高

（三）物流系统的流动要素

物流系统的流动要素是指在供应物流、生产物流、销售物流、回收物流、废弃物物流中，实现"物"的时间转移和空间转移所需要的各种要素，包括流体、载体、流向、流量、流程、流速、流效等7个要素。不同类型的物流包含的7个流动要素也会有所差异。

（1）流体。流体是指物流中的"物"，即物质实体。流体具有一定的自然属性和社会属性。自然属性是指流体物理、化学、生物方面的属性。自然属性不同，物流的作业流程和注意事项也会不同。物流从业人员要根据流体的自然属性合理设计运输、仓储、配送等作业。社会属性是指流体所体现的价值属性以及供应商、生产企业、批发商、零售商、消费者之间的各种关系。

（2）载体。载体是指流体承载的借以流动的设施和设备。设施主要是指铁路、公路、港口、机场、水路等基础设施。设备主要包括车辆、船舶、飞机、管道、集装箱、托盘等物流设备。

（3）流向。流体从起点向终点流动的方向就是流向。一般来说，物流系统的流向分为自然流向、计划流向、市场流向和实际流向4种，如表2-2所示。

表 2-2　物流系统的流向

流向类型	流向的具体内容	流体流动的方向
自然流向	根据产销关系确定的流向	从生产地流向销售地
计划流向	根据经营计划确定的流向	从供应地流向需求地
市场流向	根据市场供求规律由市场确定的流向	由市场确定流动的方向
实际流向	物流过程中从供应地到接收地的流向	实际发生的流向

从具体某种商品来看，可能同时存在两种或两种以上的流向。虽然，理想的商品流向状况是自然流向或计划流向与实际流向一致，但是在物流实际运行过程中，常会出现实际流向偏离自然流向或计划流向的情况，我们要及时调整实际流向或计划流向，保证物流活动的高效率开展。

（4）流量。流量是通过载体流动的流体在一定流向上的数量表现。流量与流向紧密相关，每一种流向都对应一种流量。因此，流量也可以分为自然流量、计划流量、市场流量和实际流量4种类型。

从物流管理角度分析，最理想的状况是流量在所有流向上均匀分布，保证最高的物流效率和资源利用率。但实际上随着企业内外部环境的变化，市场流量和实际流量通常会发生波动，这就需要从宏观角度出发，通过合理配置资源使流量逐渐恢复至均匀分布状态。

（5）流程。流程是通过载体流动的流体在一定流向上行驶路径的数量表现。流程的分类与流向、流量的分类相同，可以分为自然流程、计划流程、市场流程和实际流程4种。在物流过程中，路径越长，运输成本越高；路径越短，运输成本越低。理论上，一般可以通过缩短运输路径来缩短实际流程，从而达到降低运输成本的效果。

（6）流速。流速是通过载体流动的流体在一定流程上的速度表现。流速是衡量物流效率和效益的重要指标。一般来说，流速越快，用时越少，成本也就越低，所创造的物流价值也就越大。

（7）流效。流效是指流体流动的效率和效益、成本与服务等。流效与物流组织、物流设施设备、物流技术等紧密相关。

物流效率与效益经常发生冲突。例如，要提高物流效率需要投入大量的人力、物力、财力，尽可能实现物流的机械化、自动化、智能化和智慧化，这就会使企业的成本提高，导致企业的短期效益降低。但是从长期来看，物流效率的提高一般会带来企业的高效益。

物流服务与成本间也存在效益背反规律。因此，企业需要注意权衡物流服务与成本间的关系。

在物流系统运行过程中，上述7个流动要素是不可或缺的，并且它们之间是密切相关的。

小思考

任何一个物流系统都是由流体、载体、流向、流量、流程、流速、流效等7个要素共同构成的，说一说上述7个流动要素间的关系。

（四）物流系统的支撑要素

物流系统需要有支撑手段，才能在复杂的社会经济系统中确保自身的战略地位，协调与其他系统的关系。

物流系统的支撑要素主要有以下几个。

（1）体制制度。体制制度决定了物流系统的结构、组织、领导和管理方式。国家建立的完善的物流体系和制度是物流系统的重要保障。

（2）法律法规。物流系统的运行必然会涉及企业和个人的权益问题。法律法规一方面可以限制和规范物流系统的活动，使之与更大的社会经济系统协调发展，另一方面也可以给物流系统的健康发展提供保障。

（3）行政命令。物流系统涉及社会经济的各个方面，行政命令是保证物流系统正常运转的重要支撑要素。

（4）标准化系统。要保证物流系统的统一协调及系统内各环节的有机联系，需要采取多种方法和手段，标准化系统的建立则是实现现代物流系统管理的重要支撑要素。要增强我国物流业的国际竞争力，必须从战略的高度定位物流标准化工作，深入研究、制定并实施物流标准化，推动我国物流业的发展。

（五）物流系统的物质基础要素

物流系统的建立与运行需要大量的技术装备手段，这些手段是实现物流及其功能必不可少的，这就形成了物流系统的物质基础要素。

物流系统的物质基础要素包括基础设施、物流装备、物流工具、信息技术及网络、组织及管理等5个方面。

（1）基础设施。基础设施是物流系统运行的基础物质条件，包括物流场站、物流中心、仓库、公路、铁路、港口、机场等。

（2）物流装备。物流装备是建立物流系统的必备条件，包括仓库货架、进出库设备、装卸设备、加工设备、运输设备等。

（3）物流工具。物流工具是物流系统运行的物质条件，包括办公设备、维修保养工具、包装工具等。

（4）信息技术及网络。信息技术及网络是收集、传递、利用物流信息的手段，包括通信设备及线路、计算机及网络设备、物流信息技术等。

（5）组织及管理。组织及管理是支撑物流系统运行的软件，起着连接、组织、协调、控制物流各要素的作用，保证物流系统能够正常运行。

单元三　物流系统分析

案例导入

汽车备件入厂物流管理系统

汽车备件入厂物流是指根据采购订单将售后备件从供应商处运至备件中心库的物流过程，是备件及时送达销售点的最基础环节。备件入厂物流与一般入厂物流相比具有备件品类繁多、包装复杂和需求不稳定的特点。在应用物流管理系统前，备件入厂物流一般存在以下问题：管理环节较多，流程复杂，人工管理混乱；备件采购订单与量产件采购订单来自不同系统，管理混乱；等等。

在应用物流管理系统后，上述问题得到了明显改善，管理流程得到了优化，数据准确性有效提升。

思考

1．什么是汽车备件入厂物流？备件入厂物流与一般入厂物流有哪些区别？

2．如何对汽车备件入厂物流进行系统分析？

物流系统的建立与运行会受到许多不确定因素的影响。只有不断地进行系统分析，找出需要解决的问题，才能使物流系统正常运行。

一、物流系统分析的概念

物流系统分析是指在一定的时间和空间里，将物流系统所从事的物流活动及其过程作为一个整体来看待，以系统的观点、系统工程的理论和方法进行分析研究，以实现物流系统在空间和时间上的经济效益。也就是说，物流系统分析是根据物流系统的目标要求，分析构成物流系统的各级子系统的功能及相互关系，以及物流系统与外部环境的相互影响，寻求实现物流系统目标的最佳途径。

物流系统分析的目的在于比较各种备选方案的功能、费用、效益和可靠性等相关技术经济指标，寻求使物流系统整体效益最优和有限资源配置最优的方案，为决策者的最终决策提供科学依据。

二、物流系统分析的原则

由于物流系统在输入、处理、输出过程中存在各种要素的相互作用，以及物流系统与外部环境的关系错综复杂，因此分析人员在进行物流系统分析时要遵循以下原则。

（一）外部条件与内部条件相结合

物流系统会同时受到外部环境的制约和内部因素的影响。从外部看，物流系统不是孤立的封闭系统，而是与社会经济环境密切联系的开放系统，会受到物流系统外部的社会、经济、政治、科技等环境的制约。从内部看，物流系统会受到企业规模、经营范围、员工素质等因素的影响。因此分析人员在进行物流系统分析时，要把外部环境和内部因素紧密结合起来综合分析，正确处理各方面的制约关系。

（二）当前利益与长远利益相结合

分析人员在进行物流系统分析时，不仅要考虑企业的当前利益，还要考虑企业的长远利益。只考虑当前利益不考虑长远利益，会影响物流系统的长远发展。只考虑长远利益不考虑当前利益，容易使企业的短期经营受挫，导致企业夭折。分析人员在评价备选方案时，一定要从系统观点出发、以战略角度分析，才能使整个物流系统兼顾当前利益和长远利益，更加健康地发展。

（三）局部效益与整体效益相结合

物流系统的各要素间存在效益背反规律，它们相互影响、相互制约，往往会导致局部效益和整体效益不会同时达到最优状态。因此，分析人员在进行系统分析时，应该在把握整体效益最优原则的基础上，尽可能使各子系统获得最大的局部效益。

（四）定量分析与定性分析相结合

定量分析是指采用计量经济方法分析物流现象间的数量关系，例如物流成本分析、仓库容量分析、配送路线制定等。定性分析是指那些不能用数量关系表示的指标，只能根据经验、主观判断来分析，例如社会环境分析、经济环境分析、宏观政策分析等。分析人员在进行物流系统分析时，应以定量分析为主，兼顾定性分析，把握定量分析与定性分析紧密结合原则，对物流系统做出科学评价。

三、物流系统分析的步骤

任何问题的分析研究都有一定的逻辑推理步骤，物流系统分析也不例外。

1. 提出问题，确定目标

在进行物流系统分析时，分析人员首先需要提出企业拟解决的问题，同时结合系统分析理论说明问题的构成与范围，确定分析研究的目标。

2. 收集资料，拟定可行方案

在问题确定之后，分析人员就要确定分析方法，收集相关资料，并找出问题、目标、资料之间的关系，拟定解决问题的各种可行方案。

3. 建立模型

模型是对实体物流系统的抽象描述，可以将复杂的问题处理为简单问题。为便于进行物流系统分析，分析人员应构建各种模型并分析采用各方案可能出现的结果。模型是对现实过程的近似描述，如果它能解决提出的问题，就是一个合理的模型。

4. 综合评价

这一步是指分析人员利用模型及其相关资料所获得的结果，同时考虑政治、经济、科技等环境因素，采用定量分析与定性分析相结合的方法对各方案逐一进行分析，评价每一种方案的利弊，获得综合性结论。

5. 检验与核实

分析人员应以抽样、试验等方式检验所得结论，提出可实现拟定目标的最佳方案；利用不同模型，针对不同假设条件对各种可行方案进行比较，获得结论，提出建议，供决策者参考。

四、物流系统分析的方法

常用的物流系统分析方法有以下几种。

（一）数学规划法

数学规划法是指对系统进行统筹规划，寻求最优方案的数学方法，具体包括线性规划、动态规划、整数规划、排队规划和库存论等。这些方法可用于解决物流系统中的物流设施选址、物流作业资源配置、货物配载、货物储存时间与数量计算等问题。

（二）网络计划技术

网络计划技术是指运用网络来统筹安排、合理规划物流系统的各个环节，把一项工作或项目分解成各种作业并进行排序，然后利用网络对整个工作或项目进行统筹规划和控制，以便用最少的资源、最快的速度完成工作或项目。网络计划技术有利于实现物流作业的合理安排。

（三）系统仿真法

系统仿真法是指通过建立物流系统的仿真模型，模拟物流系统的运行状态和规律，在计算机上进行仿真实验研究。

（四）系统优化法

在一定的约束条件下，求出目标函数最优解的方法就是系统优化法。物流系统包括许多参数，且参数间相互制约，同时这些参数受到外部环境的影响。系统优化法就是在相互制约的参数发生变化时，根据物流系统目标来确定参数值，最终使物流系统达到最优状况。

内容小结

本部分主要介绍了物流系统的基础知识，包括物流系统认知、物流系统构成和物流系统分析等基本内容单元。

系统是由相互作用、相互联系的两个或两个以上要素结合而成的具有特定功能的有机整体。物流系统是指在一定的时间和空间里，由所需移动的物资、包装设备、装卸搬运机械、运输工具、仓储设施、人员和通信联系等若干相互制约的动态要素所构成的具有特定功能的有机整体。物流系统的运作目的是实现物资的时间价值、空间价值和加工附加价值。物流系统的输入、转换（处理）、输出、反馈等功能，通过有机结合，构成了物流系统的一般模式。

物流系统主要包括物流硬件系统、物流作业系统、物流管理系统和物流信息系统4个系统。物流系统的构成要素包括一般要素、功能要素、流动要素、支撑要素及物质基础要素五大类。

物流系统分析是指在一定的时间和空间里，将物流系统所从事的物流活动及其过程作为一个整体来看待，以系统的观点、系统工程的理论和方法进行分析研究，以实现物流系统在空间和时间上的经济效益。物流系统分析的目的在于比较各种备选方案的功能、费用、效益和可靠性等相关技术经济指标，寻求使物流系统整体效益最优和有限资源配置最优的方案，为决策者的最终决策提供科学依据。物流系统分析的方法包括数学规划法、网络计划技术、系统仿真法和系统优化法等。

关键术语

系统　物流系统　物流硬件系统　物流作业系统　物流管理系统　物流信息系统　物流系统分析　数学规划法　网络计划技术　系统仿真法　系统优化法

同步测试

一、单项选择题

1. 具体实施物流活动的系统是（　　）。

　　A. 物流硬件系统　　　　B. 物流作业系统　　　C. 物流管理系统　　　D. 物流信息系统

2. 下列选项中，（　　）属于物流系统的一般要素。

　　A. 运输　　　　　　　　B. 仓储　　　　　　　C. 装卸搬运　　　　　D. 人

3. （　　　）是指根据经营计划确定的流向。

    A. 自然流向   B. 计划流向   C. 市场流向   D. 实际流向

二、多项选择题

1. 物流系统的支撑要素包括（　　　）。

    A. 体制制度   B. 法律法规   C. 行政命令   D. 标准化系统

2. 分析人员在进行物流系统分析时要遵循（　　　）原则。

    A. 外部条件与内部条件相结合   B. 当前利益与长远利益相结合

    C. 局部效益与整体效益相结合   D. 定量分析与定性分析相结合

3. 物流系统的流向类型包括（　　　）。

    A. 自然流向   B. 计划流向   C. 市场流向   D. 实际流向

三、判断题

1. 资金要素是物流系统的第一要素。   （　　　）

2. 流量是通过载体流动的流体在一定流向上的数量表现。   （　　　）

3. 物流系统的目标是整个物流系统的成本最低，而且物流系统的目标是始终不变的。

    （　　　）

四、简答题

1. 什么是物流系统？物流系统有哪些特征？

2. 简述物流系统的一般模式。

3. 简述物流系统分析的步骤。

实训项目

实训　物流系统调查

实训目标

通过网络查找相关资料，使学生熟悉物流系统的总体框架和构成要素。

实训要求

不同物流系统的总体框架和构成要素也会有所不同。学生通过网络查找典型物流系统的相关资料，深入了解要建立一个物流系统需要哪些要素的支持，从而能系统、充分地了解现代物流系统。

1. 选取有代表性的物流系统。

2. 遵守机房管理制度。

3. 撰写考察报告。

实训指导

1. 指导学生遵守机房管理制度。

2. 指导学生撰写考察报告。

模块三

物流功能管理

知识目标

理解不合理运输的表现形式。

掌握运输合理化的实施途径。

掌握仓储管理的内容及库存管理方法。

掌握配送合理化的实施途径。

掌握包装合理化的实施途径。

掌握装卸搬运合理化的实施途径。

掌握流通加工合理化的实施途径。

能力目标

能初步制定运输作业方案。

能初步制定仓储作业方案。

能初步制定配送作业方案。

素质目标

培育并践行物流管理人员的职业道德。

培育并践行物流管理人员精益求精、吃苦耐劳的职业精神。

知识框架

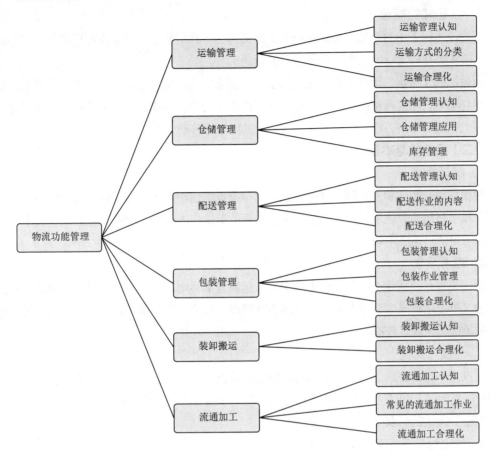

单元一 运输管理

案例导入

不合理运输现象——空驶

某销售企业主要对自己的销售点和大客户进行配送，配送方法为销售点和大客户有订货需求就立即组织装车送货，结果经常导致送货车辆空载率过高，还时常出现所有车都派出去而其他客户的需求满足不了的情况。所以销售经理一直要求增加送货车辆，但由于资金原因，企业一直没有购车。

思考

1．如果你是企业决策人，你会通过购车来解决送货效率低的问题吗？为什么？

2．请提出案例中问题的解决办法。

一、运输管理认知

（一）运输的概念

《物流术语》中对运输（Transport）的定义为："利用载运工具、设施设备及人力等运力资源，使货物在较大空间上产生位置移动的活动。"

运输不同于搬运，运输是在较大空间上（如国家之间、城市之间、一个大企业内相距较远的仓库与车间之间或两车间之间等）进行的以产生货物位置移动为目的的活动，而搬运是在较小空间上（如工厂内、仓库内等）对货物进行的以水平移动为主的活动。

（二）运输的基本原理

1. 规模原理

规模原理是指随着一次装运量的增加，单位重量的运输成本不断下降。根据规模原理，铁路运输和水路运输装载量较大，因此其单位重量的运输成本较低；航空运输装载量较小，因此其单位重量的运输成本较高。

2. 距离原理

距离原理是指随着一次运输距离的增加，运输成本会增加得越来越缓慢，即随着运输距离的增加，单位运输成本会越来越低。根据距离原理，长途运输的单位运输成本较低，而短距离运输的单位运输成本较高。

3. 速度原理

速度原理是指完成运输任务所需时间越短，效益越高。运输速度越快，货物在运输途中停滞的时间越短，从而使企业采购提前期越短，有利于企业降低库存、提高效益。

（三）运输的分类

1. 按运输设备及运输工具分类

按运输设备及运输工具分类，运输可分为公路运输、铁路运输、水路运输、航空运输和管道运输。

2. 按运输范围分类

按运输范围分类，运输可分为干线运输、支线运输、二次运输和厂内运输。

（1）干线运输。干线运输是指利用铁路、公路、水路的干线进行长距离、大批量的运输。干线运输具有运输距离长、运输量大、成本低等特点。

（2）支线运输。支线运输是指在与干线相连的分支线上进行的运输。支线运输经常作为收货地、发货地之间的补充性运输，具有运输距离短、运输量小等特点。

（3）二次运输。二次运输是指经过干线运输与支线运输将货物运输到站后，需要再次将货物从站点运往客户仓库、工厂或指定接货地点的运输。二次运输一般运输距离较短，是一种补充性运输。

（4）厂内运输。厂内运输是指在企业范围内，一般在车间与车间之间、车间与仓库之间进行的运输。

3. 按运输的协作程度分类

按运输的协作程度分类，运输可分为一般运输、联合运输和多式联运。

（1）一般运输。一般运输是指孤立地采用不同的运输方式或采用同一种运输方式而没有形成有机协作关系的运输，如单一的公路运输、铁路运输等。

（2）联合运输。联合运输是指由两种或两种以上的运输方式联合起来，综合利用各种运输方式的优势，充分发挥各自的效用，实行一次托运、一票到底的运输。联合运输可以缩短货物的在途运输时间，加快运输速度，节约运输成本，提高运输工具的利用率。联合运输还可以简化托运手续，方便客户。

（3）多式联运。多式联运是指货物由一种运载单元装载，通过两种或两种以上运输方式连续运输，并进行相关运输物流辅助作业的运输。

4. 按运输中途是否换载分类

按运输中途是否换载分类，运输可分为直达运输和中转运输。

（1）直达运输。直达运输是指货物由发货地到接收地，采用同一种运输方式、中途不需要中转的运输方式。该运输方式由于中途不需换装、装上卸下、入库储存，可以避免中途换装所导致的货损增加、运输速度变慢等不利影响，从而能缩短运输时间、降低运输费用、加快货物的周转速度。

（2）中转运输。中转运输是货物由发运地到接收地，中途经过至少一次落地、换装、铁路解编或公路甩挂的运输方式。中转运输的主要作用是将干线运输、支线运输有效地衔接起来，主要特点是化整为零或集零为整，从而提高运输效率。

5. 按运输的作用分类

按运输的作用分类，运输可分为集货运输和配送运输。

（1）集货运输。集货运输是指将分散的货物进行汇集，再集中运往目的地的运输方式。集货运输的作用是将近距离、小批量的货物集中起来，待货物集中后再利用干线运输进行远距离、大批量的运输。

（2）配送运输。配送运输是指将按客户配好的货物分送给各客户的运输方式。配送运输属于运输中的末端运输，具有运输距离较短、运输规模较小、运输费用较高的特点。

（四）运输的原则

企业在组织运输工作时应遵循及时、准确、经济、安全的原则。

（1）及时。及时原则是指按照客户要求的时间将货物送达指定地点。及时原则要求在货物运输过程中尽量缩短货物在途时间。

（2）准确。准确原则是指在货物运输过程中，要预防各种差错发生，准确无误地完成运输任务，将货物送达收货人手中。

（3）经济。经济原则是指在组织运输时，根据客户要求合理选择运输方式和运输路线，降低运输成本。

（4）安全。安全原则是指在组织货物运输时，要保障工作人员的人身安全和货物的安全。这就要求既要做好运输前的包装、装卸搬运等工作，又要做好运输途中的安全工作。

（五）运输在物流中的作用

1. 运输是社会物质生产的必要条件之一

运输是国民经济的基础和先行。企业生产的物质产品要想实现其价值，需要进行从生产地到消费地的空间位置移动。运输是一种特殊的生产活动，它虽然不创造新的物质产品，但可以实现物质产品从生产地到消费地的空间位置移动，这种位置移动是社会物质生产的必要条件之一。运输是社会物质生产的必要条件之一，这表现在两个方面：一方面是在生产过程中，运输是生产的直接组成部分，没有运输，生产内部的各环节则无法有效连接；另一方面是流通过程中，运输是生产过程的继续，它连接着生产与再生产、生产与消费环节，连接着国民经济各部门、各企业，连接着不同国家和地区。

2. 运输是物流的主要功能要素之一

由于供求双方之间存在空间距离，商品在不同地理位置具有不同层次的价值，使用价值的实现程度也会不同。运输可以让商品进行空间位置移动，从而最大限度地实现商品的使用价值。在现代物流快速发展的今天，仍有不少人将运输等同于物流，主要原因是物流中的很大一部分任务是由运输来完成的，它是物流的主要功能要素之一。

3. 运输是第三利润源的主要源泉

运输作为第三利润源的主要源泉表现在两个方面：一方面是运输承担着大跨度空间转移商品的任务，这些任务时间长、距离远、消耗大，因此节约的潜力也很大；另一方面是运输成本在物流成本中所占的比例最高，一般综合分析社会物流费用，运输成本的占比接近50%，甚至有些商品的运输成本高于其生产成本，所以其在节约成本方面的潜力也是很大的。因此，提高运输系统的效率和质量，对企业的成本降低和效率提高都起着至关重要的作用。

二、运输方式的分类

基本的运输方式包括公路运输、铁路运输、水路运输、航空运输和管道运输5种。每种运输方式的服务内容、服务质量、成本各不相同，每种运输方式也各有优缺点。企业应根据自身需求，综合考虑各方面因素，选择合适的运输方式，提高运输的效率，降低运输的成本。

（一）公路运输

公路运输是指使用汽车在公路上进行货物运输的运输方式。公路运输主要承担近距离、小批量的货运运输，水路运输、铁路运输难以到达地区的长途、大批量货物运输以及铁路运输、水路运输优势难以发挥的短途运输。由于公路运输具有很强的灵活性，在有铁路运输、水路运输的地区，较长途的大批量运输也开始使用公路运输。

公路运输最显著的特点是灵活性。公路运输的灵活性主要体现在以下几个方面：一是空间上的灵活性，公路运输可以实现"门到门运输"；二是时间上的灵活性，公路运输可以根据货物运输的需求随时起运；三是批量上的灵活性，批量较小时可以进行零担运输，批量较大时可以进行整车运输；四是服务上的灵活性，公路运输可以根据货主的具体要求提供针对性服务，可以最大限度地满足不同货主的运输需求。

公路运输的主要优点是：机动灵活，可以实现"门到门运输"；投资少、资金周转快；货损货差小，安全性高，能保证运输质量；对于近距离的中小批量货物运输，运输费用比较低。

公路运输的主要缺点是：运输能力比较差，不太适合大批量的运输，运输能耗比较高；在进行长距离运输时，运输成本比较高；容易受到气候和环境变化的影响。

（二）铁路运输

铁路运输是指用铁路列车运送货物的运输方式。铁路运输是我国交通运输体系的骨干和中坚，在现代物流体系中发挥着重要作用。

铁路运输主要承担长距离、大批量的货物运输。在不具备水运条件的地区，几乎所有大批量货物都依靠铁路运输。铁路运输是在干线运输中起主力作用的运输方式。

铁路运输的主要优点是：运输能力强，运输速度快，受自然条件限制小；运行平稳，安全可靠，到货时间准确；中长距离运输时，成本较低。

铁路运输的主要缺点是：灵活性差，只能在固定线路上运输，需要与其他运输方式配合与衔接，无法实现"门到门运输"；货物滞留时间长，不适宜紧急运输。

（三）水路运输

水路运输是使用船舶运送货物的一种运输方式。水路运输主要承担大批量、长距离的运输，是在干线运输中起主力作用的运输方式。在内河及沿海的水路运输，也常用小型水路运输工具，承担补充及衔接大批量干线运输的任务。

按航行区域，水路运输可分为远洋运输、沿海运输和内河运输。远洋运输是指使用船舶进行跨大洋的长途运输，主要使用大型船舶。沿海运输是指利用船舶通过大陆附近沿海航道在一定海域内各港口之间进行的运输，一般使用中、小型船舶。内河运输是指使用船舶通过一条或几条河流运送货物，一般为国内运输。

水路运输的主要优点是：运输能力强，适用于大批量运输；长距离运输时，运输成本低；利用天然航道，投资低。

水路运输的主要缺点是：运输速度较慢，货物在途时间长；易受天气影响，运输时间难以保证；港口设施建设需要高额投资。

（四）航空运输

航空运输是指使用飞机或其他航空器运送货物的一种运输方式。航空运输的单位成本很高，因此主要适用于运输两类货物：一类是价值高、运费承担能力很强的货物，如贵重设备的零部件、高档产品等；另一类是紧急需要的货物，如救灾抢险物资、客户急需的物资、鲜活产品、季节性货物及时间性强的邮件、包裹等。

航空运输的主要优点是：运输速度快；机动灵活，不受地形的限制，只要有机场、航空设施保障即可运输；平稳、安全，货物在运输途中受到的震动、撞击等均少于其他运输方式。

航空运输的主要缺点是：运输量少，运输能力较差，运输成本较高。

（五）管道运输

管道运输是指利用管道输送气体、液体和粉状固体的一种运输方式。管道运输是靠物体在管道内顺着压力方向循序移动实现的，和其他运输方式重要的区别在于管道设备是静止不动的。管道运输适用于流量大且稳定的气体、液体和粉状固体类货物的运输。

管道运输的主要优点是：运输量大，输送连续性强，不产生空驶；不受气候影响，安全、可靠，无污染；输送高度自动化，用人较少，运输成本低。

管道运输的主要缺点是：灵活性差，只有接近管道的客户才能使用。

物流企业在选择合适的运输方式时，可以结合各种运输方式的优缺点，为客户提供满意优质的服务。例如，可以将铁路运输在干线运输中起的主力作用和全国覆盖面广的优势与公路运输机动灵活的特点结合起来，这样就能实现"门到门运输"，提高物流企业的服务质量。

三、运输合理化

由于运输是物流系统最重要的功能要素之一，物流合理化在很大程度上依赖于运输合理化。

（一）运输合理化的概念

运输合理化是指从物流系统的总体目标出发，运用系统理论和系统工程原理、方法，选择合理的运输方式和运输路线，以最短的路径、最少的环节、最快的速度和最小的劳动消耗，组织好运输工作。

影响运输合理化的因素主要有运输距离、运输环节、运输工具、运输时间和运输费用，统称为合理运输的五要素。只有充分考虑上述五要素，才能实现运输合理化。

1. 运输距离

运输距离的长短是影响运输合理性的最基本因素。运输时间、运输费用、运输工具的选择等都与运输距离有着紧密的联系。因此，物流企业在进行运输方案设计时应尽可能缩短运输距离，避免造成不必要的运力浪费。

2. 运输环节

每增加一个运输环节，不但会增加总运费，而且会增加装卸搬运、包装等物流工作，物流的各项技术经济指标也会因此降低。因此，物流企业应尽量减少运输环节，尤其是同类运输方式的中转环节，促进运输合理化的实现。

3. 运输工具

各种运输工具都有其使用的优势领域，按运输工具特点进行优化选择并进行装卸作业，发挥所选运输工具的最大效用，能促进运输合理化的实现。

4. 运输时间

运输是物流过程中需要花费较多时间的环节，运输时间的缩短对整个物流时间的缩短有决定性作用。运输时间的缩短有利于运输工具的加速周转，有利于资金的周转，对实现运输合理化有很大贡献。

5. 运输费用

运输费用在全部物流费用中占较大比例，它是衡量运输经济效益的重要指标，在很大程度上决定了物流系统的竞争能力。无论对货主企业还是物流企业来说，降低运输费用都是运输合理化的重要目标。

（二）不合理运输

不合理运输是指在现有条件下可以达到的运输水平而未达到，从而导致运力浪费、运输时间增加、运费超支的现象。

1. 空驶

空车无货载行驶，可以说是最严重的不合理运输形式之一。造成空驶的原因主要有以下几种。

（1）能利用社会化的运输体系而不利用，却依靠自备车送货、提货，这往往会导致单程空驶的不合理运输现象。

（2）工作失误或计划不周，造成货源不实，使车辆空去空回，双程空驶。

（3）车辆过分专用，无法搭运回程货，只能单程实车、单程空驶。

2. 对流运输

对流运输是指同一种货物或者彼此间可以相互代用而不影响管理、技术及效益的货物，在同一线路上或平行线路上做相对方向的运输，而与对方运程的全部或一部分发生重叠交错的运输。对流运输可分为明显对流运输和隐蔽对流运输两种。

（1）明显对流运输，如图3-1所示。明显对流运输是指同类货物沿着同一线路相向运输。

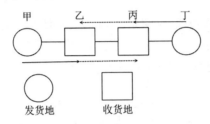

图 3-1　明显对流运输

（2）隐蔽对流运输，如图3-2所示。隐蔽对流运输是指同类货物通过不同的运输方式在平行线路上相向运输。

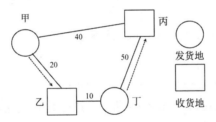

图 3-2　隐蔽对流运输

3. 迂回运输

迂回运输是指舍近求远、绕道而行的运输，也就是常说的"近路不走走远路"，如图3-3所示。

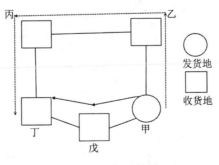

图 3-3　迂回运输

4. 重复运输

重复运输有两种形式：一种形式是本来可以直接将货物运到目的地，但是在未达目的之处或目的地之外的其他场所将货物卸下，再重复装运送达目的地，如图3-4所示；另一种形式是同品种货物在同一地点一面向内运进，一面又向外运出。重复运输的最大缺点是增加了非必要的中间环节，降低了流通速度，增加了运输费用，增大了货损。

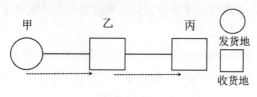

图 3-4　重复运输

5. 倒流运输

倒流运输是指货物从销售地或中转地向产地或起运地回流的一种运输，如图3-5所示。倒流运输的不合理程度要大于对流运输，因为倒流运输中往返两程的运输都是不必要的，形成了双程浪费。倒流运输也可以看成是隐蔽对流运输的一种特殊形式。

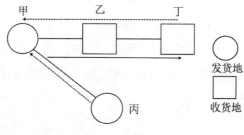

图 3-5　倒流运输

6. 过远运输

过远运输是指调运货物舍近求远，近处有资源不调而从远处调，造成可采取近程运输而未采取，增加了货物运输距离的运输，如图3-6所示。过远运输占用运力时间长，运输工具周转慢，物资占用资金时间长，费用支出增加。

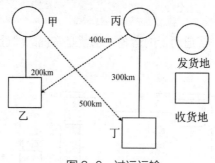

图 3-6　过远运输

7. 运力选择不当

运力选择不当是指未利用各种运输工具优势而导致运输工具选择不正确造成的不合理运输。如使用铁路、大型船舶进行过近运输，运输工具承载能力选择不当等。

8. 托运方式选择不当

对于货主而言，托运方式选择不当是指可以选择最好的托运方式而未选择，造成运力浪费、费用增加的一种不合理运输。例如，应选择整车运输但未选择，反而选择零担运输，导致运输成本增加；应当选择直达运输而选择了中转运输，导致出现了中转地装卸、包装破损等不合理现象。

上述8种不合理运输在特定条件下才会表现出来。在进行判断时必须注意各种不合理运输发生的前提条件，不能简单认为只要出现就不合理。另外，也要从系统角度综合判断是否出现不合理运输，以有效避免效益背反现象，优化物流系统。

（三）运输合理化的途径

1. 提高运输工具实载率

运输工具实载率有两个含义：一是单车实际载重与运距之乘积和标定载重与行驶里程之乘积的比率，这在安排单车、单船运输时作为判断装载合理与否的重要指标；二是车船的统计指标，即一定时期内车船实际完成的货物周转量（以吨千米计）占车船载重吨位与行驶千米之乘积的百分比。车船行驶的千米数既包括载货行驶里程，又包括空驶里程。

提高运输工具实载率的意义在于充分利用运输工具的额定能力，减少车船空驶和不满载行驶的时间，减少浪费，从而求得运输合理化。

2. 减少能源投入，增强运输能力

这种途径的要点是少投入、多产出，走高效益之路。运输的投入主要是能源投入和基础设施的建设，在基础设施建设已完成的情况下，尽量减少能源投入，节约运费，降低单位货物的运输成本，能达到运输合理化的目的。

3. 发展社会化运输体系

运输社会化是指发挥运输的大生产优势，实现专业分工，打破一家一户自成运输体系的状况。实行运输社会化，可以统一安排运输工具，避免空驶、对流运输、倒流运输、过远运输、运力选择不当等不合理运输的发生，这样不但可以提高组织效益，而且可以形成规模效益。因此，发展社会化运输体系是实现运输合理化的重要途径。对于产销地、产销量都稳定的产品，物流企业可以事先与铁路部门、交通部门等运输部门签订协议，规定专门收、到站，规定专门航线及运输路线，规定专门船舶和泊位等，有效保证产品的稳定运输。

4. 发展直达运输

直达运输是实现运输合理化的重要途径，其要点是缩短货物运输时间，通过减少中转换载，加快运输速度，节省装卸费用，降低中转货损率。直达运输的优势在一次运输批量和客户一次需求量达到整车时最为突出。直达运输还有助于建立稳定的产销关系和运输系统，实现稳定运输，以提高运输的计划水平和运输效率。

直达运输的合理性只有在一定条件下才会发挥出来，不能绝对认为直达运输一定优于中转运输。从客户需要量看，当批量达到一定程度时，直达运输是合理的；当批量较小时，中转运输是合理的。

5. 做好配载运输

配载运输是指充分利用运输工具的载重量和容积，合理安排装载的货物及载运方法，以实现运输合理化的一种途径。配载运输也是提高运输工具实载率的一种有效方法。

配载运输往往是重、轻货物混合配载，在以重质货物运输为主的情况下，同时搭载一些轻

泡货物。例如，在铁路运输矿石、钢材等重物时，搭运轻泡农副产品等，在基本不增加运力投入和不减少重质货物运输的情况下，解决了轻泡货物的运输，运输合理化效果显著。

6. 利用"四就"直拨运输

"四就"直拨运输是当货物到达时就厂、就站（码头）、就库、就车（船）将货物发送给客户，减少中转运输环节，力求以最少的中转次数完成运输任务的一种途径。

"四就"直拨运输首先要求管理机构做好预先筹划，然后在货物到达时就厂、就站（码头）、就库、就车（船）将货物分送给客户，而不需再经过货物入库、出库等环节，可以大幅节约时间。

7. 利用现代化运输技术和运输工具

利用现代化运输技术和运输工具也是实现运输合理化的重要途径。如将智能运输技术、无人机技术、无人驾驶技术等现代化运输技术应用在运输中，将专用散装罐车、大型半挂车、滚装船、集装箱高速直达车船等运输工具应用在运输中。现代化运输技术和运输工具的应用可以大幅提高运输效率，节约运输时间，降低运输成本。

8. 进行流通加工

不少产品由于本身形态及特性比较特殊，很难实现运输合理化。在实际中，如果对这些产品进行适当加工，就有可能有效解决合理运输问题。例如，将造纸材料在产地预先加工成干纸浆，然后压缩体积运输，就能解决造纸材料运输不满载的问题；将水产品及肉类预先冷冻，就可以提高车辆实载率并降低运输损耗率；将轻泡产品预先捆紧包装成规定尺寸，就容易提高装载量，提高运输效率。

单元二 仓储管理

案例导入

仓储合理化案例

小李家附近有一个冷库，主要用来储存周围的农副产品。冷库规模不大，设施设备陈旧落后，因此利用率较低。小李是物流管理专业的大一学生，假期回家后发现该冷库效益不好，于是想通过所学的物流管理专业知识找到解决办法。

思考

1. 如果你是小李，你认为应该如何解决冷库利用率较低、效益不好的问题？

2. 说一说要做好仓储管理应该做好哪几个方面的工作。

一、仓储管理认知

（一）仓储管理的概念

仓储是物流的功能要素之一，也是商品流通的重要环节之一。在社会分工和专业化生产条件下，企业必须储存一定量的物资，以满足社会生产和消费的需要。

《物流术语》对仓储（Warehousing）的定义为："利用仓库及相关设施设备进行物品的入库、储存、出库的活动。"

与仓储有关的概念有储存（Storing）、保管（Stock Keeping）和库存（Stock）。储存是指贮藏、保护、管理物品。保管是指对物品进行储存，并对其进行保护和管理的活动。库存是指储存作为今后按预定的目的使用而处于备用或非生产状态的物品。广义的库存还包括处于制造加工状态和运输状态的物品。

《物流术语》中对仓储管理（Warehousing Management）的定义为："对仓储及相关作业进行的计划、组织、协调与控制。"

随着企业生产经营水平的提高，仓储管理已由静态管理转变为动态管理，其内涵也随着社会经济的发展而不断延伸。

（二）仓储管理的作用

1. 仓储是物流的主要功能要素之一

在现代物流中，运输改变了商品的空间状态，而仓储改变了商品的时间状态，仓储和运输是并列的物流的两大主要功能要素，也被称为物流活动的两大支柱。

2. 仓储是保证社会物质生产及生活顺利进行的必要条件

仓储作为社会物质生产的必要条件，具体表现在衔接及调节作用上。

从生产和消费的连续性分析，各种商品都有不同的特点。有的商品生产是均衡的，而消费是不均衡的。如生活资料中的啤酒、饮料等季节性商品，就是一年四季连续生产，而在消费高峰期被集中消费；有的商品的生产是不均衡的，而消费却是均衡的，最典型的就是农产品。生产和消费在时间上的不均衡导致了商品在生产出来后要经过一定时间的储存才能和消费在时间上相协调。此外，由于生产和消费在品种、数量等方面也存在着矛盾，这些矛盾既不能在生产领域解决，也不能在消费领域解决，所以只能在流通领域连接生产和消费的仓储中加以解决。因此，仓储在推动生产发展、满足市场需求方面具有重大意义。

3. 仓储是平衡市场供求关系、稳定物价的重要手段

在社会物质生产过程中，由于生产和消费往往存在着一定的时间差异和空间差异，因此市场供求会出现不均衡状态——价格波动。如果价格出现大幅波动，仓储就需要发挥稳定物价的作用。例如，当商品在消费市场中供过于求时可以增加储存，供不应求时释放储存，以有效调节供求关系，缓解供求矛盾。仓储既可以保证生产的连续性，又可以防止物价大起大落，在一定程度上起到稳定物价的作用。

4. 仓储可以使企业避免缺货损失

当市场需求发生变化时，企业可以通过保持一定数量的存货来避免缺货损失，以做出快速反应满足市场需求。

（三）仓储管理的内容

1. 仓库的选址与建设

仓库的选址与建设对仓储企业的服务水平和成本影响很大，这属于企业战略管理层面的问题。仓库的选址与建设的具体内容包括仓库选址、仓库面积确定、仓库内部布局规划、人员配置等。

2. 仓储设备配置

仓储管理离不开现代化的仓储设备，如货架、叉车、托盘、搬运车、传输机械等，甚至要建立现代化的自动立体仓库。仓储设备配置是仓储系统规划的重要内容，它关系到仓库的建设成本和运营成本，更关系到仓库的生产效率与生产效益。

3. 仓储作业管理

仓储作业管理包括对入库作业、在库作业和出库作业等活动的管理，它是仓储管理日常工作中最重要的管理工作之一。只有做好仓储作业管理工作，才能保证仓储企业的正常运行，才能保证仓储业务的正常开展。

4. 仓储商务活动

仓储商务活动包括市场调查与预测、营销管理、合同管理、客户关系管理、客户服务等。仓储商务活动是仓储企业生存和发展的基础，也是树立企业形象的关键。

5. 仓储成本管理

仓储成本管理是仓储管理的主要工作之一，主要应该考虑两个问题：一是要考虑在确保仓储效率的情况下降低仓储成本；二是要考虑仓储管理与其他物流功能之间的效益背反规律，以实现物流整体成本最低。

6. 库存控制

在现代物流管理中，库存控制对仓储效率和仓储成本的影响也越来越大。库存控制不仅可以降低仓储成本，还可以提高仓储企业的服务质量和服务水平。

（四）仓库的类型

1. 按仓库在社会再生产过程中所处位置分类

（1）生产领域仓库。生产领域仓库包括原材料仓库、半成品仓库和产成品仓库。原材料仓库是指企业从供应商处采购的原材料在进入生产阶段前的存放场所。半成品仓库是指在生产过程中，处于各生产阶段之间的半成品的存放场所，半成品仓库起着衔接各生产阶段，保证连续均衡生产的作用。产成品仓库存放生产企业已经检验合格的产品，这些产品可以进入销售阶段但还未离开生产企业，产成品仓库起着衔接生产、流通及消费阶段的作用。

（2）流通领域仓库。流通领域仓库包括物流企业的营业仓库和流通企业的自用仓库，主要用于产品的保管、中转和配送。流通领域仓库以产品的中转和配送为主，机械化、自动化程度较高，保管时间较短，周转速度较快。

（3）储备型仓库。储备型仓库是指以物资的长期保管或储备为目的，以保证完成各项储备任务的仓库，产品在库时间长，周转速度慢，如国家粮食储备、各种战略物资储备等。

2. 按仓库的隶属关系分类

（1）自用仓库。自用仓库是指企业建立的供自己使用的仓库。自有仓库的建设、入库作业、在库作业、出库作业等一般都由企业自己进行。

（2）营业仓库。营业仓库是指按照相关管理条例和企业经营需要，向其他企业提供保管服务的仓库。第三方物流企业建立的仓库一般属于营业仓库。

（3）公共仓库。公共仓库是指面向社会提供物品储存服务，并收取费用的仓库。公共仓库是一种专门从事仓储经营管理的、面向社会的、独立于其他企业的仓库。

小思考

企业应如何按隶属关系选择仓库？选择时需要注意什么？

3. 按仓库保管条件分类

（1）普通仓库。普通仓库一般是指存放无特殊保管要求物品的仓库，具有常温保管、自然通风的特点。

（2）恒温仓库。恒温仓库始终能保持一定的温度和湿度，主要储存对温度和湿度有一定要求的物品。

（3）冷藏仓库。冷藏仓库有制冷设备，能保持较低温度，是专门用来储存冷藏物品的仓库，一般多用于储存农副产品、药品等对温度有特殊保管要求的物品。

（4）危险品仓库。危险品仓库是指储存具有易燃性、易爆性、腐蚀性、有毒性和放射性等有一定危险的物品的仓库。

4. 按仓库的结构分类

（1）单层仓库。单层仓库是使用最广泛的一种仓库类型，只有一层，不需要设置楼梯，适宜人工操作，各项作业进行起来也比较简单。

（2）多层仓库。多层仓库是指两层及两层以上的仓库。多层仓库一般占地面积较小，建在土地使用价格较高的地区。由于是多层结构，多层仓库进出库需要采用机械化、自动化设备，日常装卸搬运成本较高。

（3）立体仓库。立体仓库和一般的单层仓库不同，它利用高层货架来储存货物，进出库需要采用与立体仓库配套的机械化、自动化设备，主要采用计算机进行管理和控制，实现机械化、自动化作业。

（4）简易仓库。简易仓库是指存放散装的小颗粒或粉末状货物的封闭式仓库。简易仓库经常用来储存粮食、水泥和化肥等货物。

（5）露天堆场。露天堆场是指用于堆放货物的露天场所。露天堆场一般用于堆放大宗原材料或不怕受潮、不怕日晒、不怕雨淋的货物。

二、仓储管理应用

（一）仓库选址

仓库选址是指在一个具有若干供应点及若干需求点的经济区域内，选一个地址建立仓库的规划过程。合理的选址方案应该使商品从供应点通过仓库的汇集、中转、分发到达需求点的全过程的效益最好。因为仓库的建筑物及设备投资太大，所以选址时要慎重，如果选址不当，则损失不可弥补。

1. 仓库选址的影响因素

仓库选址的影响因素主要包括自然环境因素、经营环境因素、基础设施状况等。

（1）自然环境因素。自然环境因素主要包括气象条件、地质条件、水文条件和地形条件。

（2）经营环境因素。经营环境因素主要包括政策环境、商品特性、物流费用、服务水平等。

（3）基础设施状况。基础设施状况主要包括交通条件和公共设施状况。

知识拓展

有特殊储存要求的商品仓库选址应注意的事项

果蔬食品仓库在选址时应选择靠近入城主干道的地方，以免运输距离过长，商品损耗过大。

冷藏品仓库应选择在屠宰场、加工厂附近，同时因为设备噪声较大，所以应选择在城郊。

建筑材料仓库因流通量大、占地面积大、防火要求严格，有些材料还会产生污染，所以应选择在城市周边、交通干线附近。

燃料及易燃材料仓库应选择在城郊的独立地段，在气候干燥、风大的城镇应选择在大风季节的下风位，并远离居民区，最好是地势低洼处。

2. 仓库选址的步骤和方法

（1）分析阶段。分析阶段包括需求分析、费用分析和约束条件分析。

需求分析是指根据物流产业的发展战略和产业布局，对该地区的顾客及潜在顾客、供应商等的分布进行分析。

费用分析主要包含工厂到仓库之间的运输费、仓库到顾客之间的配送费、与设施和土地有关的费用及人工费等。运输费随着距离的变化而变动，设施费、土地费是固定不变的，人工费是根据业务量的大小确定的。在进行费用分析时，必须综合考虑上述费用。

约束条件分析主要包括3个方面：一是分析地理位置是否合适，如位置是否靠近铁路货运站、港口、公路主干道，道路畅通情况，是否符合城市规划等；二是分析政府的产业布局、法律制度等；三是分析地价情况。

（2）选址及评价阶段。分析活动结束后，得出综合报告。根据分析结果在该地区初选几个仓库地址，然后对初选的几个地址进行评价。评价方法有量本利分析法、加权评分法和重心法等。

（3）确定阶段。经过分析、筛选、评价后，从初选的几个地址中确定一个最优的地址，进行可行性评价，编写选址报告，提交有关部门和人员审批，审批通过后确定地址。

（二）仓库布局

仓库布局是指在一定区域或库区内，对仓库的数量、规模、地理位置及仓库设备设施、道路等各要素进行科学规划和整体设计。

仓库通常由生产作业区、辅助生产区和行政生活区3个部分组成。生产作业区是仓库的主体部分，主要包括储存区、专用通道、装卸月台等。辅助生产区是为商品储存工作服务的辅助区域，包括车库、配电室、维修车间。行政生活区是指仓库的行政管理机构所在的区域，一般设置在仓库出入口附近，便于对外接待、服务和管理。

1. 仓库布局的原则

（1）与仓库类型相适应。在规划仓库布局时，首先应分析仓库的类型，综合考虑所储存货物的类型、仓储经营特点、吞吐量大小等，明确仓库定位及规模，制定出与仓库类型相适应的仓库内部规划，合理规划储存区、专用通道和装卸月台等生产作业区。

（2）与仓库总体规划相适应。单个仓库的布局应该纳入仓库总体规划综合考虑，防止资源的浪费和闲置。同时，仓库的位置要合理，要按照物流作业的连续性和出入库业务量的大小合理确定仓库的位置和各功能区的分布。

（3）符合安全、卫生要求。仓库是集中储存货物的场所，为避免重大损失，仓库的防火、防盗等安全、消防设施符合相关法律法规要求就非常重要。多数货物还有防水、防潮、防尘等储存要求，仓库也要为货物的安全保管创造适宜的环境和卫生条件。

（4）适度机械化、自动化。一般情况下，机械化和自动化水平越高，物流作业效率也就越高，但同时企业的投入也越多，成本也越高。因此，仓储企业应根据仓库所储存货物的特点和出入库作业量大小，合理确定仓库的机械化和自动化水平。

（5）保持前瞻性。仓库整体规划是一个系统工程，既要考虑仓储企业自身的规模，又要兼顾企业的长期发展规划，因此要具有前瞻性。

2. 仓库布局的内容

（1）确定仓库总体布局：根据仓库作业内容和仓储管理的需要，对仓库所有设施、设备、人员进行规划，确定储存区、专用通道、收发货区、办公区等的分布，并对各类设备进行分类存放，便于快速查找、正常进行作业。

（2）划分仓库内作业区：按照储存货物的物理化学性质、作业要求，划分出不同的作业区。

（3）划分货位并进行编号：为了提高仓库作业效率，应将仓库划分出一定的货位，并对货位进行编号。在仓储管理中，四号定位法是一种常用的货位划分方法。四号定位法是采用4个号码分别对应库房、货架、层次、货位进行统一编号。例如，6-2-3-1即指6号库房、2号货架、第3层、1号货位。

（4）确定仓库的技术经济指标：仓库的技术经济指标主要包括仓库利用率、各种设备利用率、仓库吞吐量、仓储周转率等。

（5）制定仓库管理制度：按照企业的管理幅度和管理层次，确定部门、班组、人员的管理范围，确定仓库工作岗位和岗位职责。

（6）考虑仓库的未来发展：随着人工智能、物联网、大数据技术的快速发展，现代物流业也在朝着智能化、智慧化、数字化的方向发展，因此在进行仓库布局时，也要考虑仓储管理未来对智慧仓储、数字仓储技术的应用，以便未来进行仓库的升级改造。

（三）仓库作业流程

仓库作业流程是指以保管活动为中心，从仓库接收货物开始，到按客户需要把货物全部发送出去的全部过程。

1. 入库管理

（1）货物接运

货物接运是指仓库对于通过铁路、水运、公路、航空等方式运达的货物，进行接收和提取的工作。货物接运的主要任务是准确、齐备、安全地接收和提取货物，为货物入库验收和检查做准备。

货物接运的方式主要有车站码头接货、铁路专用线接货、库内接货和自提货。

（2）货物验收

货物验收是对入库货物进行数量和质量检验的经济技术活动的总称。数量检验主要是根据货物入库凭证清点货物数量，检查货物包装是否完整，数量是否与凭证相符。质量检验主要是按照质量标准，检查货物的质量、规格和等级是否与标准符合。对于技术性强、需要用仪器测定分析的货物，须由专职技术人员进行质量检验。如果验收过程中发现数量差错、货物破损等不良情况，必须在送货单上详细注明差错的数量、货物破损情况等，并由当事人签字，以便与供货单位、承运单位分清责任。

（3）办理入库手续

货物验收后，仓库管理员应按照货物验收结果填写入库单，同时在入库单上注明该批货物的货位编码，以便记账、查货和发货。

入库手续主要包括登账、立卡、建档。登账是根据货物入库单和有关凭证建立货物明细账目，表明货物存放的具体货位。立卡即填制货物保管卡片，卡片的挂放位置要明显、牢固、方便识别，便于货物进出时及时核对记录。建档是指对货物入库全过程的有关资料进行整理、核对，建立档案。

2. 在库管理

（1）货物堆码

堆码是指根据货物性质、形状、规格、重量、包装等情况，综合考虑地面、货位负荷量、储存时间，将货物堆放成各种垛形的作业过程。仓库管理员应该按照货物的储存特性和入库单上指定的货位综合考虑进行堆码，做到既能充分利用仓库的库位空间，又能满足货物的储存要求。

（2）货物养护

仓库管理员应当经常或定期对仓储货物进行检查和养护，对于易变质或储存要求比较特殊的货物，应当经常进行检查和养护。检查工作的主要目的是尽早发现潜在的问题，养护工作主要是为了预防。在仓库管理过程中，仓库管理员要根据需要保持仓库有适当的温湿度，妥善堆码、苫垫和密封，采取适当的防护措施，防止货物破损、腐烂或失窃等，确保货物的安全。

（3）货物盘点

对于仓库中贵重和易变质的货物，盘点的次数越多越好，其余的货物应当定期进行盘点（例如每年盘点一次或两次）。仓库管理员盘点时应当做好记录，与仓库账务核对。如果出现问题，应该尽快查出原因，及时处理。

3. 出库管理

（1）核对出库凭证

货物出库必须有正式的出库凭证。仓库管理员必须认真核对出库凭证，首先审核出库凭证的真实性，然后审核货物的品名、型号、规格、单价、数量、收货单位等，最后审核出库凭证的有效期等。凡是出库凭证中货物名称、型号、规格不对的，签字、印章不齐全的，项目有涂改的，均不能备货出库。

（2）备货出库

仓库管理员审核出库凭证无误后，按照出库凭证所列货物开始备货。规定发货批次的，按规定批次备货；未规定批次的，按先进先出原则备货。备货完毕后要及时填写账卡数量。

（3）复核

货物备好后，为了避免和防止备货过程中可能出现的差错，应按照出库凭证上所列内容立即进行逐项复核。复核方法主要有专职复核、交叉复核等。

（4）出库交接

货物经复核后需要办理交接手续，当面把货物交接清楚。交接完毕后，提货人员应在出库凭证上签章。

（5）记账清点

发货完毕后，仓库管理员应该做好详细记录，做好清点工作，保证货物的账、卡、物一致，及时、准确地反映货物进出动态。

三、库存管理

仓储虽然能够创造时间效用，但同时它也会耗费大量的人力、物力、财力，如果不能进行有效的库存管理和控制，仓储成本就会大幅增加。

企业通过有效的库存管理与控制，使仓储从质量、数量、时间、结构、费用等方面实现合理化，不仅可以降低储存物资占用资金成本、存货风险成本和存货保险成本，还可以大幅缩减入库、保管、出库阶段发生的仓储作业成本。

库存管理的任务是通过科学决策，选择合适的库存管理方法，使库存既满足生产、流通的需要，又使总库存水平降低。

（一）ABC分类法

一般来说，仓库保管的物资品种繁多，每个品种的价格不同，库存数量也不相等。有些物资品种不多但价值很高，而有些物资品种很多但价值不高。企业由于资源有限，因此对所有库存物品都予以相同程度的重视和管理是不可能的。为了使企业有限的人、财、物等资源得到更有效的利用，企业应对库存物品进行分类，采取不同的管理方法，将管理重点放在重要的物品上，这就是ABC分类法的基本思想。

ABC分类法就是将库存物品按照设定的分类标准分为特别重要的库存（A类）、一般重要的库存（B类）和不重要的库存（C类）3个等级，然后针对不同等级分别进行控制的管理方法。

使用ABC分类法涉及两个问题：一是如何进行分类，二是如何进行管理。

一般情况下，将累计品种百分比为5%~10%，而库存金额累计百分比为65%~75%的前几种物品归为A类；将累计品种百分比为20%~25%，而库存金额累计百分比也为20%~25%的物品归为B类；C类是累计品种百分比为65%~75%，而库存金额累计百分比仅为5%~10%的物品。

企业应对ABC分类法划分的3类物品采取不同的管理方法：对A类应进行重点管理，只设少量安全库存，需要经常检查和盘点，甚至可以每天进行盘点，仓库现场管理要求非常严格；对B类应进行次重点管理，设置一定比例的安全库存，可以每周或每两周盘点一次，仓库现场管理要求不太严格；对C类应进行一般管理，安全库存较高，可以每月盘点一次，仓库现场管理要求也不高。

（二）CVA管理法

CVA（Critical Value Analysis）管理法即关键因素分析法。CVA管理法的基本思想是把库存物品按照关键性分为3~5类。

（1）最高优先级——经营活动的关键性物品，不允许缺货。

（2）较高优先级——经营活动中的小的基础物品，允许偶尔缺货。

（3）中等优先级——比较重要的物品，允许合理范围内的缺货。

（4）较低优先级——经营中需用到这些物品，但可替代性高，允许缺货。

（三）经济订货批量法

经济订货批量（Economic Order Quantity，EOQ）是指通过平衡采购进货成本和保管仓储成本核算，以实现总库存成本最低的最佳订货量。也就是说，当企业按照经济订货批量来订货时，可以实现采购进货成本和保管仓储成本之和最小化，如图3-7所示。

假设条件如下。

（1）年需求量是确定的，且在整个期间保持不变。

（2）订货提前期不变。

（3）订货成本与订货批量无关。

（4）全部订货一次交清。

（5）无数量折扣。

（6）没有缺货。

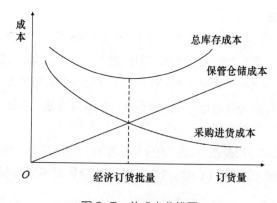

图3-7 总成本曲线图

年总库存成本可用下式表示。

$$TC = DP + \frac{D}{Q}S + \frac{Q}{2}H$$

式中：TC——年总库存成本；

Q——每次订货批量；

D——年需求量；

S——每次订货成本；

H——单位商品年保管费用，即年商品储存费率（I）乘以商品单价（P）；

P——单位商品价格；

I——单位商品年储存费率。

当总库存成本TC最小时，经济订货批量Q公式如下。

$$Q = \sqrt{\frac{2DS}{H}} = \sqrt{\frac{2DS}{PI}}$$

每年的订货次数N和订货周期T公式如下。

$$每年的订货次数 N = \frac{D}{Q}$$

$$订货周期 T = \frac{1}{N}$$

例题

甲公司是生产某机械的制造企业，每年需采购A零件10 000个，A零件的单位购买价格是16元，每次订货成本是100元，每个A零件每年的保管费用是8元，求A零件的经济订货批量。

$$经济订货批量 Q = \sqrt{\frac{2DS}{H}} = \sqrt{\frac{2 \times 10\,000 \times 100}{8}} = 500（个）$$

（四）定量订货法

定量订货法是指当库存量下降到一定程度（即订货点）时，按固定的订货批量（一般指经济订货批量）进行订货的一种库存管理方法，如图3-8所示。

订货点是指订货提前期的库存量。如果考虑安全库存，则订货点的计算公式如下。

$$订货点=订货提前期 \times 平均需求速率 + 安全库存量$$

例题

某企业平均每日销售某种商品200个，平均订货提前期为3天，安全库存量是500个，求该商品的订货点。

$$订货点=3 \times 200 + 500 = 1\,100（个）$$

即当该商品的库存量下降到1 100个时，需要向供应商发出采购订单。

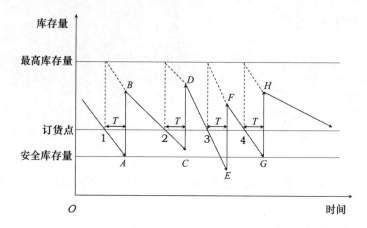

图 3-8　定量订货法原理图

定量订货法的订货批量一般取经济订货批量。

（五）定期订货法

定期订货法是按预先确定的订货时间间隔进行订货的库存管理方法。定期订货法预先确定订货周期（T）和最高库存量，周期性盘点库存并进行订货，根据最高库存量、实际库存量、在途到货量和待出库商品数量，计算出每次订货批量，发出订货指令，组织订货，如图3-9所示。

最高库存量的公式如下。

$$最高库存量=日需求量×（订货周期＋订货提前期）＋安全库存量$$

每次订货量的公式如下。

$$每次订货量=最高库存量-在途到货量-实际库存量＋待出库商品数量$$

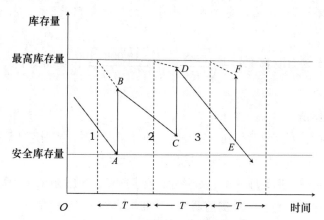

图 3-9　定期订货法原理图

定量订货法与定期订货法都是常用的库存管理方法，二者之间的区别如表3-1所示。

表 3-1　定量订货法与定期订货法的区别

对比项目	定量订货法	定期订货法
订货时间	库存量下降到订货点时	预先确定的订货周期

对比项目	定量订货法	定期订货法
订货批量	固定批量（一般指经济订货批量）	不固定，根据实际库存量确定
适用对象	A类	B类、C类

🎓 知识拓展

安全库存量

安全库存量的大小主要由客户服务水平决定。所谓客户服务水平，就是指对客户需求的满足程度。客户服务水平越高，说明缺货发生的可能性越小，缺货成本就会越小，但因此增加了安全库存量，导致库存持有成本上升；而客户服务水平越低，说明缺货发生的可能性越大，缺货成本越高，因此安全库存量较低，库存持有成本下降。

⊙⊙ 单元三　配送管理

🎓 案例导入

配送车辆货物积载案例

某物流企业现有一辆厢式货车，车厢长4.2m、宽1.8m、高1.85m，周转箱的尺寸是长80cm、宽60cm、高60cm。现需要向甲客户配送16个周转箱的货物，乙客户配送9个周转箱的货物，丙客户配送11个周转箱的货物，送货顺序是先送乙客户，再送甲客户，最后送丙客户。

思考

1. 如何装车才能充分利用车辆的空间，降低配送成本？

2. 说一说你认为在设计车辆积载方案时需要考虑哪些因素。

一、配送管理认知

（一）配送的概念

配送是一种特殊的、综合的物流活动形式，它将物流和商流紧密结合起来，几乎包含了物流中的所有功能要素，可以看成是物流的一个缩影。

《物流术语》中对配送（Distribution）的定义为："根据客户要求，对物品进行分类、拣选、集货、包装、组配等作业，并按时送达指定地点的物流活动。"

我们可以从以下几个方面理解配送的概念。

（1）配送应在经济合理区域范围内进行。这里所谓的经济合理，是指既要满足客户的要求，又要能够实现配送的经济效益。

（2）配送要以客户的要求为出发点。配送是从客户利益出发，根据客户在配送品种、配送数量、送达时间、送达地点等方面的要求进行配货和送货。因此，配送企业必须明确"客户第一""质量第一"的观念，配送企业处于服务地位而不是主导地位。

（3）配送是"配"和"送"的有机结合。"配"是对物品进行集货、分类、拣选、包装和组配。"送"是以各种方式将物品送达指定地点。配送是利用有效的拣选、组配等作业，使送货达到一定的规模，利用规模优势降低送货成本。

（4）配送具有资源配置作用。配送是最接近客户的物流功能之一，而接近客户是企业战略管理至关重要的内容。

小思考

配送和传统的"送货"有哪些区别？

（二）配送的分类

1. 按配送时间和数量分类

按配送时间和数量分类，配送可分为定时配送、定量配送、定时定量配送、定时定路线配送和即时配送。

（1）定时配送。定时配送是指按规定的时间间隔进行配送。定时配送的特点是时间间隔固定，配送品种和数量可按计划确定，也可按客户要求确定。定时配送由于时间间隔固定，有利于安排配送计划，也有利于客户安排接货。如日配就是定时配送中应用较为广泛的一种方式，一般是在订货的24小时内送达，即上午订货下午送达，下午订货第二天早上送达。日配的配送对象一般为新鲜食品，如蔬菜、肉类、水果等。

（2）定量配送。定量配送是指按固定的批量在指定的时间范围内进行配送。定量配送的特点是每次配送的品种、数量固定，备货工作比较简单，运输效率较高。

（3）定时定量配送。定时定量配送是指按规定的时间、品种和数量进行配送。定时定量配送同时具有定时配送和定量配送两种方式的优点，但计划性很强，通常只针对固定客户使用。

（4）定时定路线配送。定时定路线配送是指在规定的运行路线上，按提前规划好的运行时间表进行配送。定时定路线配送有利于配送企业安排车辆及驾驶人员，也有利于客户有计划地安排接货。

（5）即时配送。即时配送是指按照客户的即时性要求随时进行配送。即时配送适用于临时性或急需货物的配送，要求配送企业的配送资源相对充足。

2. 按配送品种和数量分类

按配送品种和数量分类，配送可分为少品种大批量配送、多品种小批量配送和成套配套配送。

（1）少品种大批量配送。少品种大批量配送是指客户所需的货物品种较少但需求量较大时，可以实行整车运输。这种配送形式中的车辆利用率较高，配送的组织工作也比较简单，配送成本较低。

（2）多品种小批量配送。多品种小批量配送是指客户所需的货物品种多、批量小时，待货物配备齐全后，再送达客户的配送形式。这种配送形式的作业计划制订难度较大，配送作业操作水平和管理水平要求也较高。

（3）成套配套配送。成套配套配送是指按照生产制造企业的生产需要，将所需的各种零部件配齐，及时送达生产线的配送形式。这种配送形式完成了生产制造企业的大部分零部件供应工作，保障企业生产能够顺利进行。

3. 按配送组织分类

按配送组织分类，配送可分为生产企业配送、仓库配送、配送中心配送和商店配送。

（1）生产企业配送。生产企业配送是指生产企业进行生产所需要的各种物料均由自己配送的形式。这种形式一般在就地生产、就地消费的食品、饮料等企业中较为常见。

（2）仓库配送。仓库配送是指利用仓库作为配送地点进行配送的形式。这种配送形式对分拣、配送的要求不高，一般只承担中小规模的配送。

（3）配送中心配送。配送中心配送是指在现代化程度较高的配送中心中进行配送的形式。这种配送形式的配送中心机械化、自动化水平较高，分拣、配送能力较强，可以承担多品种、小批量的末端配送工作。

（4）商店配送。商店配送是指由商业零售网点完成配送的形式。这种配送形式一般只负责少量、零星的配送，其客户需求货物品种较多但数量不大。

（三）配送的作用

1. 完善和优化了运输系统

随着科学技术的进步，高效率运输工具不断完善，长距离、大批量的干线运输实现了高效率、低成本的目标，但仍需要支线运输满足客户多品种、小批量的需求，而配送恰好可以满足这种需求。只有配送与运输密切结合起来，干线运输和支线运输才能有机统一起来，进一步完善和优化运输系统。

2. 提高了末端物流的经济效益

从系统角度来看，配送处于物流系统的最末端，是与客户密切接触的环节。配送将客户所需的各种商品集中起来一次发货，解决了过去末端物流运力安排不合理、成本过高等问题，提高了末端物流的经济效益。

3. 通过集中库存使企业实现低库存或零库存

实现了高水平的配送之后，尤其是采取准时配送之后，生产企业可以依靠配送中心准时配送而不需保持自己的库存，或者只需保持少量的安全库存，可以实现生产企业追求的"零库存"，减少资金占用，提高企业的物流管理水平。

4. 方便客户

采取配送方式后，客户只需向一个配送企业订货，就可以订购到以往需要联系许多家企业才能订购到的货物，从而减少了客户的工作量，也节省了开支。

5. 提高了供应保证程度

配送企业具有联系面广、多方组织货源的优势，因此配送企业比任何单独企业都具有更强的供货能力，可降低客户的缺货风险。

（四）配送的一般作业流程

配送企业规模不同，配送作业流程也不完全相同，配送的一般作业流程如图3-10所示。

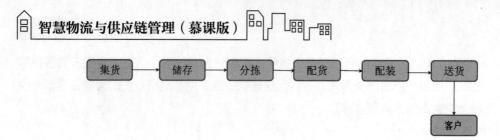

图 3-10　配送的一般作业流程

1. 集货

集货是配送的准备工作，是将分散的、小批量的货物集中起来，以便进行运输和配送。为了满足特定客户的配送要求，配送企业需要把客户从若干家供应商处预订的货物集中起来，形成一定的规模优势。

2. 储存

储存是指配送企业按照客户要求及配送计划，对需要配送的货物进行分类，储存在适宜的场所中，以备分拣和配货。

3. 分拣

分拣是指将需要配送的货物从货位上拣选出来，并按送货要求进行分类堆放的作业。分拣是配送不同于其他物流功能的要素，是决定配送成败的一项基础工作。分拣是送货向高级形式发展的必然要求，可以大大提高配送的服务水平。

4. 配货

配货是将分拣出来的货物经过配货检查，装入容器并做好标记，最后送到指定发货地点。

5. 配装

在单个客户的配送数量不能达到车辆的有效载运负荷时，就可以把多个客户的货物装载在一辆车上进行送货，达到充分利用运能、运力的目的。配装也是配送不同于传统送货的重要区别之一。

6. 送货

送货是将配装好的货物按照既定的配送路线送达客户指定地点，最后与客户完成交接工作。

> **小思考**
>
> 配送的分拣方法有哪几种？每种分拣方法的适用范围及优缺点分别是什么？

二、配送作业的内容

（一）进货作业

进货作业是货物从生产领域进入流通领域的第一步，配送中的进货作业主要是指货物实体上的接收，即首先将货物从货车上卸下，然后核对货物的数量及状况，同时将有关信息书面化的过程。它主要包括订货、接货、验收和储存4个环节。

1. 订货

在收到客户订单以后，首先要汇总需配送的各货物的数量，然后分货物查询管理信息系统，看是否有充足库存。如果有充足的库存，则进行拣货作业；如果信息系统中没有货物信息或货物库存不足，要及时向供应商发出订单，提出订货要求。

2. 接货

供应商收到订单后，根据订单要求进行备货、发货。配送中心需组织人力、物力到车站、码头等接收货物。

3. 验收

订购的货物到达配送中心后，需要对货物进行验收。验收主要是依据合同条款中的内容和质量标准对货物的包装、数量和质量等进行检验。经验收合格的货物办理入库手续；验收不合格的货物应详细记录相关情况，与供应商沟通后再进行处理。

4. 储存

配送中心一般都会保持一定数量的库存，并做好日常的保养、保管工作。订购的货物经验收后，需搬运到安排好的货位并做好入库工作。

（二）盘点作业

配送中心中的货物一般以多品种小批量出库为主，出库频率高，容易出现出库数量错误，导致信息系统中的库存数量与实际数量产生差异，出现盘盈或盘亏现象。此外，有些货物由于存放时间过长、养护不及时，可能出现过期、破损等情况。为了避免在拣货时才发现上述问题，影响拣货、发货，配送中心应该提前将以上问题找出并解决，这就需要进行盘点作业。

通过盘点作业，配送中心不仅能弄清现有货物的库存状况，还能对各货物的库存状态进行分析，为库存管理与控制工作提供依据。

（三）补货作业

配送中心按作业区域划分，可以分为存储区和拣货区两类。当客户订购的货物较多时，可以从存储区直接出库；当客户订购的货物较少或不足整箱时，则从拣货区出库。配送中心通过进货作业将货物入库到存储区，然后再将少量货物放入拣货区，这项作业就是补货作业。进行补货作业的目的有两个：一是保证拣货区有货可拣；二是保证待拣货物存取方便，以提高拣货效率。

配送中心中一般有定时补货、批次补货和随机补货等3种补货方式。

定时补货是指补货人员在每天规定的时间内检查拣货区各货位货物数量是否充足，如果不足立即进行补货。

批次补货是指在每次拣选货物前，需要计算拣货区库存数量是否能满足本次拣货需求，如果不能满足，则立即进行补货。

随机补货是指拣货人员随时巡视拣货区，如果发现有库存数量不足的货位，立即进行补货。

（四）订单处理

订单是配送中心开展配送业务的依据，配送中心接到客户订单后需要对订单加以处理。订单处理就是接到客户订单与开始着手准备拣货之间的作业阶段。订单处理是与客户直接沟通的作业阶段，对拣货作业、配送作业和送货作业会产生直接影响。

订单处理通常包括接收客户订单、确认订单资料（货物名称、数量、交货日期）、确认客户信用、确认交易价格、确认包装方式、设立订单编号、建立客户档案、查询库存、分配存货、处理单据等内容。订单处理有人工处理和计算机处理两种方式，目前主要采用计算机处理方式，因为计算机处理方式速度快、效率高。

（五）拣货作业

拣货作业是配送的中心环节，是整个配送作业系统的核心。拣货作业是依据客户的订货要求或配送中心的送货计划，迅速、准确地将货物从其货位或其他区域拣取出来，并进行分类、集中，等待配装、送货的作业过程。拣货作业工作量大，而且要求准确度高、作业时间短、服务质量好，因此，配送中心应采取科学的拣选方式进行高效拣选。拣选方式包括订单拣选、批量拣选和复合拣选3种。

1. 订单拣选

订单拣选是针对每张订单，按照订单要求把客户订购的货物逐一在配送中心拣出的拣货方式。拣货员要按照客户订单上的货物品种、数量要求，拉着集货箱在仓库货架间穿梭拣货，然后将所需货物装入集货箱内。这就像在果园里摘果子一样，因此订单拣选又称摘果式拣选。

订单拣选适合订单数量总量变化较大、订单数量变化频繁且各客户订单相同货物较少的拣选作业，如家具、电器等货物的拣选作业。

2. 批量拣选

批量拣选是指拣货员首先把多张订单合并成一批，然后按照货物品种汇总结果进行拣货，最后依据不同订单的订货数量再进行分货的拣货方式。这种拣货方式类似于播种操作，播种者一次取出许多种子，然后在田地里巡回播种，因此批量拣选也称播种式拣选。

批量拣选适合订单变化较小、订单数量变化不大且各客户订单相同货物较多的拣选作业，如图书等的拣选作业。

3. 复合拣选

复合拣选是把订单拣选和批量拣选有机结合在一起的拣货方式。复合拣选需要根据各客户订单的货物品种、数量和出库频率综合进行分析，然后确定哪些订单适合订单拣选，哪些订单适合批量拣选，最后再分别采用不同的拣货方式进行拣货，以达到提高拣货效率的目的。

（六）配货作业

配货作业是将拣选出的货物分类后做好出货检查，装入合适的包装容器，运到出货准备区，等待装车后送货。

1. 分货

当货物从配送中心拣选出库后，还需要将货物按照不同客户或不同配送车辆进行分类。

2. 出货检查

出货检查是按照客户、车次等再次逐一核对货物的品种、数量、包装等，确保配送给客户的货物准确无误。

3. 包装

包装是配货作业中非常重要的一项工作。从配送中心拣选出的货物，尤其是从拣货区拣选出的货物，有很多的包装是以单件为单位的，不利于搬运和装车送货，这就需要利用包装箱、包装袋等集合包装容器对它们进行集合包装，以提高装卸搬运效率和运输效率，防止货物的破损和丢失。

配货作业与拣货作业紧密联系，两者构成了配送的特有功能，即分拣配货作业。通过分拣配货作业，配送中心可以按客户要求达到高效率送货的目的。

（七）送货作业

配送中的送货是指从配送中心把客户订购的货物送到客户手中的作业过程。由于配送主要是多品种、小批量、短距离的送货，因此距离最短、时间最少、成本最低是制订配送作业计划时主要追求的目标。

1. 划分配送区域、安排配送路线及配送顺序

划分配送区域是指将所有客户按照具体位置进行统计，分区域进行划分，作为安排配送路线的基本参考依据。然后，根据客户的具体位置、沿途的交通情况等安排配送路线和配送顺序。

2. 做好车辆配载计划、完成车辆积载

在做车辆配载计划时，首先要对货物按照特性进行分类，需要明确哪些货物可配于同一辆车，哪些货物不能配于同一辆车，尤其要注意不能混装、混载的货物。

做好车辆配载计划以后，按照送货顺序，依据"后送先装、先送后装"的顺序装车即可。但有时为了更有效地利用车辆空间，也可以根据货物的形状、体积、重量等做出适当调整。

（八）退货和换货作业

退货和换货作业是指配送中心按客户订单将货物发出后，由于某些原因，客户将货物退回配送中心或要求配送中心换货的作业过程。退货和换货会使配送中心的成本上升、利润减少，因此应尽可能减少退货和换货作业的次数。

退货和换货的原因有许多种，比较有代表性的退货和换货原因包括货物不符合质量要求、货物在搬运中损坏、协议退货、货物送错、货物过期等。

在进行退货和换货作业时，配送中心要注意以下2个问题。

1. 审核退货和换货的商品是否能重新入库

对客户退回的货物，配送中心要进行审核，将货物暂时堆放在退货处理区。如果退货和换货的货物没有质量问题、不影响继续销售，要进行严格的重新入库登记，输入信息系统。如果退货和换货的货物有质量问题、影响继续销售，要根据经过处理后货物能否正常使用做相应处理。

2. 事后及时跟踪处理、冷静对待客户的抱怨

退货和换货发生后，配送中心要及时跟踪处理客户提出的意见，并通知供应商。同时，退货处理部门要冷静对待客户的抱怨，分析客户产生抱怨的原因，要尽快制定解决方案并与客户及时沟通处理。

三、配送合理化

（一）不合理配送的表现形式

对于配送决策的评价很难有一个绝对的标准。经济效益是配送的重要评价指标，但在决策时还要考虑影响配送效率的各个因素。所以，配送的决策是全面、综合的决策。配送中心在做配送决策时要尽量避免由于不合理配送所造成的损失，但是有时某些不合理现象是伴生的，要追求大的合理，就可能派生出小的不合理。

1. 资源筹措不合理

配送是较大批量地筹措资源，通过筹措资源的规模效益来降低筹措成本，使配送资源筹措成本低于客户自己筹措资源成本。如果仅仅是为了一两个客户代购代筹，就很难降低资源筹措成本，因而是不合理的。资源筹措不合理还有其他表现形式，如资源筹措过多或过少、不考虑与供应商建立长期稳定的供需关系等。

2. 库存决策不合理

配送应使集中库存总量低于各客户分散库存总量，从而使供应链的库存总量下降，降低各客户实际分摊的库存成本。配送中心必须依靠科学管理使库存总量达到一个适宜的水平，否则就仅仅是库存转移，解决不了库存不合理的问题。库存决策不合理还表现在库存量不足、容易出现缺货、失去原有市场等方面。

3. 价格不合理

配送的价格应低于不实行配送时的价格，这时客户才会选择配送。如果配送的价格普遍高于客户自己进货的价格，损害了客户利益，就是一种不合理现象。价格过低，使配送中心无利可图，也是不合理的。

4. 配送与直达的决策不合理

一般的配送会增加一个及以上的中转环节，但中转环节增加的支出应小于因库存总量降低而取得的收益，这样才是合理的。如果客户订购的货物批量较大，可直接进货然后采用直达方式送货。

5. 配送中的不合理运输

配送中的送货和运输的基本原理是一致的，同样要求尽量使车辆满载。如果配送中过多出现车辆不能满载的情况，则属于配送中的不合理运输。此外，不合理运输中的其他表现形式在配送过程中出现，也会使配送变得不合理。

6. 经营中出现违法违规情况

在配送中，经营者出现违法违规形象，会严重损害配送中心的形象。例如，在配送中心资金紧张时，长期占用客户资金；当配送中心库存资源紧张时，将客户委托资源挪作他用；当配送中心库存过高时，强迫客户接货等。这些都是在开展配送业务时需要注意的不合理现象。

（二）配送合理化的判断标志

对于配送合理化的判断，是配送决策系统的重要内容。

1. 库存

库存是判断配送合理化的重要标志，包括库存总量、库存周转速度两个方面。

（1）库存总量。从配送中心角度看，配送中心库存总量加上各客户实行配送后库存量之和应低于实行配送前各客户库存量之和。从客户角度看，各客户实行配送后的库存量也应小于实行配送前的库存量。

库存总量是一个动态的量，上述比较是建立在一定经营规模的前提下。如果企业的经营规模发生了变化，则不能仅通过库存总量来判断配送是否合理化。

（2）库存周转速度。由于配送的本质就是通过较低的库存总量来保证较高的供应能力，因此库存周转速度一般也快于配送前各客户的库存周转速度。否则，配送就是不合理的。

2. 资金

实行配送应有利于资金占用水平的降低。

（1）流动资金总量。配送中心筹措资源占用的流动资金总量与库存总量是相关的，一般在合理化的配送中，流动资金总量会随着库存总量的下降而减少。

（2）资金周转速度。从资金运用角度分析，随着库存周转速度的加快，同样数量的资金周转速度也应该加快。

3. 成本和效益

对配送中心而言，利润会反映其配送合理化程度；对客户而言，在保证或提高供应水平的前提下，成本会反映配送合理化程度。成本和效益判断标志还可以具体到运输、仓储、装卸搬运、包装等配送环节。

4. 供应保证能力

配送合理化的重要标志之一是对客户的供应保证能力强。

（1）缺货次数。实行配送后，影响客户生产经营的缺货次数必须下降才算合理。

（2）配送中心集中库存量。集中库存量会反映配送中心对客户的供应保证能力。实行配送后，库存总量降低、供应保证能力更强才算合理。

（3）即时配送能力及速度。当客户出现紧急订货情况时，实行配送后的紧急供应能力更强、速度更快才算合理。

此外，社会运力节约程度，客户仓库、供应、进货人力物力节约程度，也会在一定程度上反映出配送是否合理。

（三）配送合理化的途径

1. 推行专业化配送

采用专业设备、设施，降低配送的复杂程度及难度，提高配送效率，有助于实现配送合理化。

2. 加工与配送相结合

加工和配送相结合，可以充分利用本来应有的中转环节完成加工作业。同时，借助于配送，加工可以更紧密地联系客户，使加工目的更明确，避免了加工的盲目性。这两者有机结合，投入增加不多却可获得更大的经济效益，是实现配送合理化的重要途径。

3. 实行共同配送

共同配送是指由多个企业联合组织实施的配送活动。共同配送可以以最近的路线、最低的成本完成配送任务，从而实现配送合理化。

4. 实行送取结合

配送中心往往与客户建立了稳定、密切的合作伙伴关系。在配送时，配送中心可以将客户所需的货物送到，再将该客户生产的产品用同一辆车运回。这种送取结合的方式可以使配送中心的运力得到充分利用，也可以使配送中心功能更加完善、发挥更大的作用。

5. 推行准时配送

准时配送是将客户所需的货物在恰好所需的时间以恰好所需的数量送达指定地点的配送方

式。只有配送做到了准时，客户才有资源保证，才可以放心地降低库存甚至实现"零库存"，使人力、物力等资源得到更有效利用。

单元四 包装管理

案例导入

快递过度包装问题

快捷、方便的快递物流给人们的生活带来了便利，但同时过度包装问题也日益严重。一方面，过度包装造成了巨大的资源浪费，如纸张、胶带、塑料泡沫等的浪费；另一方面，快递包装材料绝大部分都会变成垃圾，特别是胶带、塑料泡沫等还会造成环境污染问题。因此，快递过度包装问题亟待解决。

思考

1. 快递过度包装造成了哪些浪费？

2. 如何科学解决快递过度包装问题？

一、包装管理认知

（一）包装的概念

在社会再生产过程中，包装处于生产过程的末尾和物流过程的开始，因此，包装既是生产的终点，又是物流的始点。

《物流术语》中对包装（Package；Packaging）的定义为："为在流通过程中保护产品、方便储运、促进销售，按一定技术方法而采用的容器、材料及辅助物等的总体名称"。包装也指为了达到上述目的而采用容器、材料和辅助物的过程中施加一定技术方法等的操作活动。由此可见，包装包含两层含义：一是指盛装产品的容器、材料及辅助物等，即包装物；二是指实施盛装、包裹、捆扎产品的操作活动。

（二）包装的功能

1. 保护产品

保护产品是包装最基本也是最主要的功能。产品从生产厂家处生产出来到最终用户或消费者手中，需要经过装卸搬运、运输、储存、陈列、销售等一系列环节，会受到撞击、潮湿、光线等很多外因的影响，从而威胁自身安全。

（1）防止产品破损变形。为了防止产品破损变形，产品包装必须能承受装卸搬运、运输、保管等过程中的各种冲击、震动、颠簸、摩擦等外力的作用，形成对外力的防护。

（2）防止产品性质发生变化。为了防止产品受潮、发霉、变质、生锈等，产品包装必须能在一定程度上起到阻隔水分、潮气、光线及空气中各种有害气体的作用，避免外界不良因素的影响。

（3）防止异物混入，减少污染，避免丢失、散失。

2. 方便流通

包装的方便流通功能主要体现在以下几个方面。

（1）方便储存。产品入库、出库时，包装的规格、尺寸、重量等应适合仓库内作业，为仓库管理者提供装卸搬运的方便；包装为保管工作提供了方便，便于仓库管理者维护产品的使用价值；包装的标志方便仓库管理者识别、存取和盘点产品；包装的集合性、定量性为节约验收时间、加快验收速度起到了十分重要的作用。

（2）方便运输。包装的规格、形状、重量与产品的运输关系密切。包装的尺寸与运输车辆、船舶、飞机等运输工具箱、仓容积的吻合性越高，运输越方便，运输效率越高。

（3）方便装卸搬运。产品经过适当的包装，便于各种装卸搬运机械的使用，有利于提高装卸搬运机械的工作效率。包装的规格尺寸标准化也可以极大地提高装卸效率。

3. 促进销售

包装具有一定的促进销售的功能。有些新产品进入零售场所以后，进入消费者视野的往往不仅是产品本身，还包括产品的包装。所以，能否使消费者产生购买欲望、购买行为，包装起到非常重要的作用。

（三）包装的分类

1. 按包装功能分类

按包装功能分类，包装可分为运输包装和销售包装。

（1）运输包装。运输包装又称工业包装，是指以满足运输、仓储要求为主要目的的包装。运输包装的主要作用是保护产品、方便产品流通，防止在储运过程中发生货损、货差。运输包装要在满足物流要求的基础上使包装费用越低越好。

（2）销售包装。销售包装又称商业包装，是指以促进销售为目的的包装。销售包装的特点是外形美观大方，有必要的商标、品名、产地、数量、规格、用途和使用方法等文字说明，包装单位适应消费者的购买量及产品陈列的要求。

2. 按包装形态分类

按包装形态分类，包装可分为个包装、内包装和外包装。

（1）个包装。个包装是指以一个产品为单位的包装形式，是交给消费者的最小包装。个包装上的标志、图案和文字起着指导消费、促进销售的作用，一般随同产品一起销售给消费者。

（2）内包装。内包装是指若干个包装组成一个小的整体包装，介于个包装和外包装之间。内包装主要起着保护产品、便于计数、便于分拨和促进销售的作用。

（3）外包装。外包装是指产品的最外层包装，主要起着保护产品，方便运输、储存和装卸搬运的作用。在进行外包装设计时，要标明产品的型号、规格、尺寸、颜色、数量、出厂日期等，也要加上小心轻放、防潮、防火、堆码层数等标志。

3. 按包装容器质地分类

按包装容器质地分类，包装可分为硬包装、半硬包装和软包装。

（1）硬包装。硬包装又称刚性包装，是指充填包装或取出包装的内装物后，形状基本不发生变化的包装。硬包装材质坚硬，能经受外力的冲击，如木箱、铁箱等。

（2）半硬包装。半硬包装又称半刚性包装，是介于硬包装和软包装之间的包装，只能承受一定的挤压，如纸箱等。

（3）软包装。软包装是指充填包装或将包装的内装物取出后，形状会发生变化，且材质较软的包装，如布袋、麻袋等。

4. 按包装使用次数分类

按包装使用次数分类，包装可分为一次用包装、多次用包装和周转用包装。

（1）一次用包装。一次用包装是指只能使用一次，不再回收复用的包装。一次用包装一般随同产品一同出售或者在销售过程中被消耗。

（2）多次用包装。多次用包装是指回收后经适当加工整理，仍可重复利用的包装。多次用包装一般比较坚固，主要包括产品的外包装和内包装。

（3）周转用包装。周转用包装是指工厂和商店用于在周转中固定产品而多次复用的包装。当产品运到目的地后，首先将周转用包装内的产品卸下，然后将卸空的周转用包装装车运回。

（四）包装标志

包装标志是指为了便于货物交接、识别、储运和海关等有关部门进行查验等工作，也便于收货人提取货物而在进出口货物的外包装上标明的记号。

1. 运输标志

运输标志即唛头，是贸易合同、发货单据中有关标志的基本部分。它一般由一个简单的几何图形以及字母、数字等组成。唛头的内容包括目的地名称或代号、收货人或发货人的代用简字或代号、件号（即每件标明该批货物的总件数）、体积（长×宽×高）、重量（毛重、净重、皮重）以及生产国家或地区等。

2. 指示性标志

指示性标志用来指示运输、装卸、保管人员在作业时需要注意的事项，以保证货物的安全。这种标志主要表明货物的性质，以及货物堆放、开启、吊运等的方法。

根据国家标准有关规定，在有特殊要求的货物外包装上应粘贴、涂打、钉附不同的指示性标志，如小心轻放、向上、由此吊起、怕湿、重心点等，如图3-11所示。

图3-11　指示性标志

3. 危险品标志

危险品标志是用来表示危险品的物理、化学性质以及危险程度的标志。它可提醒人们在运输、储存、保管、搬运等活动中引起注意。

根据国家标准《危险物货物包装标志》（GB 190—2009）规定了危险货物的包装图示标志的分类图形、尺寸、颜色及适用方法等，如图3-12所示。

（符号：黑色，底色：橙红色）
爆炸性物质或物品

（符号：黑色，底色：正红色）
易燃气体

（符号：黑色，底色：正红色）
易燃液体

（符号：黑色，底色：白色红条）
易燃固体

（符号：黑色，底色：柠檬黄色）
氧化性物质

（符号：黑色，底色：白色）
毒性物质

图 3-12　危险品标志

二、包装作业管理

（一）包装材料的选择

包装材料是指用于制造包装容器、包装装潢、包装印刷、包装运输等满足产品包装要求所使用的材料。常用的包装材料有纸质包装材料、木质包装材料、塑料包装材料、玻璃包装材料、金属包装材料、复合包装材料等。

1. 纸质包装材料

纸质包装材料是应用最广泛的包装材料。纸质包装材料具有成本低、重量轻、耐摩擦、易折叠、安全环保等优点，但也有缺点，如防潮性差、耐水性差、不易封口等。纸质包装材料分为包装纸和纸板两类。

2. 木质包装材料

木质包装材料主要是指由木材简单加工而成的刚性包装材料。它主要用于制作运输包装，如适用于大型机械、怕压的仪器仪表等产品的外包装。木质包装材料具有容易制作、缓冲性能好、耐磨耐压、易于吊装和回收等优点，同时也具有密封性差、浪费木材资源等缺点。木质包装材料主要用于制作木箱、木桶、木制托盘等。

3. 塑料包装材料

塑料包装材料在所有包装材料中所占的比重仅次于纸质包装材料。塑料包装材料具有重量轻、密封性好、成本低等优点，但也具有强度较差、易污染环境等缺点。

4. 玻璃包装材料

玻璃包装材料具有密封性好、耐腐蚀性强、可回收利用等优点，但也具有易破碎、运输成本高、自重大等缺点。玻璃包装材料多用作食品、酒类、药品、化学工业品等的包装。

5. 金属包装材料

金属包装材料具有密封性好、防潮性好、刚性大、防震性好等优点，但其成本较高、易生锈、易变形。它主要用于食品包装、医药品包装、工业品包装、仪器仪表包装等。

6. 复合包装材料

复合材料是两种或两种以上材料，经过一次或多次复合工艺而组合在一起，从而构成一定功能的材料。复合包装材料具有防水、抗油、耐热等特性，其用途很广。目前，复合包装材料已应用于食品、药品、生活用品等领域，其在食品工业领域使用得最多。

我们应根据产品的物理、化学性质以及流通需要选择合适的包装材料，制作成合适的包装容器，从而实现包装的功能。

（二）包装容器的选择

包装容器一般是指在产品流通过程中，为了保护产品、方便储运、促进销售、防止环境污染和预防安全事故，按一定技术规范而采用的包装器具、材料及其他辅助物的总称。用于现代物流的包装容器主要有瓦楞纸箱、木箱、托盘集合包装、集装箱和塑料周转箱，它们在满足产品的运输、仓储、搬运等需求方面各具特点，必须根据实际需要合理选择和使用。

1. 瓦楞纸箱

瓦楞纸箱是采用具有空心结构的瓦楞纸板，经过成型工序制成的包装容器。瓦楞纸箱采用单瓦楞、双瓦楞、三瓦楞等各种类型的纸板做包装材料，大型瓦楞纸箱装载货物的重量可达3 000千克。

瓦楞纸箱的应用范围非常广泛，几乎包括水果、蔬菜、加工食品、针棉织品、玻璃陶瓷、医用药品等各种产品，以及自行车、家用电器、精美家具等产品。

瓦楞纸箱具有很多优点：具有足够的强度、富有弹性、密封性能好，便于实现集装单元化；箱面光洁，印刷美观，标志明显；重量轻，便于装卸堆垛，利于节约运费；耗用资源比木箱少、价格低，可回收利用、节省资源。

瓦楞纸箱也有一些缺点，主要是抗压强度不足和防水性能差，这两个缺点都会影响瓦楞纸箱的基本功能——保护产品功能的实现。

2. 木箱

木箱是一种传统的包装容器，虽然在很多情况下已逐步被瓦楞纸箱所取代，但与瓦楞纸箱相比在某些方面仍有不可取代性。

常见的木箱有木板箱、框板箱和框架箱3种。木板箱一般用于小型运输包装，能装载多种性质不同的产品，有较大的耐压强度，能承受较高的堆垛负荷，但箱体较重，防潮性较差；框板箱是由条木与人造材板制成的箱框板，再经钉合装配而成，框板箱自重较小、便于搬运，但抗戳穿强度低于木板箱；框架箱是由一定截面的木条构成箱体的骨架，再根据需要在骨架外面加装木板覆盖而成的，框架箱结构坚固、保护能力强，适用于包装笨重的产品、脆弱精细的电子设备，但自重大、搬运比较困难。

3. 托盘集合包装

托盘集合包装是把若干件货物集中在一起，堆叠在运载托盘上，构成一件大型货物的包装形式。托盘集合包装是为了适应机械化装卸搬运作业而产生的一种包装形式。

托盘集合包装是一类重要的集合包装，它与普通运输包装最大的区别就是搬运灵活性好。托盘集合包装在任何时候都处于可转入运动的状态，使静态的货物随时能变成动态的货物。托盘集合包装既是包装方法，又是运输工具，还是包装容器。从小包装单位的集合来看，它是一种包装方法；从适合运输的状态来看，它是一种运输工具；从包装的保护货物功能来看，它是一种包装容器。

4. 集装箱

集装箱是密封性较好的大型包装箱。使用集装箱可实现最先进的运输方式，即"门到门运输"。

集装箱属于大型集合包装，具有既是运输工具，又是包装方法和包装容器的特点。在适应现代物流方面，它比托盘集合包装更具有优越性。

5. 塑料周转箱

塑料周转箱是一种适用于短途运输，可以长期重复使用的运输包装。用塑料周转箱装运货物时不需要捆扎、也不必开包，操作简单。所有与厂家直销挂钩、快进快出的产品均可采用周转箱，如饮料、糕点、禽蛋、牛奶等。

塑料周转箱具有重量轻、体积小、费用低、搬运方便等优点，但也具有密封性差、缺少标志、一次性投资大等缺点。

（三）包装技术的选择

1. 一般包装技术

（1）对内装物的合理放置、固定和加固

在方体的包装中装进形态各异的产品，必须注意产品的合理放置、固定和加固，以达到缩小体积、节省材料、减少损失的目的。例如，对于外形规则的产品，要注意套装；产品与产品之间要注意保持间隔与固定；对于薄弱的部件，要注意加固。

（2）对松泡产品进行压缩包装

对于羽绒服、枕芯、絮被等松泡产品，包装时所占用的容积太大，会增加运输、储存费用，所以对于松泡产品要进行压缩包装。此类产品一般采用真空包装法来压缩体积。

（3）合理选择内、外包装的形状和尺寸

内包装的形状、尺寸要与外包装的形状、尺寸相匹配。也就是说，内包装的底面尺寸必须与外包装模数相协调，其高度也要与外包装的高度相匹配。除此之外，内包装作为销售包装，更要考虑促进销售的功能，包括有利于产品的展示等。

有的产品的运输包装件需要装入集装箱中，这就存在包装件与集装箱之间的尺寸配合问题。如果配合得好，就能在装箱时不出现空隙，既能有效利用箱容，又能有效保护产品。包装尺寸的合理配合主要是指容器底面尺寸的配合，即包装件与集装箱底面尺寸配合。外包装的高度则应由产品的特点决定，松泡产品可选高一些的外包装，沉重的产品可选低一些的外包装。需要注意的是，将包装件装入集装箱时只能平放，不能立放或侧放。

（4）外包装捆扎

外包装捆扎对包装起着重要作用，甚至是关键性作用。外包装捆扎通过将单个物件或数个物件捆紧，以便于运输、储存和装卸搬运。此外，外包装捆扎还能防止失窃，能压缩容积而减少保管费和运输费，还能加固容器。一般合理的外包装捆扎能使容器的强度提高20%～40%。

2. 特殊包装技术

（1）缓冲包装技术

缓冲包装技术又称防震包装技术，是指为减轻内装物受到的冲击和震动，将缓冲包装材料适当地放置在内装物和包装容器之间，从而防止内装物损坏的包装技术。常用的缓冲包装材料有泡沫塑料、木丝、弹簧等。家电产品、仪器、仪表、精密机电设备等通常采用缓冲包装技术进行包装。

（2）防潮包装技术

防潮包装技术是指采用防潮材料对产品进行包装，以避免外部空气相对湿度变化对产品的影响，使包装内的相对湿度符合产品要求，从而保护产品。凡是能阻止或延缓外界湿空气透入的材料都可用于防潮包装，如金属、塑料、陶瓷等。

（3）防锈包装技术

防锈包装技术是指防止金属制品生锈所采用的包装技术。该技术是采取适当的防锈处理，消除和减少致锈的各种因素，要防止防锈材料的功能受损，还要防止一般性的外部物理性破坏。防锈包装技术是按清洗、干燥、防锈处理和包装等步骤进行的。如五金制品可在表面涂一层防锈油，再用塑料薄膜封装。

（4）防霉包装技术

防霉包装技术是为防止内装物受霉菌影响而采取一定防护措施的包装技术。很多产品在包装时，除要采用防潮措施外，还要对包装材料进行防霉处理。防霉包装技术必须根据微生物的生理特点，通过改善生产和控制包装、储存等环境条件，达到抑制霉菌生长的目的。

三、包装合理化

包装合理化是指在包装过程中选用适当的包装材料和包装技术，制成与产品相适应的包装容器，既能实现包装保护产品、方便流通、促进销售的功能，又能提高包装的经济效益的包装活动。

（一）不合理包装的表现形式

不合理包装的表现形式主要有包装不足、包装过剩、包装成本过高等。

1. 包装不足

（1）包装强度不足，使包装的防护性较差，造成产品破损。

（2）包装材料选择不当，不能较好地承担保护产品的功能。

（3）包装容器的容积不足，不能完全装下产品而造成不应有的损失。

2. 包装过剩

（1）包装强度过高，使包装防护性过强，造成浪费。

（2）包装材料选择不当造成浪费，如可以用纸质包装材料却选用了镀锌、镀锡材料。

（3）包装层次过多、包装体积过大。

3. 包装成本过高

（1）包装成本远超过可能获得的效益。

（2）包装成本在产品成本中所占比重过高，损害了消费者利益。

（二）包装合理化的途径

包装合理化是物流合理化的重要内容，实现包装合理化主要有以下几种途径。

1. 包装尺寸标准化

对进入流通领域的产品进行标准化包装后，有利于产品在物流各环节的衔接，如纸箱规格与托盘、集装箱、车辆、货架等物流设施的规格相适应，可以提高物流各环节的作业效率。

2. 包装作业机械化、自动化

实现包装作业的机械化、自动化，可以提高包装作业效率、降低人工作业强度、减少包装的人工失误。

3. 包装单位集装化

包装单位集装化有利于实现物流系统在仓储、装卸搬运、运输、配送等过程中的机械化、自动化，有助于提高作业效率、降低成本。

4. 包装材料节省化

在设计包装系统时，可以通过对包装物的回收再利用，减少过剩包装，节约包装材料。

5. 包装成本低廉化

在包装设计阶段，应选用合适的包装材料，制作能够满足需求的包装容器，以达到降低包装成本的目的。

单元五　装卸搬运

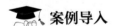 案例导入

某物流企业仓库装卸搬运规范

装卸搬运是仓库管理中承上启下的一环，装卸搬运成本在仓储成本中占比较大。制定仓库装卸搬运规范不仅能降低仓储成本，还能有效地保障装卸搬运人员的人身安全。

某物流企业仓库的装卸搬运规范如下所示。

（1）工作前应认真检查所用装卸搬运工具是否完好可靠，不得超负荷使用。

（2）装卸时应轻装轻放、重不压轻、大不压小、堆放平稳、捆扎牢固。

（3）堆放物品不可歪斜，高度要适当，对易滑动物品要用木块垫塞。

（4）用机动车辆装运物品时不得超载、超高、超长、超宽。如必须超高、超长、超宽装运，应按交通安全管理规定执行，要有可靠措施和明显标志。

（5）装车时，随车人员要注意站立位置。

（6）严格遵守易燃、易爆、危险品的装卸运输相关规定。严禁易燃、易爆、危险品与其他物品混装。要轻搬轻放，搬运场地不得吸烟，车厢内不得坐人。

思考

1. 在装卸搬运中存在哪些不合理现象？

2. 如何才能防止装卸搬运安全事故的发生？

一、装卸搬运认知

（一）装卸搬运的概念

在整个物流过程中，装卸搬运是不断出现、反复进行的活动。装卸搬运的频率远高于其他物流活动，每次装卸搬运都要占用一定的时间、消耗一定的资源。

《物流术语》中对装卸、搬运的定义如下。装卸（Loading and Unloading）是指"在运输工具间或运输工具与存放场地（仓库）间，以人力或机械方式对物品进行载上载入或卸下卸出的作业过程"；搬运（Handling）是指"在同一场所内，以人力或机械方式对物品进行空间移动的作业过程"。在实际操作中，装卸与搬运是密不可分的，两者是伴随在一起发生的，一般作为一种作业过程来对待。

在现代物流快速发展的时代，完全的人工装卸搬运已经被现代装卸搬运所替代。现代装卸搬运是具备劳动者、装卸搬运设施设备、货物、信息、管理等多因素的作业系统。

在装卸搬运现场，企业要按照装卸搬运作业要求，合理配备装卸搬运设施设备，合理组织劳动者，才能使物流各环节互相协调、紧密配合。

（二）装卸搬运的特点

1. 装卸搬运具有伴生性、附属性的特点

无论是在生产领域还是在流通领域，装卸搬运都是每一项物流活动开始及结束时必然发生的活动。因而可以把装卸搬运看作是伴随着物流活动的发生而产生的，是附属于每一项物流活动的。例如，仓储管理中的入库作业会伴生货物搬运入库并上架，在库作业会应移库和补货需求伴生库内搬运作业，出库作业会伴生货物下架并搬运出库。

> **小思考**
>
> 运输管理中会伴生哪些装卸搬运作业？配送管理中会伴生哪些装卸搬运作业？我们应如何提高装卸搬运作业效率？

2. 装卸搬运具有支持性、保障性的特点

装卸搬运的质量、效率对其他物流活动有着重要的制约作用。高质量、高效率的装卸搬运会对其他各项物流活动的顺利开展起着非常重要的支持性、保障性作用。例如，在运输管理中如果出现装车事故，则会使产品质量或者送货时间受到影响；卸车时出现问题，则很可能会使

收货人产生不满甚至出现拒收货物的情况。

3. 装卸搬运具有衔接性的特点

其他物流活动各环节之间是需要装卸搬运发挥衔接作用的。装卸搬运往往成为整个物流过程的"瓶颈"，是决定物流各环节能否紧密衔接的关键。因此，只有把装卸搬运组织好，才能提高物流活动的整体效率。

（三）装卸搬运的分类

1. 按被装物的主要运动形式分类

按被装物的主要运动形式分类，装卸搬运可分为垂直装卸和水平装卸。

（1）垂直装卸。垂直装卸是指以提升和降落为主的装卸搬运。垂直装卸需要消耗较多的能量，使用的设施设备通用性比较强，应用领域也比较广，如叉车、吊车等。

（2）水平装卸。水平装卸是指以平移为主的装卸搬运。水平装卸因不改变货物的势能，比较节能，但需要使用专门的设施设备，如与汽车水平靠接的站台、汽车与火车之间的平移工具等。

2. 按装卸搬运对象分类

按装卸搬运对象分类，装卸搬运可分为单件作业法、集装作业法和散装作业法。

（1）单件作业法。单件作业法是指对按件计的货物逐个进行装卸搬运的作业方法。单件作业法的搬运对象主要包括以箱、袋等单位包装的货物以及单件大型、笨重货物。单件作业法对装卸搬运设备要求不高，机动性较强，但要逐件搬运货物，容易出现货损、货差。

（2）集装作业法。集装作业法是指对集合包装、托盘、集装箱等进行装卸搬运的作业方法。集装作业法装卸速度较快，装卸时不用逐件搬运货物，因而货损、货差一般较少，但由于集装单元较大，不能进行人工装卸，只能采用叉车、起重机等机械进行装卸，机动性较差。

（3）散装作业法。散装作业法是指对大批量无包装的粉状、粒状货物进行散装散卸的作业方法，主要适用于煤炭、粮食、矿石、化肥、水泥等散装货物。散装作业法一般采用机械化设施设备装卸货物，装卸速度较快。

3. 按装卸搬运机械及其作业方式分类

按装卸搬运机械及其作业方式分类，装卸搬运可分为吊上吊下方式、叉上叉下方式、滚上滚下方式、移上移下方式和散装散卸方式。

（1）吊上吊下方式。吊上吊下方式是指利用各种起重机械从货物上部起吊，依靠起吊装置的垂直移动实现装卸，并在起重机械的运行或回转范围内实现搬运或依靠搬运车辆实现短距离搬运的作业方式。由于吊起和放下主要属于垂直运动，因此这种装卸搬运方式侧重于装卸，属于垂直装卸方式。

（2）叉上叉下方式。叉上叉下方式是指利用叉车从货物底部托起货物，并依靠叉车的运动进行货物位置移动的作业方式。叉上叉下方式完全依靠叉车本身搬运货物，利用叉车搬起货物后中途不落地直接搬运至目的处。这种装卸搬运方式主要进行水平运动，属于水平装卸方式。

（3）滚上滚下方式。滚上滚下方式是指利用叉车或半挂车、汽车承载货物，连同车辆一起开上船，到达目的地后再将车辆从船上开下的作业方式。利用叉车的滚上滚下方式，在船上卸货后，叉车必须离船；利用半挂车、平车的滚上滚下方式，则拖车将半挂车、平车拖拉至船上后，拖车开下离船；而利用载货车辆的滚上滚下方式，则是将载货车辆连同货物一起运到目的地，再原车开下。这种装卸搬运方式主要用于港口装卸，属于水平装卸方式。

（4）移上移下方式。移上移下方式是指两车（如火车和汽车）之间进行靠接，然后利用各种方式，不使货物垂直运动，而靠水平移动将货物从一辆车上推移到另一辆车上的作业方式。移上移下方式需要使两辆车水平靠接，因此使用这种方式需对站台或车辆货台进行改变，并配合使用移动工具。

（5）散装散卸方式。散装散卸方式适用于散装物的装卸。散装散卸方式从装点直到卸点，中间不需要落地，是集装卸与搬运于一体的装卸方式。

二、装卸搬运合理化

（一）装卸搬运合理化的目标

1. 装卸搬运距离最短

装卸搬运距离的长短与装卸搬运作业量的大小和装卸搬运作业的效率是密切相关的。一般情况下，缩短装卸搬运距离，则可以减少劳动消耗，缩短搬运设备的实际使用时间，装卸搬运成本也会相应下降。因此，装卸搬运距离最短是装卸搬运合理化的重要目标。

2. 装卸搬运时间最短

在装卸搬运作业中，如果能压缩装卸搬运时间，就能使物流作业速度加快，就能更早地满足客户的需求。尤其在客户订单多品种、小批量的趋势下，缩短客户的订货提前期越来越重要。实现装卸搬运机械化、自动化，不仅可以缩短装卸搬运时间，还可以提高装卸搬运的效率，使整体物流过程更加顺畅，更好地发挥装卸搬运的衔接作用。

3. 装卸搬运质量最高

装卸搬运质量最高是装卸搬运合理化的核心目标。装卸搬运质量的高低在一定程度上决定了客户是否能收到符合质量要求的货物。装卸搬运中出现问题，可能导致客户收到有问题的货物，也可能导致客户不能及时收到货物，这都会使企业承受一定的损失。因此，按客户要求的数量、品种，将货物安全及时地搬运到指定地点，是装卸搬运合理化的核心目标。

4. 装卸搬运成本最低

装卸搬运成本最低是指在能满足客户需求和达到既定服务质量的前提下的成本最低。为了达到这一目标，装卸搬运的机械化、自动化就非常重要了。实现装卸搬运的机械化、自动化，既能提高装卸搬运效率和装卸搬运质量，又能降低装卸搬运成本，达到装卸搬运合理化的目标。

（二）装卸搬运合理化的途径

1. 防止和消除无效作业

无效作业是指装卸搬运作业活动中超出必要的装卸搬运量的作业。显然，防止和消除无效作业对提高装卸搬运作业的经济效益有重要作用。

（1）尽量减少装卸搬运次数，避免没有效果的装卸搬运作业。

（2）尽量缩短装卸搬运距离，选择距离最短的路线，避免无效劳动。

（3）包装要适宜，尽量使包装轻型化、简单化、实用化，避免过度包装与包装不足。

（4）减轻货物的重量，减少无效作业。

2. 提高装卸搬运活性指数

装卸搬运活性是指货物进行装卸搬运作业的难易程度。根据货物状态，装卸搬运活性可划分为不同的级别，分别用不同的活性指数来表示，如表3-2所示。

表 3-2　装卸搬运活性指数

活性指数	货物状态	货物移动的机动性
0	货物杂乱地堆在地面上	移动时需逐个人工搬运
1	货物装箱或经捆扎	可人工一次搬运，但不利于机械作业
2	货物装箱或被捆扎后，下面放有托盘或其他衬垫，便于叉车或其他机械作业	可方便地使用机械搬运
3	货物被放于叉车上或用起重机吊钩钩住，即刻可以移动	不需借助其他机械便可搬运
4	货物已经被起动，可直接作业	货物已处于移动状态

在整个物流过程中，货物需要经过多次装卸搬运，上一步的卸货作业与后一步的搬运作业密切相关。因此，企业在组织装卸搬运作业时，应灵活运用各种装卸搬运工具和设备，从包装开始，前道作业要为后道作业着想，以提高装卸搬运活性指数。

3. 实现装卸搬运的省力化

在装卸作业中应尽可能地消除重力的不利影响。利用重力进行装卸，可降低劳动强度和减少能量消耗。例如，将设有动力的小型运输带斜放在货车、卡车或站台上进行装卸，使货物在倾斜的运输带上移动，这种装卸就是靠重力的水平分力完成的。利用重力式货架装卸也是一种利用重力进行省力的装卸方式之一。重力式货架的货架板均有一定的倾斜度，货箱或托盘可自行沿着倾斜的货架板滑到输送机械上。

4. 合理利用装卸搬运设备

利用装卸搬运设备是以完成装卸搬运任务为目的，并以提高装卸搬运设备的利用率、装卸搬运作业质量和降低装卸搬运成本为中心的。在现代物流快速发展的今天，装卸搬运效率与装卸搬运服务质量至关重要，而要提高效率与服务质量，装卸搬运设备的合理利用则是必不可少的。

5. 推广组合化装卸搬运

在装卸搬运作业过程中，将货物以托盘、集装箱、集装袋为单位组合后进行装卸，可提高装卸搬运效率。对于包装好的货物，尽可能进行集装处理，实现单元化装卸搬运，可以充分利用机械进行操作。组合化装卸搬运具有很多优点：装卸搬运单位大、作业效率高，可节约装卸作业时间；能提高货物装卸搬运活性指数；操作单元大小一致，可实现标准化；不用手触及货物，可保护货物。

6. 合理规划装卸搬运作业过程

合理规划装卸搬运作业过程是指对整个装卸搬运作业的连续性进行合理的安排，以缩短装卸搬运距离和减少装卸次数。

实现最短的平面布置是缩短装卸搬运距离的最理想的方法。装卸搬运作业现场的平面布置是直接关系到装卸搬运距离的关键因素，同时，装卸搬运机械要与货场长度、货位面积等互相协调，场内的道路布置要为装卸搬运创造良好的条件。

单元六 流通加工

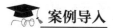 案例导入

食品的流通加工

食品流通加工的类型很多。我们在超市会发现，在生鲜食品区的货柜里摆放着各类洗净的蔬菜、水果，顾客完全可以根据自己的需求进行购买。这些生鲜食品在摆放进货柜之前就已经进行了分类、清洗、贴标签、包装、装袋等加工作业，这些加工作业都不是在产地进行的，而是在进入流通领域之后才完成的。

思考

1. 对食品进行流通加工的作用体现在哪些方面？

2. 与生产加工对比，流通加工有哪些特点？

一、流通加工认知

（一）流通加工的概念

《物流术语》对流通加工（Distribution Processing）的定义为：根据顾客的需要，在流通过程中对产品实施的简单加工作业活动（包括包装、分割、计量、分拣、刷标志、拴标签、组装、组配等）的总称。

流通加工是对产品进行的辅助性加工，可以弥补企业生产加工的不足，更好地衔接生产和消费环节，使流通过程更加合理化。

生产加工与流通加工在加工方法、加工组织、生产管理等方面并无显著区别，但在加工对象、加工程度、价值贡献、加工单位、加工目的等方面差别较大，如表3-3所示。

表3-3 生产加工与流通加工的区别

比较维度	生产加工	流通加工
加工对象	处于生产领域的原材料、零部件、半成品等	处于流通领域的产品
加工程度	复杂加工，对技术要求高	简单加工、辅助性加工、补充性加工
价值贡献	创造价值和使用价值	完善产品的使用价值，并在不做大改变的情况下提高产品价格

比较维度	生产加工	流通加工
加工单位	生产企业	流通企业
加工目的	交换、消费	消费、流通

（二）流通加工的作用

1. 提高原材料利用率

企业通过流通加工把从生产厂商处直接运来的简单规格产品按用户的要求进行集中下料，然后再配送给各用户。例如对钢板进行剪裁，将木材加工成各种长度及大小的板材、方材，等等。流通加工中的集中下料能做到优材优用、小材大用、合理套裁，从而能提高原材料的利用率。

2. 进行初级加工，方便用户

对于用量小或满足临时需要的产品，企业没有必要投入人力、物力等资源进行初级加工。企业利用流通加工对产品进行初级加工，然后将其直接配送给用户，可以方便用户。

3. 提高加工效率及设备利用率

在分散加工的情况下，由于需求的不确定性，设备的加工能力不能得到充分发挥。对此，企业可建立集中加工点，采用效率高、技术先进、加工量大的专门设备，完成流通加工任务。这样既能提高加工效率和加工质量，又能提高设备利用率。

4. 综合运用各种运输手段

流通加工可以将产品的流通分为两个阶段：第一个阶段是从生产厂商处到流通加工点，可以采用水路运输、铁路运输等大批量运输方式；第二个阶段是从流通加工点到消费环节，可以采用公路运输方式完成多品种、小批量、多用户产品的配送。综合运用各种运输手段，可以节省运力、运费。

5. 降低物流成本

在流通加工点可以对大批量运输包装货物进行拆箱作业，然后采用更能满足用户需求的销售包装，这既满足了用户需求，又降低了物流成本。此外，通过合理的流通加工，企业还可以使物流过程中的货损、货差减少，进一步降低物流成本。

（三）流通加工的类型

按加工目的的不同，流通加工可分为以下几种类型。

1. 为保护产品所进行的流通加工

在物流过程中，为了保护产品，防止产品在运输、仓储、装卸搬运等过程中遭受损失，可以采用稳固、改装、保鲜、冷冻、涂油等方式。例如，水产品、肉类、蛋类的冷冻加工、保鲜加工，丝、麻、棉织品的防虫、防霉加工，等等。

2. 为满足多样化需求进行的流通加工

为了满足用户对产品的多样化需求，企业可以利用流通加工对生产的单一化、标准化的产品进行多样化的改制加工。例如，对钢材进行的剪切加工，对平板玻璃进行的开片加工，将木材改制成枕木、板材、方材等的加工。

3. 为促进销售的流通加工

为促进销售的流通加工主要包括将大包装或散装货物分装成适合销售的小包装，将以保护产品为主的运输包装改换成以促进销售为主的销售包装，将蔬菜、肉类洗净切块以满足消费者需求，等等。

4. 为弥补生产领域加工不足进行的流通加工

许多产品在生产领域中只能加工到一定程度，而不能完全实现最终加工。这时最终加工环节可以由流通加工来完成。例如，木材在生产领域只能加工成圆木、板、方材等，进一步的下料、切裁、处理等加工则由流通加工来完成。

5. 为提高物流效率进行的流通加工

有些产品由于本身形态特殊难以进行物流操作，因此需要进行适当的流通加工变成标准化的产品，从而使物流各环节易于操作，提高物流效率。例如，将造纸用的木材磨成木屑的流通加工，可以提高运输工具的装载效率；对自行车在消费地区的装配加工可以提高运输效率，降低成本；等等。

6. 为衔接不同运输方式的流通加工

在干线运输和支线运输的节点设置流通加工环节，可以有效衔接不同运输方式或运输工具。在生产企业与流通加工点之间进行的大批量运输，以流通加工为核心，组织对多个用户的配送，可以有效衔接不同的运输方式。例如，散装水泥中转仓库把散装水泥装袋，就满足了水泥厂大批量运输和工地小批量装运的需要。

7. 生产、流通一体化的流通加工

生产、流通一体化的流通加工是指依靠生产企业和流通企业的联合，统筹进行生产加工与流通加工合理分工的加工形式。这种形式有利于产品结构及产业结构的调整，是目前流通加工领域的新形式。

8. 为实施配送的流通加工

配送中心为了按用户需求进行配送，有时需要对货物进行适当的加工。例如，混凝土搅拌车可以根据用户的要求，把水泥、沙子、石子、水等按比例要求装入可旋转的罐中，搅拌车边行驶边搅拌，到达施工现场后，搅拌均匀的混凝土就可以直接投入使用。

二、常见的流通加工作业

（一）钢材的流通加工

钢材的流通加工主要是对钢板进行剪板加工。钢板剪板加工是指在固定地点设置剪板机或其他切割设备，按照用户要求将大规格的钢板裁小或切裁成毛坯，以方便用户使用的流通加工方式。钢板剪板加工大部分由流通企业负责，流通企业不仅提供钢板剪板加工服务，还出售原材料和加工后的成品。

（二）木材的流通加工

1. 磨制木屑、压缩输送

木材体积较大，装车、捆扎比较困难，更难以实现满载，导致运输工具实载率较低。因此，在木材生产地将原木加工成易于运输的木屑，既可以提高原木利用率，又可以提高运输效

率，使企业取得较好的经济效益。

2. 集中开木下料

集中开木下料是指在流通加工点将原木锯成各种规格的锯材，同时将碎木、碎屑集中加工成各种规格的板材或者进行打眼、凿孔等初级加工。按用户需求进行集中开木下料，可以使原木利用率提高到95%，出材率提高到72%左右。

（三）煤炭的流通加工

1. 除矸加工

除矸加工是以提高煤炭纯度为目的的加工形式。煤炭中混入的矸石有一定发热量，混入一些是允许的。但是有些用户不允许煤炭中混入矸石，需要进行除矸加工。除矸加工可提高煤炭运输效率，减少运力浪费。

2. 煤浆加工

煤浆加工是指在流通的起始环节将煤炭磨成细粉末，再用水把细粉末调和成浆状，然后利用管道进行运输的加工形式。利用管道运输煤浆，可以减少煤炭消耗，提高煤炭的利用率。

3. 配煤加工

配煤加工是指在消费地的流通加工点把各种煤及一些其他发热物质按不同比例进行掺配加工，生产出不同发热量的燃料的加工形式。配煤加工可以按照用户需求进行加工，也可以避免热量浪费或发热量过小。

（四）水泥的流通加工

1. 在流通加工地点制成水泥

针对需要水泥的较远地区，可先运进水泥熟料，然后在该地区将水泥磨细，并根据当地资源和需求情况掺入混合材料等，制成不同品种及标号的水泥，满足用户多样化的需求。

2. 集中搅拌混凝土

在流通加工点将水泥、沙子、石子、水等材料按比例装入混凝土搅拌车，在运输过程中搅拌车边行驶边搅拌，到达施工现场后，混凝土已经搅拌均匀，可以直接使用，这是水泥流通加工的一种重要形式。

（五）食品的流通加工

食品的流通加工方式主要有冷冻加工、分选加工、精制加工和分装加工等。

1. 冷冻加工

冷冻加工是指为了保鲜而采取低温冻结方式进行的流通加工。例如，鲜鱼、鲜肉等需采用这种方式。

2. 分选加工

分选加工是指为获得一定规格的产品，采用人工或机械分选的流通加工。分选加工的目的是提高物流效率或者方便对不同规格、质量的产品分别进行销售。分选加工广泛用于果类、瓜类、谷物、棉花等产品。

3. 精制加工

精制加工是指对农、牧、副、渔等产品在产地或销地设置流通加工点，去除产品的无用部分甚至进行切分、洗净、分装等的流通加工。精制加工不仅方便用户购买，还可以对产品淘汰部分进行再利用。例如，蔬菜的淘汰部分可以制作成饲料、肥料；鱼类剔除的内脏可以制成饲料，鱼鳞可以制成高级黏合剂等。

4. 分装加工

许多生鲜食品为了保证高效运输，运输包装一般比较大。分装加工是指为了便于销售，在销售地区按方便用户购买的需求而重新包装产品，以满足用户对不同包装产品需求的流通加工。例如，快餐食品加工、半成品加工等。

（六）机电产品的流通加工

机电产品的特点是装配比较简单，装配技术要求也不高，且装配后不需要进行复杂的检测及调试，但是机电产品的储运有很多难题。因此，为了解决机电产品的储运难题，企业可以采用各部件分别包装出厂，然后在销售地拆箱组装，之后进行销售的方式。

三、流通加工合理化

流通加工合理化不仅指要避免各种不合理的流通加工形式，还指要实现流通加工的最优配置。

（一）流通加工不合理的表现

1. 流通加工地点设置不合理

流通加工地点是决定整个流通加工是否合理的重要因素。流通加工地点是设置在生产地区还是设置在消费地区要视具体情况而定。为衔接少品种、大批量产品生产与满足多样化产品需求的流通加工，加工地点一般应设置在需求地区，这样才能获得少品种、大批量的干线运输与多品种、小批量的末端配送的优势。

如果将流通加工地点设置在生产地区，究其原因可能是方便运输、方便配送等，但此时应将流通加工地点设置在产品进入社会物流之前。

流通加工地点设置的不合理还表现在选址问题上，例如流通加工地点交通不便、流通加工地点与生产企业或用户之间距离较远、流通加工地点环境条件不好、流通加工地点的投资过高等。

2. 流通加工方式选择不当

流通加工方式选择是否正确实际上指的是流通加工与生产加工的分工是否合理。把本来应由生产加工完成的任务错误地交给流通加工完成，或者把本来应由流通加工完成的任务错误地交给生产加工完成，都是不合理的。

流通加工是对生产加工的一种有益的补充和完善。一般情况下，工艺复杂、技术装备要求高、由生产加工进行加工更佳的产品，均不宜再单独设置流通加工地点。

3. 流通加工作用不大，形成多余环节

有的流通加工环节过于简单，或者对生产和消费的作用都不大，就没必要设置了。甚至有时由于流通加工的盲目性，设置流通加工环节不仅没有解决品种、规格、包装等问题，反而增加了作业环节，导致成本上升。

4. 流通加工成本过高，效益不好

流通加工作为物流的功能之一，应该能更有效地满足用户需求、降低成本。如果流通加工

成本过高，则不能达到以较低投入实现更高使用价值的目的，会影响物流的经济效益。

（二）流通加工合理化的途径

1. 流通加工和配送相结合

流通加工和配送相结合是指将流通加工设置在配送点中，这样做既不用单独设置一个流通加工地点，又可以将流通加工和配送有机结合在一起，并且由于在配送之前按用户要求进行了必要的加工，可以使配送服务水平得到提高。例如，煤炭、水泥等产品在流通中进行加工会获得较大的优势。

2. 流通加工和配套相结合

配套是指将使用上有联系的用品集合成套地供应给用户。配套主要由各生产企业完成，但有的配套需要由多个企业完成，如方便食品的配套。物流企业对产品进行适当的流通加工，使流通加工和配套结合起来，可以提高物流在产品流通中的作用。

3. 流通加工和合理运输相结合

流通加工能有效衔接干线运输和支线运输，促进两种运输形式均发挥出最佳效果，从而实现运输的合理化。在流通加工地点，企业可以对支线运输转干线运输的产品进行适当加工，使产品更有利于长途干线运输；也可以对干线运输转支线运输的产品进行适当加工，使产品更有利于短距离支线配送运输。

4. 流通加工和合理商流相结合

通过流通加工有效促进销售，实现商流合理化，这也是流通加工合理化的途径之一。流通加工与配送相结合，使产品更符合用户需求，促进了销售，同时也使商流实现了合理化；通过改变包装方式，把运输包装变成销售包装，形成方便用户使用、消费的产品包装；通过组装加工解决用户使用前进行组装、调试的困难等都是流通加工和合理商流相结合的实例。

5. 流通加工和节约相结合

节约能源、节约设备、节约人力、减少耗费是实现流通加工合理化的重要考虑因素。

对于流通加工合理化的最终判断，还是要看其所实现的社会效益和企业效益。流通企业更应该注重社会效益，在此基础上来实现企业本身效益，这样流通企业才有生存的价值。如果流通企业只追求自身效益，与生产企业争利，或者与用户争利，就违背了流通加工的服务性特征。

内容小结

本部分主要介绍了物流功能管理的基础知识，包括运输管理、仓储管理、配送管理、包装管理、装卸搬运和流通加工等基本内容单元。

运输是利用载运工具、设施设备及人力等运力资源，使货物在较大空间上产生位置移动的活动。运输的基本原理包括规模原理、距离原理和速度原理。运输的原则包括及时、准确、经济和安全。基本的运输方式包括公路运输、铁路运输、水路运输、航空运输和管道运输5种。运输合理化是指从物流系统的总体目标出发，运用系统理论和系统工程原理、方法，选择合理的运输方式和运输路线，以最短的路径、最少的环节、最快的速度和最小的劳动消耗，组织好运输工作。

仓储是指利用仓库及相关设施设备进行物品的入库、储存、出库的活动。仓储管理是指对仓储及相关作业进行的计划、组织、协调与控制。仓储管理的内容包括仓库的选址与建设、仓储设备配置、仓储作业管理、仓储商务活动、仓储成本管理和库存控制。库存管理方法包括ABC分类法、CVA管理法、经济订货批量法、定量订货法和定期订货法。

配送是指根据客户要求，对物品进行分类、拣选、集货、包装、组配等作业，并按时送达指定地点的物流活动。配送作业包括进货作业、盘点作业、补货作业、订单处理、拣货作业、配货作业、送货作业、退货和换货作业等内容。

包装是指为在流通过程中保护产品、方便储运、促进销售，按一定技术方法而采用的容器、材料及辅助物等的总体名称；也指为了达到上述目的而采用容器、材料和辅助物的过程中施加一定技术方法等的操作活动。包装标志是指为了便于货物交接、识别、储运和海关等有关部门进行查验等工作，也便于收货人提取货物而在进出口货物的外包装上标明的记号。

装卸是指在运输工具间或运输工具与存放场地（仓库）间，以人力或机械方式对物品进行载上载入或卸下卸出的作业过程。搬运是指在同一场所内，以人力或机械方式对物品进行空间移动的作业过程。装卸搬运合理化的途径包括防止和消除无效作业、提高装卸搬运活性指数、实现装卸搬运的省力化、合理利用装卸搬运设备、推广组合化装卸搬运、合理规划装卸搬运作业过程等。

流通加工是指根据顾客的需要，在流通过程中对产品实施的简单加工作业活动（如包装、分割、计量、分拣、刷标志、拴标签、组装、组配等）的总称。流通加工是对产品进行的辅助性加工，可以弥补企业生产加工的不足，更好地衔接生产和消费环节，使流通过程更加合理化。

关键术语

运输 运输合理化 直达运输 配载运输 "四就"直拨运输 仓储 仓储管理 ABC分类法 CVA管理法 经济订货批量法 定量订货法 定期订货法 配送 订单拣选 批量拣选 复合拣选 包装 包装标志 装卸 搬运 装卸搬运活性 流通加工

同步测试

一、单项选择题

1. 按仓库在社会再生产过程中所处位置不同，仓库可分为生产领域仓库、（　　）和储备型仓库。

    A. 流通领域仓库　　　　B. 普通仓库　　　　C. 保税仓库　　　　D. 立体仓库

2. 按被装物的主要运动形式分类，装卸搬运可分为（　　）和水平装卸两类。

    A. 垂直装卸　　　　B. 吊上吊下装卸　　　　C. 移上移下装卸　　　　D. 散装散卸

3. 按包装功能分类，包装可分为运输包装和（　　　）。

    A. 销售包装　　　　　B. 托盘包装　　　　　C. 周转用包装　　　　D. 外包装

4. ABC分类法的基本原理是按照（　　　）进行管理。

    A. 客户区别　　　　　B. 物料的差异化　　C. 关键少数的重点　D. 物品重要性

5. 可以实现"门到门运输"的运输方式为（　　　）运输。

    A. 铁路　　　　　　　B. 水路　　　　　　C. 公路　　　　　　　D. 航空

6. 按订单或出库单的要求，从货位上选出物品，并放置在指定地点的作业是（　　　）。

    A. 分货　　　　　　　B. 拣选　　　　　　C. 流通加工　　　　　D. 保管

7. 收到客户订单后，应审核库存商品是否能保证配送计划的完成。当数量不足配送计划要求时，要根据配送计划组织（　　　）。

    A. 理货　　　　　　　B. 分拣　　　　　　C. 进货　　　　　　　D. 包装

二、多项选择题

1. 商品不合理运输主要有（　　　）。

    A. 迂回运输　　　　　B. 过远运输　　　　C. 对流运输　　　　　D. 倒流运输

2. "四就"直拨运输中，"四就"指的是（　　　）。

    A. 就厂　　　　　　　B. 就站（码头）　　C. 就库　　　　　　　D. 就车（船）

3. 影响运输合理化的因素有（　　　）。

    A. 运输距离　　　　　B. 运输环节　　　　C. 运输工具　　　　　D. 运输时间

4. 配送资源筹措不合理的表现形式有（　　　）。

    A. 配送量计划不准

    B. 运输路线设计不当

    C. 不考虑与供应商建立长期稳定的供需关系

    D. 资源筹措过多或过少

5. 判断配送是否合理化的标志有（　　　）

    A. 库存　　　　　　　B. 资金　　　　　　C. 供应保证能力　　　D. 成本和效益

三、判断题

1. 定期订货法是按预先确定的订货时间间隔进行订货，以实现总库存成本最低的最佳订货方式。　　　　　　　　　　　　　　　　　　　　　　　　　　　　　　　　　　（　　　）

2. 运输的原则包括及时、准确、经济和安全。　　　　　　　　　　　　　　　（　　　）

3. 基本的运输方式包括公路运输、铁路运输、水路运输、航空运输和管道运输5种。

　　　　　　　　　　　　　　　　　　　　　　　　　　　　　　　　　　　　（　　　）

4. 配送中心的拣选方式包括订单拣选、批量拣选和复合拣选3种。　　　　　（　　　）

5. 仓库通常由辅助生产区和行政生活区组成。　　　　　　　　　　　　　　（　　　）

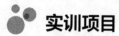 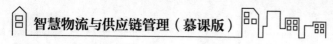
实训项目

实训1　运输方案设计

实训目标

通过实训，使学生掌握各种运输方式的特点及适用范围，能够根据实际制定运输方案。

实训要求

某物流企业市场经理接到一个客户的咨询电话，客户有40吨淀粉需要在10天内从天津运到南京，应选择哪种运输方式？走哪条路线到南京？并简要说明原因。

1. 学生自由组成小组，每组5人。
2. 熟悉所运输货物的性质。
3. 熟悉各种运输方式的特点及适用范围。
4. 制定运输方案。

实训指导

1. 指导学生了解所运输货物的性质。
2. 指导学生根据货物性质选择合适的运输方式。
3. 指导学生设计运输路线。

实训2　仓储作业实训

实训目标

通过实训，使学生掌握仓储作业管理3个阶段的作业内容，加深对仓储管理的认知。

实训要求

某物流企业收到客户5种包装规格的货物，要以托盘为单位将货物入库到重型货架区。

1. 学生自由组成小组，每组5人。
2. 理解仓库设备的适用性及其安全操作。
3. 熟悉仓库布局及仓库作业流程。
4. 掌握码放货物的基本要求。

实训指导

1. 指导学生熟悉仓库的主要设备。
2. 讲解入库、在库、出库作业流程及其注意事项。
3. 指导学生完成入库作业。

实训3　配送车辆货物积载方案设计

实训目标

通过实训，使学生掌握配送车辆货物积载方案设计方法，加深对配送管理的认知。

实训要求

某物流企业现有一辆厢式货车，车厢长5.8m、宽2.1m、高2.2m，周转箱的尺寸是长80cm、宽60cm、高60cm，现需要向甲客户配送20个周转箱的货物，乙客户配送19个周转箱的货物，丙客户配送11个周转箱的货物，送货顺序是先送甲客户，再送丙客户，最后送乙客户。

1. 学生自由组成小组，每组5人。
2. 准备配送车辆积载实训场地。
3. 熟练掌握配送车辆积载方案设计方法。

实训指导

1. 指导学生上网查询物流企业常用厢式货车车型。
2. 指导学生掌握配送车辆积载的相关知识。
3. 指导学生进行配送车辆积载方案设计。

物流信息管理

知识目标

了解物流信息的定义及作用。

掌握物流信息系统的功能及建立过程。

掌握物流信息技术的应用。

能力目标

能初步操作物流信息系统。

能初步应用物流信息技术。

素质目标

培育并践行物流管理人员的创新精神和创新意识。

培育并践行物流管理人员的职业道德和职业精神。

培育并践行物流管理人员精益求精的工作作风。

知识框架

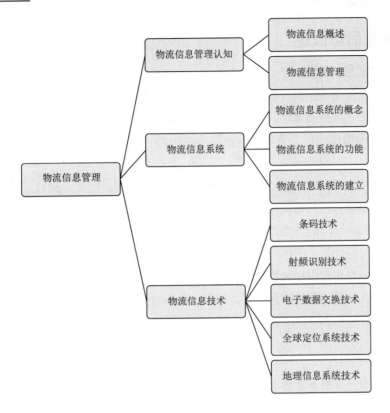

单元一　物流信息管理认知

案例导入

国家交通运输物流公共信息平台概况

国家交通运输物流公共信息平台（简称"国家物流信息平台"，英文标识"LOGINK"）是国务院《物流业发展中长期规划（2014—2020年）》的主要任务和重点工程之一，是多项国家级和部委级物流业具体发展规划的重点建设内容，是由交通运输部和国家发改委牵头，多方参与共建的公共物流信息服务网络，是一个政府主导、承载国家物流领域重大发展战略的服务机构。

按照国家及相关部委规划要求，国家物流信息平台致力于构建覆盖全国、辐射国际的物流信息服务基础设施、覆盖全产业链的数据仓库和国家级综合服务门户，有效实现国际、区域间、行业间、运输方式间、政企间、企业间物流信息的安全、可控、顺畅交换共享，逐步汇集物流业内和上下游相关行业的国内外静动态数据信息，提供公共、基础、开放、权威的物流公共信息服务，形成物流信息服务的良好生态基础，从而促进我国物流业产业向绿色高效全面升级。

思考

国家物流信息平台有什么作用？

一、物流信息概述

（一）物流信息的定义

《物流术语》对物流信息（Logistics Information）的定义为："反映物流各种活动内容的知识、资料、图像、数据的总称。"物流信息是物流活动各环节生成的信息，与物流过程中的运输、仓储、装卸搬运、包装等功能有机结合在一起，是整个物流活动顺利进行不可或缺的因素。

物流信息可分为狭义的物流信息和广义的物流信息。

狭义的物流信息是指与物流活动（如运输、仓储、包装、装卸搬运、流通加工等）有关的信息，它是伴随物流活动的产生而产生的。如运输工具的选择、运输方式的确定、运输路线的选择、仓库规划与设计、仓库布局规划、库存管理等，都需要详细和准确的物流信息。

广义的物流信息不仅包括与物流活动有关的信息，还包括与其他流通活动有关的信息，如供货人信息、顾客信息、商品信息、订货信息、市场信息、政策信息、企业内各部门与物流有关的信息等。

小思考

举例说明物流活动需要哪些信息。

（二）物流信息的特点

1. 物流信息包含的信息量大

物流信息随着物流活动以及商品交易活动的展开而大量产生。每件商品从采购原材料、零部件等供应物流开始，到生产物流、销售物流、回收物流和废弃物物流，都会产生大量的物流信息。商品信息、市场信息、订货信息等广义的物流信息包含的信息量更大。

2. 物流信息动态性、实时性强

物流信息必须及时、快速地提供给信息使用者，因此物流信息的动态性、实时性强。同时随着市场信息的变化，运输信息、仓储信息、库存信息、配送信息等物流信息也在快速变化，陈旧的物流信息也在不断地被更新的物流信息所替代，物流信息的时效性在不断增强。

3. 物流信息来源多样化

物流信息不仅包括与运输、仓储等有关的狭义物流信息，还包括与其他流通活动有关的广义物流信息；不仅包括企业内部的物流信息，还包括企业间的物流信息以及各种市场信息与政策信息等。企业需要把来自多种渠道的物流信息充分利用起来，才能不断提高物流效率。

（三）物流信息的作用

1. 衔接物流活动各环节的作用

物流系统与社会经济运行中的许多行业、部门及众多企业群体之间有着密切联系。无论是在物流系统内部还是外部，物流系统要想与供应商、生产企业、批发商、零售商、消费者之间保持密切联系，都离不开物流信息的衔接作用。

2. 支持交易系统的作用

交易系统是用于启动和记录物流活动的最基本的系统，交易系统的内容包括记录订货内容、安排存货任务、查询库存信息、查询客户信息等。交易系统要想正常运行，离不开物流信息的支持。

3. 管理控制物流活动的作用

企业采用物流信息化方式，通过计算机网络和EDI、GPS、GIS、物联网等信息技术，可以实现对物流活动的管理与控制，如货物实时跟踪、车辆实时跟踪、仓库实时监控等。

4. 辅助决策分析的作用

物流信息是制定决策方案的关键要素。物流信息可以辅助管理者科学评价物流方案，如评价车辆调度、库存管理、设施选址、作业流程设计与优化等内容。物流信息还有助于企业进行成本—收益分析，帮助企业做出正确决策。

5. 支持制订物流战略计划的作用

物流战略计划是指为实现物流企业长期效益的系统性计划方法。物流活动影响着企业的成本和利润，物流战略计划用于实现企业成本控制和利润最优化的重要目标。在制订物流战略计划的过程中，物流信息起着非常重要的作用。

（四）物流信息的分类

1. 按信息的功能分类

按信息的功能分类，物流信息可分为仓储信息、运输信息、配送信息、流通加工信息、包装信息、装卸搬运信息等。

2. 按信息的来源分类

按信息的来源分类，物流信息可分为物流系统内信息和物流系统外信息。

（1）物流系统内信息。物流系统内信息是伴随着物流活动的进行而产生的信息，包括物流基础信息、物流作业信息、物流管理信息和物流控制信息等。

（2）物流系统外信息。物流系统外信息是在物流活动以外产生的，但与物流活动有关的信息，包括供货人信息、订货信息、交通信息、市场信息、政策信息等。

3. 按信息作用的层次分类

按信息作用的层次分类，物流信息可分为基础信息、作业信息、协调控制信息和决策支持信息。

（1）基础信息。基础信息是物流活动的基础，也是物流信息系统、物流信息技术正常运行的基础。基础信息是指最初的信息，如物品基本信息、货位基本信息、供货商基本信息、客户基本信息等。

（2）作业信息。作业信息是物流作业过程中产生的信息，如到货信息、库存信息、订货信息、出货信息等。作业信息具有波动性、动态性等特性。作业信息是管理者获取协调控制信息的重要依据。

（3）协调控制信息。协调控制信息是指管理者为使物流作业能够高效率运行而提前制订的调度信息、计划信息等。

（4）决策支持信息。决策支持信息是指能对物流计划、决策、战略产生影响的信息，也包括有关的宏观信息，如经济信息、科技信息、政策信息、法律信息等。

4. 按信息的加工程度不同分类

按信息的加工程度不同分类，物流信息可分为原始信息和加工信息。

（1）原始信息。原始信息是指未加工的信息，是最有权威性的信息。原始信息的获取是信息工作的基础工作，原始信息是加工信息的主要来源。

（2）加工信息。加工信息是对原始信息进行各种方式和各个层次的处理后得到的信息。加工信息是利用数据分析技术在海量数据中发现的有用信息，用于物流管理工作。

二、物流信息管理

（一）物流信息管理的定义

物流信息管理是指对物流信息进行收集、处理、存储、传递和应用并将其有效运用于物流管理工作中，以达到物流管理总体目标的过程。目前运用计算机手段对物流信息进行收集、处理、存储、传递和应用是物流信息管理的主要方式。随着计算机技术和通信技术的快速发展，物流信息系统显著增强了对物流信息的处理能力和应用能力。物流信息技术在物流各环节中的广泛应用，也实现了对物流系统及各功能要素的科学管理，提高了物流服务水平和企业的经济效益。

（二）物流信息管理的要求

物流信息管理具有以下要求。

1. 可得性

物流信息具有信息量大、动态性强、实时性强的特点，因此企业要能够从大量分散、动态的物流信息中获取需要的信息，并以定量的形式表示出来。

2. 及时性

随着现代物流的快速发展，社会对物流服务的及时性要求越来越高，而这又要求物流信息必须能及时提供给需求者。物流信息的及时性要求不仅能减少企业决策中的不确定性，还能增强企业决策的客观性和准确性。

3. 准确性

物流系统内信息一般能及时获得，准确性也比较强。而物流系统外信息由于是在物流活动以外产生的，如市场信息、政策信息等，因此应采取科学方法收集、处理，以保证准确性和客观性，尽可能降低决策风险。

4. 集成性

物流活动的各个环节都需要输入大量的信息并产生新的信息，如物品基本信息、货位基本信息、物流基础信息等。所涉及的信息收集应减少重复操作、减少差错，信息利用应能实现信息、资源共享，从而使信息能准确、全面地反映各项物流活动情况。

5. 适应性

物流信息管理的适应性主要包括两个方面：一是要适应物流活动的各个环节，能广泛应用于物流管理工作中；二是要能准确描述各种异常事件，如运输途中的事故、仓储管理中的货损货差、客户退货或换货、临时订单或紧急订单要求等。

（三）物流信息管理的内容

物流信息管理包括以下几个主要内容。

（1）统一规划和组织物流信息资源：确定物流信息管理工作的目标和方向，规划物流信息系统的开发和物流信息技术的应用，并组织相关资源保障物流信息管理工作正常运行。

（2）合理控制物流信息收集、处理、存储、传递和应用全过程：通过控制物流信息全过程实现信息共享，减少信息冗余和错误，从而辅助决策，改善客户关系。

（3）利用物流信息系统和物流信息技术，实现物流信息化：物流信息化能实现物流供应链各环节协调一致，增强物流供应链的竞争力。

单元二　物流信息系统

🎓 案例导入

物流信息系统决定物流速度和效率

"双十一"来临之际，电商巨头们纷纷把战场转向物流领域。一方面全面开打"物流速度战"，不断扩展"分钟级配送"；另一方面"黑科技"轮番上阵，加快推广用于智慧物流的无人仓和投递技术。商家们也意识到，随着消费者对购物体验要求的不断提高，只有让仓储物流也进入"智慧"时代，才能够满足消费者的期望。

物流企业认为，作为仓储物流底层基础架构的物流信息系统是决定物流速度和效率非常重要的因素。其中，较快的订单处理速度和高效的仓储发货流程是保证物流配送体验的重中之重。

一、订单处理速度：没有最快，只有更快

订单处理的及时、准确会直接影响后续的发货速度。"双十一"期间，订单量暴涨，传统信息系统的订单处理速度偏慢，这会导致物流发货速度变慢并可能造成订单错发、漏发，从而影响消费者的体验。

二、高效的仓储发货流程：提高拣货效率是关键

拣货是电商仓库管理中最复杂的环节，其投入也远大于收货和库存管理环节。通过设计高效的仓储发货流程以提高拣货效率则成为关键。

1．灵活的订单集合规则

针对不同的订单，将符合条件的订单聚合起来集中作业，是提高拣货效率非常有效的方式。

2．缩短拣货行走路径

仓库人员可以通过汇总拣货、ABC分类法、拣货路径优化等方式缩短拣货行走路径。

3．减少拣货等待时间

仓库人员可以通过手持设备及自动输送、自动控制、自动识别等方式来减少拣货等待时间。

4．减少寻找时间

仓库人员可以通过看板、电子标签、灯光显示牌准确定位需拣货商品，减少寻找商品的时间，提高拣货效率。

5．减少思考

仓库人员可以采用手持终端、语音提示等多种手段减少思考时间，降低出错率。

6．自动检测

仓库人员可以采用条码、AR图像识别等技术实现自动检测复核商品，降低出错率。

现代仓储物流的"智慧"离不开物流信息系统的支持。

思考

1．什么是物流信息系统？

2．物流信息系统有哪些作用？

一、物流信息系统的概念

按照功能划分，物流系统可以分为物流作业系统和物流信息系统两种。物流作业系统包括运输、仓储、包装、装卸搬运、流通加工等功能，旨在完成整个物流过程的作业活动。物流信息系统旨在完成整个商流过程的信息活动，如仓储信息系统包括订货、发货、出库等功能。物流作业系统和物流信息系统是不可分割、相互联系的一个有机整体。物流作业活动的发生同时伴随着物流信息的产生，物流信息又指导着物流作业活动的进行。

物流信息系统是指由计算机软硬件、网络通信设备及其他办公设备组成的，服务于物流作业、管理、决策等方面的应用系统。

物流信息系统是把物流和物流信息有机结合在一起的系统，是由人和计算机软硬件共同组成的，为物流管理者执行计划、组织、协调和控制等职能提供信息的人机交互系统，具有预测、控制和辅助决策的功能。

二、物流信息系统的功能

物流信息系统的主要功能是进行物流信息的收集、存储、传输、处理和输出，为物流管理者及其他组织管理人员提供战略、战术及运作决策的支持，提高物流运作的效率与效益。物流信息系统是物流系统的神经中枢，它作为整个物流系统的指挥和控制系统，可以分为多个子系统和多种基本功能。

物流信息系统的基本功能包括以下几种。

（一）数据收集

物流信息系统的数据收集功能首先是把分散在企业内外部的数据收集起来，然后把数据转换成信息系统要求的格式，最后把数据输入到物流信息系统中。数据收集是物流信息系统运行的起点，是其非常重要的功能。所收集数据的质量决定着信息价值的大小。因此，数据收集过程要特别注意所收集数据的完整性、准确性和及时性，整个数据收集与录入的过程是否严密完善，对各种异常因素的预防，等等。

（二）信息存储

物流数据经过收集和录入阶段后，要在物流信息系统中存储下来，这就涉及物流信息系统的信息存储功能。物流数据在经过处理得到有用信息之后，也需要存储起来。物流信息系统的信息存储功能就是保证已得到的物流信息不丢失、不走样、不外泄、整理得当、随时可用。物流信息系统在处理信息储存问题时，需要考虑信息的安全性及使用的便利性。

（三）信息传输

信息传输是指把物流信息从一个子系统向另一个子系统传递的功能。为了保证信息使用的便利性，物流信息系统要准确、及时地把物流信息传输到物流的各个职能环节。物流信息系统在系统开发阶段必须充分考虑所要传递的信息的种类、数量、频率、可靠性等因素。信息传输的基本要求是准确、及时、经济和安全。

（四）信息处理

信息处理是指物流信息系统将收集到的物流数据处理成更符合物流系统需求的物流信息。物流管理人员可利用计算机对收集的物流数据进行查询、分类、排序、合并、计算、模型调试及预测等加工处理。现代物流信息系统的功能越来越强，尤其是面向高层管理人员的物流信息系统，其在信息处理过程中更多地使用了数学及运筹学等工具，极大地增强了信息处理能力。

（五）信息输出

物流信息系统的最终目的是为物流管理人员提供科学信息，因而信息输出的形式必须是便于物流管理人员使用的。通常，信息系统输出手段的完善程度、输出形式的易于理解程度等被视为评价信息系统的重要标准。

上述5项功能是物流信息系统的基本功能，它们相互联系、相互制约，缺一不可。只有上述5项功能都没有出现错误，物流管理人员才能得到有实际使用价值的物流信息。

三、物流信息系统的建立

建立物流信息系统，不是对单项数据的简单组合，必须首先进行系统规划。物流信息系统的建立不仅涉及技术问题，还涉及管理思想的转变、管理基础工作的整顿，以及现代化物流管理方法的应用等许多方面，因此物流信息系统的建立是一项范围广、协调性强、人机紧密结合的系统工程。

（一）总体规划

物流信息系统规划是建立物流信息系统最重要的阶段。系统规划完成以后，就可以按照系统的分析和设计持续进行系统的开发，直到系统建成。

物流信息系统的总体规划基本上分为4个步骤。

（1）定义管理目标：确立各级管理的统一目标，局部目标要服从总体目标。

（2）定义管理功能：确定管理过程中的主要活动和决策。

（3）定义数据分类：在定义管理功能的基础上，把数据按支持一个或多个管理功能分类。

（4）定义信息结构：确定信息系统各个部分及其数据之间的关系，导出各个独立性较强的模块，确定模块实现的优先关系，即划分子系统。

（二）系统开发

有了系统规划以后，还要进行非常复杂的开发过程。系统开发主要包括以下内容。

（1）系统分析：主要对现行系统和管理方法及信息流程等有关情况进行现场调研，给出有关调研结果，提出系统设计的目标及实现目标的可能性。

（2）系统逻辑设计：在系统调研的基础上，从整体上构建系统的逻辑模型，并对各种模型进行选优，确定最终的模型。

（3）系统物理设计：以逻辑模型为框架，利用各种编程方法，构建逻辑模型中的各个功能模块，如确定并实现系统的输入、输出、存储及处理方法。此阶段的重要工作是程序设计。

（4）系统实施：将系统的各个功能模块进行单独调试和联合调试，对其进行修改和完善，最后得到符合要求的物流信息系统。

（5）系统维护与评价：在信息系统试运行一段时间以后，根据现场要求与变化，对系统做必要的修改，进一步完善系统，最后和用户一起对系统的功能、效益做出评价。

单元三　物流信息技术

案例导入

流通领域常见的几种物流信息技术

流通领域的物流信息技术应用广泛。随处可见的条码及读码设备，各式各样的货架在仓储管理中的应用，自动化输送线在仓储与配送中的应用，这些物流信息技术的应用大大提高了物流的运作效率。流通领域常见的物流信息技术主要有以下几种。

1．自动识别技术

自动识别技术将计算机、光、电、通信和网络技术融为一体，与移动通信等技术相结合，从而赋予物体智能，实现人与物体以及物体与物体之间的"沟通"和"对话"。

在仓储管理中应用最广泛的自动识别技术是条码技术和射频识别技术。条码技术的应用使得作业人员能够快速定位出入库货物并有效减少误操作。射频识别技术也开始大范围推广应用，如在RFID标签上绑定物料信息，作业人员通过RFID阅读器能准确获取物料数量，加快物料清点工作速度。但是，RFID标签成本较高是该技术大范围推广的最大障碍。

2．自动输送技术

自动化输送线、自动导向车等自动输送技术在流通领域的仓储配送中应用广泛，不仅改善了作业人员的工作环境，还保障了作业现场的24小时不间断工作。

3．自动存储技术

自动存储技术的应用需要大规模投资，对于自动化程度要求较高的企业可以建立自动化立体仓库。自动化立体仓库能够充分利用仓库面积，其中的堆垛机和穿梭车能自动完成货物入库和出库工作，作业人员仅需要通过仓储管理系统发出指令控制设备，完成各项操作。

4．自动拣选技术

电商物流的速度和效率一直是企业关注的话题，机器人、自动化输送线等自动拣选技术在快递分拣中心的广泛应用大幅提高了电商物流的配送效率，减少了分拣人员的行走距离和寻找时间。

思考

1．什么是物流信息技术？常见的物流信息技术有哪些？

2．物流信息技术是如何应用于物流管理中的？

物流信息技术是以计算机和现代通信技术为主要手段，实现对物流各环节中信息的获取、加工、传递和利用等功能的技术的总称。物流信息技术主要包括条码技术、射频识别技术、电子数据交换技术、全球定位系统技术、地理信息系统技术等。

一、条码技术

（一）条码的概念

条码是由一组规则排列的条、空组成的符号，可供机器识读，用以表示一定的信息，主要有一维条码和二维条码两种形式。条码由黑色的"条"和白色的"空"所组成。其中，黑色的条对光线的反射率较低，白色的空对光线的反射率较高。条码可以表示商品的生产国、制造厂家、商品名称、生产日期等信息，因而在商品生产、流通、物流等许多领域都得到了广泛应用。

目前，国际上广泛使用的一维条码有EAN/UPC码（商品条码，用于在世界范围内唯一标识一种商品，我们在超市中最常见的就是这种条码）、Code39码（标准39码，因其可采用数字与字母共同组成的方式而在各行业内部管理上被广泛使用）、ITF25码（在物流管理领域中应用较多）、Codebar码（库德巴码，多用于医疗、图书等领域）、Code93码、Code128码等。

常用的二维条码有PDF417码、QR码、Code49码、Code16K码等。

（二）条码技术的特点

条码技术作为一种经济、实用的自动识别技术，在物流信息输入中应用广泛，其具有以下特点。

（1）条码易于制作、成本低。条码制作过程简单，对打印设备和材料没有特殊要求，成本非常低，且条码识别设备的操作也比较简单。

（2）信息输入速度快、可靠性强。条码技术输入信息的速度非常快，在普通键盘输入速度的20倍以上。条码技术输入信息的可靠性也非常强，键盘输入数据的误码率为三百分之一，光学字符识别技术的误码率为万分之一，条码技术的误码率仅为百万分之一。

（3）信息采集量大。一维条码可以一次性采集几十位字符的信息，二维条码可以一次性采集数千个字符的信息并有一定的自动纠错能力。

（4）灵活实用。条码作为一种识别手段可以单独使用，也可以和有关设备组成系统以实现自动化识别，还可以和其他控制设备连接起来实现整个系统的自动化管理。

（三）条码技术的应用

条码技术作为成本最低的自动识别技术，在商品流通领域、加工制造领域和物流领域被广泛应用。

1. 条码技术在商品流通领域中的应用

条码技术是实施供应链管理的最基本条件。商品流通企业可以借助条码技术，利用信息系统快速准确地收集采购、库存、销售等相关数据，实现商品订货、供应商送货、仓储与库存管理、销售出库等作业的信息化管理，提高企业的管理水平和竞争能力。例如，商品流通企业可以通过条码技术精确跟踪每种商品的销售数量，有助于确定每种商品的订货点和订货数量；商品流通企业可以把实时销售数据传输给供应商，以便供应商提前备货，为发货做好相关准备工作；商品流通企业还可以应用条码技术统计各种商品的销售数据，进行精确的库存控制。

2. 条码技术在加工制造领域中的应用

条码技术在加工制造领域中有广泛应用，此处以汽车制造业为例进行说明。汽车制造是通过流水作业线来完成的，一辆汽车由成千上万个零部件装配而成。汽车型号不同，所需要零部件的品种和数量也不相同，有的要空调，有的要后备厢，有的要机械换挡变速箱，有的要液压变速箱等。为了能按订单生产，不同型号的汽车是共用同一条装配线装配的。为了避免差错，在零部件进入装配线前，要用扫描器识别零部件的条码，确认零部件与所要装配的汽车相匹配。在汽车装配完毕后还要识别整车条码，对汽车生产完成情况进行记录。由于不同型号的汽车要通过不同的试验程序，因此可以依据整车条码自动识别所需的试验程序并完成试验。

3. 条码技术在物流领域中的应用

下边以仓储配送为例介绍条码技术在物流领域中的应用。

（1）收货作业。作业人员在收货区一般用叉车卸货，把货物放到暂存区。作业人员用手持式扫描器分别扫描送货单和货物上的条码，确认无误后做收货处理。对以托盘为单位入库的货物，首先需要把整箱货物堆码在托盘上，然后分别扫描托盘条码和货物条码组托，最后扫描托盘条码和货物条码完成上架作业，并驾驶叉车完成托盘入库作业。

（2）盘点作业。在物流信息系统录入盘点任务。盘点人员用手持式扫描器扫描货物条码并清点货物数量录入系统，然后再盘点下一种货物，直到完成全部盘点任务。

（3）补货作业。在货物出库前，需适时适量补货到拣货区。拣货区货位粘贴有货位条码。当货物从存储区搬运到拣货区后，操作人员用手持式扫描器扫描货物条码和储位条码，由物流信息系统自动核对，确认无误后完成补货作业。

（4）拣货作业。

拣货主要有两种方式：摘果式拣货和播种式拣货。对于摘果式拣货，拣货人员在拣取货物时用条码扫描器扫描条码，待全部货物拣选完成并确认无误后，将其运到发货区即可。对于播种式拣货，拣货人员将货物从货位上拣选出来后可使用自动分货机，当货物在输送带上移动时，有固定条码扫描器扫描货物条码来判别货物信息，指示货物的移动路线与位置。

二、射频识别技术

（一）射频识别技术的概念

射频识别（Radio Frequency Identification，RFID）技术是通过射频信号识别目标对象并获取相关数据信息的一种非接触式的自动识别技术。射频识别技术的优点是目标对象不局限于视线之内，可以嵌入物体内，具有穿透性，安全性也较强，不易被伪造。

（二）射频识别系统的组成及工作原理

1. 射频识别系统的组成

一般的射频识别系统由以下3部分组成。

（1）电子标签。电子标签由耦合元件及芯片组成，每个标签具有唯一的电子编码，附着在物体上以标识目标对象。有的标签含有内置天线，用于与射频天线进行通信。

（2）阅读器。阅读器是指利用射频识别技术读取或写入标签信息的设备，分为手持式阅读器、固定式阅读器两种。

（3）天线。天线是在电子标签和阅读器之间传递射频信号的装置，任何一个射频识别系统都至少包含一根天线（不管是内置的还是外置的），以用来发射和接收射频信号。

2. 射频识别系统的工作原理

电子标签进入磁场后，阅读器发出射频信号，电子标签凭借感应电流所获得的能量发送出存储在芯片中的信息（无源标签或被动标签），或者标签主动发送某一频率的信号（有源标签或主动标签）。解读器读取信息并解码后，将其送至中央信息系统进行有关数据处理。

（三）射频识别技术的应用

1. 射频识别技术在运输环节的应用

射频识别技术在运输环节主要用于货物的跟踪、管理和监控。在运输管理中，货物和车辆上都会贴上电子标签，同时在运输线路的检查站点安装阅读器。当阅读器接收到电子标签发出的信息后，便会将信息传送给运输调度中心。通过射频识别技术，企业可以随时了解货物和车辆的运行情况，其为货物的跟踪、管理和监控提供了自动化手段。

2. 射频识别技术在仓储环节的应用

射频识别技术在仓储环节主要用于存取货物与库存盘点。在仓储管理中，将电子标签贴在货物的包装上或托盘上，并在标签内写入货物相关信息，就可以利用仓库内安装好的阅读器实现对货物的存取与盘点。通过射频识别技术，企业可以有效解决仓库内货物移动的有关信息管理，可以增强仓库作业的准确性、加快作业速度，使仓储服务质量得到进一步提高。

3. 射频识别技术在零售环节的应用

射频识别技术在零售环节主要用于零售商的库存管理、补货作业和对商品的有效监控。在零售环节，电子标签贴在商品上。射频识别技术能改进零售商的库存管理，有效监控时效性强的商品的有效期，还能在消费者付款时实现自动扫描和计费。

三、电子数据交换技术

（一）电子数据交换的概念

电子数据交换（Electronic Data Interchange，EDI）是指采用标准化的格式，利用计算机网络进行业务数据的传输和处理。也就是说，EDI是指将贸易、运输、保险、银行和海关等行业信息，用国际公认的标准格式，通过计算机网络，在各有关部门和企业之间进行数据交换和处理，并完成以贸易为中心的全部业务过程。由于EDI技术的使用可以完全取代传统的纸张文件的交换，因此EDI技术也称"无纸贸易""电子贸易"。

（二）EDI技术的工作原理

使用EDI技术传输单证是通过EDI软件、硬件和通信网络来实现的，发送方从信息系统数据库中提取要发送的信息并将其转化为平面文件，再通过翻译软件形成EDI标准文件，加封后通过通信网络发送给接收方。接收方收到信息后将其解封并翻译成平面文件，最后导入信息系统即可应用，如图4-1所示。

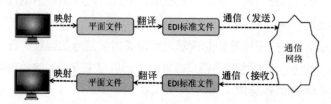

图 4-1　EDI 技术的工作原理

（三）EDI技术在物流中的应用

EDI技术在物流中的应用是指货主、承运人以及其他相关的单位之间，通过EDI技术进行物流数据交换，并以此为基础实施物流作业活动的方法。

其一般流程如下。

（1）发货人接到订单后制订货物运送计划，并将运送货物的清单及运送时间安排等信息通过EDI技术发送给承运人和收货人，以便承运人预先制订车辆调配计划、收货人制订货物接收计划。

（2）发货人依据客户订货要求和货物运送计划下达发货指令、分拣配货、打印带有物流条码的货物标签并贴在货物包装箱上，同时把运送货物的品种、数量、包装等信息通过EDI技术发送给承运人和收货人。

（3）承运人在向发货人取运货物时，利用车载扫描仪读取货物条码，并与事先收到的货物运输数据进行核对，确认运送货物。

（4）承运人在物流中心对货物进行整理、集装，制作送货清单并通过EDI技术向收货人发送发货信息。承运人在运送货物的同时进行货物跟踪管理，并在货物交给收货人后，通过EDI技术向发货人发送完成运送业务信息和运费请示信息。

（5）收货人在货物到达时，利用扫描仪读取货物条码，并与预先收到的货物运输数据进行核对确认，开出收货发票，将货物入库。收货人通过EDI技术向承运人和发货人发送收货确认信息。

EDI技术在物流领域中的应用基于标准化的信息格式和处理方法，使供应链的信息流更加通畅，从而提高了流通效率、降低了物流成本。

四、全球定位系统技术

（一）全球定位系统的概念

全球定位系统（Global Positioning System，GPS）是指以人造卫星为基础，24小时提供高精度的全球范围的定位和导航信息的系统。全球定位系统于1994年全面建成，为陆海空三大领域提供实时、全天候和全球性的导航服务。由于GPS技术具有全天候、高精度和自动测量的特点，因此其已经融入了国民经济建设和社会发展的各个应用领域，并逐步深入人们的日常生活。

（二）GPS的组成

GPS主要由空间部分、地面监控部分和用户设备部分组成。

1. 空间部分——空间卫星系统

GPS的空间卫星系统由24颗高轨道工作卫星构成，其中21颗为工作卫星，3颗为备用卫星。24颗卫星均匀分布在6个轨道平面上，每个轨道平面交点的经度相差60°，轨道平面相对地球赤道的倾角为55°，一个轨道平面上的卫星比西边相邻轨道上的卫星超前30°。该卫星系统能保证在全球任何地点、任何时刻至少可以观测到4颗卫星。

2. 地面监控部分——地面监控系统

GPS的地面监控系统主要由1个主控站、3个注入站和5个监测站组成。主控站是整个地面监控系统的管理中心和技术中心，其功能包括为全系统提供时间基准、监控卫星的运行轨道、处理监测站送来的各种数据等。注入站的作用是把主控站计算出的卫星星历、导航电文等信息注入相应的卫星。监测站的主要作用是采集GPS卫星数据和当地的环境数据，然后发送给主控站。

3. 用户设备部分——信号接收系统

GPS的信号接收系统主要为GPS信号接收机。GPS信号接收机的任务是捕获按一定卫星高度截止角所选择的待测卫星的信号，并跟踪这些卫星的运行，对所接收到的GPS信号进行变换、放大和处理，以便测量出GPS信号从卫星到接收机天线的传播时间；解译出GPS卫星所发送的导航电文，实时计算出监测站的三维位置、三维速度和时间。GPS信号接收机的硬件、机内软件以及GPS数据的后处理软件包共同构成完整的GPS信号接收系统。

（三）GPS技术在物流中的应用

目前，GPS技术在物流领域得到了广泛应用，特别是在运输配送领域。

1. 对车辆、船舶等交通工具实时跟踪

利用GPS和电子地图，客户可以实时查看交通工具的实际位置，据此可以掌握交通工具的基本信息。同时，客户还可以通过网络了解货物在运输过程中的情况。

2. 提供出行路线规划和导航功能

提供出行路线规划是汽车导航系统的一项重要功能，包括自动路线规划和人工路线设计。自动路线规划是由驾驶者确定起点和终点，由计算机软件按要求自动设计最佳行驶路线，包括

速度最快的路线、距离最短的路线、高速公路收费最少的路线等。人工路线设计是由驾驶员根据自己的终点设计起点和途经点等，自动设计最佳行驶路线。出行路线规划完毕后，能够在电子地图上显示出来，并且导航系统能提供实时导航功能。

3. 信息查询

通过GPS，客户可以在电子地图上根据需要查询物流节点及运行路线。同时，监控中心也可以对区域内的任意目标所在位置进行查询，车辆信息也可以在控制中心的电子地图上显示出来。

4. 指挥调度功能

监控中心可以监测区域内车辆的运行状况，并根据实时信息对车辆进行合理调度。监控中心还可以随时与被监控车辆进行沟通，实现实时管理。

五、地理信息系统技术

（一）地理信息系统的概念

地理信息系统（Geographical Information System，GIS）是指在计算机技术的支持下，对整个或部分地球表层（包括大气层）空间中的有关地理分布数据进行采集、储存、管理、运算、分析、显示和描述的系统。地理信息系统是一个结合地理学、地图学、遥感和计算机科学等方面知识的综合性系统，已经被广泛应用于各个领域，是为地理研究和地理决策服务的计算机系统。

地理信息系统具有以下特征。

（1）具有采集、管理、分析和输出多种地理空间信息的能力，具有空间性和动态性。

（2）以为地理研究和地理决策服务为目的，以地理模型方法为手段，具有区域空间分析、多要素综合分析和动态预测能力，能产生高层次的地理信息。

（3）由计算机系统支持进行空间地理数据管理，并由计算机程序模拟常规的或专门的地理分析方法，作用于空间数据，产生有用信息。

（二）地理信息系统的基本功能

地理信息系统的基本功能是将表格型数据（来自数据库、电子表格文件或直接在程序中输入的）转换为地理图形显示，然后对显示结果进行浏览、操作和分析。地理信息系统的显示范围可以从洲际地图到非常详细的街区地图，显示对象包括人口、销售情况、运输路线以及其他内容。

地理信息系统遍历数据采集—分析—决策应用的全部过程，并能解决以下5类问题。

（1）位置：在某个地方有什么。

（2）条件：符合某些条件的实体在哪里。

（3）趋势：某个地方发生某个事件及其随时间变化的过程。

（4）模式：某个地方存在的空间实体的分布模式。

（5）模拟：某个地方如果具备某种条件会发生什么。

（三）地理信息系统技术在物流中的应用

地理信息系统技术包括数据库管理、图形图像处理、地理信息处理等多方面的基础技术，在计算机软件和硬件的支持下，地理信息系统技术运用系统工程和信息科学的理论，科学管理和综合分析具有空间内涵的地理数据，为各行业提供规划、管理、研究、决策等方面的解决方案。地理信息系统物流分析软件集成了车辆路线模型、网络物流模型、分配集合模型和设施定位模型等。

1. 车辆路线模型

车辆路线模型用于解决一个起点、多个终点的货物运输，解决如何降低物流作业费用，并保证服务质量的问题。例如解决决定使用多少辆车、每辆车的行驶路线等问题。

2. 网络物流模型

网络物流模型用于解决寻求最有效的分配货物路径的问题，也就是物流网点布局问题。例如将货物从N个仓库运往M个商店，每个商店都有固定的需求量，因此需要确定由哪个仓库提货送给哪个商店总运输成本最低。

3. 分配集合模型

分配集合模型可以根据各个要素的相似点把同一层上的所有或部分要素分为几个组，用以解决确定服务范围和销售市场范围等问题。例如某企业要设立X个分销点，要求这些分销点要覆盖某地区，而且要使每个分销点的顾客数目大致相等。

4. 设施定位模型

设施定位模型用于确定一个或多个设施的位置。在物流系统中，仓库和运输路线共同组成了物流网络，仓库处于网络的节点上，节点的位置决定着运输路线。设施定位模型根据供求的实际需要并结合经济效益等原则，确定在既定区域内设立多少个仓库，每个仓库的位置，每个仓库的规模，以及仓库之间的物流关系等。

内容小结

本部分主要介绍了物流信息管理的基础知识，包括物流信息管理认知、物流信息系统和物流信息技术等基本内容单元。

物流信息是反映物流各种活动内容的知识、资料、图像、数据的总称。物流信息具有包含的信息量大、动态性强、实时性强、来源多样化等特点。物流信息管理是指对物流信息进行收集、处理、存储、传递和应用并将其有效运用于物流管理工作中，以达到物流管理总体目标的过程。目前运用计算机手段对物流信息进行收集、处理、存储、传递和应用是物流信息管理的主要方式。

按照功能划分，物流系统可以分为物流作业系统和物流信息系统两种。物流作业系统包括运输、仓储、包装、装卸搬运、流通加工等功能，旨在完成整个物流过程的作业活动。物流信息系统旨在完成整个商流过程的信息活动，如仓储信息系统包括订货、发货、出库等功能。物流信息系统的主要功能是进行物流信息的收集、存储、传输、处理和输出，为物流管理者及其他组织管理人员提供战略、战术及运作决策的支持，提高物流运作的效率与效益。

物流信息技术是以计算机和现代通信技术为主要手段，实现对物流各环节中信息的获取、加工、传递和利用等功能的技术的总称。物流信息技术主要包括条码技术、射频识别技术、电子数据交换技术、全球定位系统技术、地理信息系统技术等。

关键术语

物流信息　物流信息管理　物流信息系统　物流信息技术　条码技术　射频识别技术　电子数据交换技术　全球定位系统

同步测试

一、单项选择题

1. GPS信号接收机属于GPS系统中的（　　）。
   A. 空间部分　　　　　B. 用户设备部分　　C. 地面控制部分　　D. 以上都不是
2. 上一年度（月度）发生的物流量、物流种类、运输方式等信息属于（　　）。
   A. 计划信息　　　　　B. 控制及作业信息　C. 统计信息　　　　D. 支持信息
3. （　　）包括与其他流通活动有关的信息，如商品信息和市场信息。
   A. 广义的物流信息　　B. 狭义的物流信息　C. 物流信息　　　　D. 信息
4. 全球定位系统的简称是（　　）。
   A. GIS　　　　　　　B. GPS　　　　　　C. POS　　　　　　D. EDI

二、多项选择题

1. 物流系统可以分为（　　）。
   A. 物流作业系统　　　B. 物流管理系统　　C. 物流信息系统　　D. 物流分拣系统
2. 一般的RFID系统由（　　）组成。
   A. 电子标签　　　　　B. 电磁场　　　　　C. 阅读器　　　　　D. 天线

三、判断题

1. 物流信息系统的目标是提高客户服务水平和降低物流总成本。（　　）
2. 物流中应用最广泛的自动识别技术是条码技术和射频识别技术。（　　）
3. 条码中深颜色反射率较低的部分，称为"条"。（　　）
4. RFID技术在要求频繁改变数据内容的场合尤为适用。（　　）
5. RFID技术在仓储环节主要用于存取货物和库存盘点。（　　）
6. EDI技术是一种电子信息交换的工具，也是电子商务的一种实现方式。（　　）

实训项目

实训　物流信息技术应用调研

实训目标

通过实训，使学生了解各种物流信息技术，熟悉物流信息技术在物流中的应用。

实训要求

学校现有1 000平方米的实训室,实训室中布置有各种物流信息设备,可广泛应用各种物流信息技术。

1. 学生自由组成小组,每组5人。
2. 列出使用的物流信息技术。
3. 列出使用的物流信息设备。

实训指导

1. 指导学生上网查询物流企业常用的物流信息技术和物流信息设备。
2. 指导学生熟悉常用的物流信息技术和物流信息设备。
3. 指导学生撰写调研报告。

模块五

企业物流管理

知识目标

掌握采购物流管理的流程。

掌握供应商选择的方法。

掌握生产计划的编制方法。

掌握物料需求计划的编制方法。

掌握销售物流的运作模式。

能力目标

能合理选择供应商。

能编制生产计划和物料需求计划。

素质目标

培育并践行物流管理人员严谨细致、精益求精的职业精神。

培养并践行物流管理人员的服务意识、成本意识。

知识框架

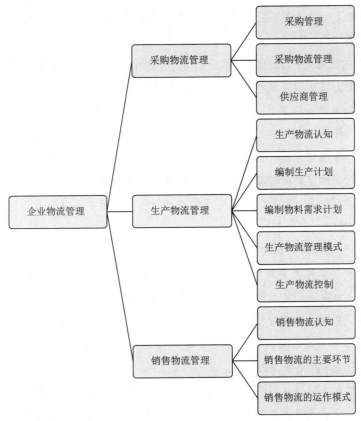

企业物流的发展过程可分为产品配送阶段、综合物流阶段和供应链管理阶段3个阶段。随着企业物流从产品配送阶段向综合物流阶段直至向供应链管理阶段的发展，企业物流包含的内容不断增加，涉及的领域也不断扩大。目前来看，企业物流几乎贯穿于生产和流通企业的整个运营过程。也就是说，企业物流包含着采购、运输、仓储、配送、装卸搬运、包装、生产计划、订单处理和客户服务等功能。

《物流术语》对企业物流（Enterprise Logistics）的定义为："生产和流通企业围绕其经营活动所发生的物流活动。"

单元一 采购物流管理

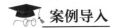 **案例导入**

某企业的采购成本分析及改进

某生产婴儿食品的大型企业过去每年在采购方面的开支接近50亿元。由于行业利润率较高，因此该企业对控制采购成本并不重视。然而，当市场增长减慢时，该企业终于意识到必须重视成本控制了。由于过去几年其采购管理并不规范，因此采购成本控制潜力巨大。

该企业为了追求最佳的效果，从原料、纸盒、罐头及标签等主要产品入手，分析了影响采购成本的所有因素，包括市场预测、运输、产品规格的地区差异、谈判技巧及与供应商关系等。通过深入调查，该企业发现：材料设计、企业使用的供应商数量与类型、谈判技巧以及运输方面均存在明显缺陷。

1. 设定产品的优先次序，进行成本收益统计，并运用六西格玛对竞争对手的情况进行比较

材料设计方面，该企业在制作包装盒时，按照营销部门对包装材料的规格要求，使用的纸材比竞争对手的纸材更厚而且昂贵得多。除此以外，企业在产品包装上使用了2张标签（前后各一张），实际上使用1张已足够。

由于企业的产品规格、品种繁多，并且考虑到地区性推广的时间问题及不同地区所采用的不同标签内容，企业所印制的标签流通周期显得偏短。延长印制标签的周期会节省很多成本。事实上，企业所印制的高达80%的标签是用作短期运作的，而主要竞争对手所印制的80%的标签是用作长期运作的。

2. 建立一套积极的谈判方式

要取得好的谈判结果需要对现有及潜在供应商的成本、成本结构及生产能力进行详细评估。实际上，该企业在谈判桌上的态度已经足够强硬，但是谈判中应有的一丝不苟的态度明显不足。因此，为了克服思想上的松懈，该企业在谈判前开始做充分的准备工作，如深入分析供应商成本、成本结构并进行对比。对于大多数产品而言，70%的成本是由产品特性决定的，30%的成本是由供应商的竞争力决定的。

上述工作使该企业的原材料成本下降了12%，节省的资金被用于产品规格的改进及谈判技巧的完善。此外，为了控制采购成本，该企业制定了整体采购战略，包括优化的规格及强硬的供应商谈判态度等。

思考

1. 什么是采购管理？采购管理的作用有哪些？

2. 企业应如何改进采购管理工作？

一、采购管理

（一）采购管理的定义

按照《中华人民共和国政府采购法》，采购是指以合同方式有偿取得货物、工程和服务的行为，包括购买、租赁、委托、雇用等。

采购管理是指针对计划下达、采购单生成、采购单执行、到货接收、检验入库、采购发票收集到采购结算的采购活动的全过程，并对采购过程中物流活动的各个环节状态进行严密的跟踪、监督，实现对企业采购活动执行过程的科学管理。

在现代企业经营管理中，采购的地位越来越重要。一般情况下，企业产品成本中外购部分占有较大比例。因此，零部件及原材料的采购在一定程度上影响着企业竞争力，采购与采购管理也就成为企业取得竞争优势的重要途径。

（二）采购管理的功能

1. 提高质量

采购管理通过不断改进采购过程及加强供应商管理，提高所采购物资的质量。

2. 控制成本

采购成本是衡量采购是否成功的重要指标，因此企业必须控制和降低采购成本，具体方法包括降低原材料、零部件等采购价格，通过缩短供应周期、增加送货频次、减少物料库存和产成品库存等降低成本。

3. 保障供应

保障供应是采购管理的主要功能之一。采购管理要能实现对企业的物资供应，保障企业生产经营活动的正常进行。企业生产环节需要原材料、零部件、机器设备、工具等物资，采购部门要能按需求准时供应上述物资，才能保障生产活动顺利进行。

4. 供应链管理

随着市场竞争越来越激烈，企业和企业之间的竞争已经转变成供应链和供应链之间的竞争。这就需要企业把数量众多的供应商组织起来，协调、配合完成生产任务。只有把供应商组织起来，建立完整的供应链系统，通过与供应商的沟通、协调与合作，形成长期合作伙伴关系，才能保证采购工作的高效进行。

（三）采购的分类

按采购政策分类，采购可分为集中采购和分散采购。

1. 集中采购

集中采购是指企业的所有采购任务由一个部门（采购部门）负责。当采用集中采购方式时，企业各部门把需要采购的物资需求发送给采购部门，然后由采购部门集中向供应商采购。集中采购一方面可以使企业由于采购批量增大而获得规模效益带来的折扣价格，另一方面使企业由于采购次数减少而降低采购成本，从而降低企业总成本。

2. 分散采购

分散采购是指企业的采购作业分散在各个使用部门，各个使用部门或各独立单位自行采购以满足物资需求。分散采购与集中采购相比，最大的优势是能以更快的速度满足使用部门的需求，尤其是当使用部门的地理位置比较分散时，其优势更明显。但是，分散采购的采购成本比集中采购的高。

（四）采购方法

采购管理不仅仅是满足企业对物资的需求，还要满足资源有效利用的要求，即在适当的时间以适当的价格从适当的供应商处购进适当质量和适当数量的物资。因此，采购方法的选择至关重要。采购方法有以下几种。

1. 招标采购

招标采购是指采购方作为招标方首先提出采购的条件和要求，邀请众多供应商参加投标，然后由采购方按照规定的程序和标准一次性择优选择交易对象，并与提出最有利条件的投标方签订协议的过程。招标采购要求公开、公正和择优。招标采购可分为竞争性采购和限制性招标采购，二者的主要区别是招标的范围不同，竞争性采购是面向整个社会公开招标，限制性招标采购是在选定的若干个供应商中招标，除此以外，二者的原理都是相同的。

当采购数量大，供应市场竞争激烈时，可以采用招标采购。招标采购的优点是采购方能在更大范围内选择供应商，以获得最有利的交易条件。但招标采购手续繁杂、时间长，不适用于紧急订购。

2. 询价采购

询价采购是指采购人员向信用比较可靠的少数供应商发出询价单让其报价，在供应商报价的基础上进行比较并确定最优供应商的一种采购方式。邀请报价的供应商数量至少为 3 家，且报价后不得更改。询价采购是一种相对简单、快捷的采购方式。对于货物规格、标准统一且价格变化幅度小的采购项目，可以采用询价采购。

3. 比价采购

比价采购是指采购人员请数家供应商报价，从注重产品性价比主度比价之后，选定供应商进行采购事项。使用比价采购时，同一产品的可选供应商应在两家以上，并且要注重产品的性价比，切勿一味追求低价。比价采购扩展了企业选择供应商的范围，降低了对供应商的依赖，提高了供应商的整体水平。比价采购还提高了采购的透明度，有效地保证了竞争的公平、公正、公开。

4. 议价采购

议价采购是指由买卖双方直接讨价还价实现交易的一种采购行为。议价采购一般不进行公开竞标，仅面向固定的供应商。议价采购主要适用于量大、质量稳定、需定期供应的大宗物资的采购。议价采购的主要优点有节省采购费用和采购时间，可灵活调整采购规格、数量及价格，有利于和供应商建立稳定的供需关系。议价采购的主要缺点有价格往往较高；缺乏公开性，信息不对称；容易形成不公平竞争。

除此之外，还有定价采购、公开市场采购、订单采购、合同采购等多种采购方法。

采购的方法很多，每一种采购方法都有其优缺点和适用范围。因此，企业在选择采购方法时，必须结合采购项目的具体情况，以降低采购风险，保证生产经营活动的正常进行。

二、采购物流管理

（一）采购物流管理的含义

采购物流是指包括原材料、零部件等物资采购时所发生的物流活动。采购物流是物流系统中相对独立性较强的子系统，与生产系统、财务系统等各子系统有密切联系，与企业外部的资源市场、运输部门也有着密切联系。

采购物流管理是指生产和流通企业对采购物流活动进行的计划、组织、协调和控制。采购物流管理不仅要实现保证供应的目标，还要在低成本、高可靠性等限制条件下组织采购物流活动。因此，采购物流管理在企业物流管理中具有非常重要的作用。

（二）采购物流管理的流程

为了保证采购工作质量，企业应规定采购的一般流程，相应地，采购物流管理也要有具体流程。采购物流管理的流程如图 5-1 所示，包括提出采购需求计划、选定供应商、发出采购订单、跟踪采购订单、货物验收入库、评价采购工作等步骤。

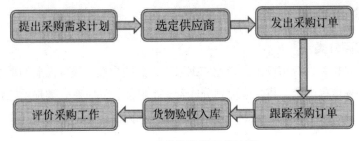

图 5-1 采购物流管理的流程

1. 提出采购需求计划

如果是集中采购，企业首先需要将各个部门的物料需求汇总，经审核后报送采购部门，然后采购部门确认采购什么、采购多少、何时采购等，并制订采购单和具体的采购工作计划。如果是分散采购，由各个部门汇总物料需求，然后制订采购单和具体的采购工作计划。

2. 选定供应商

采购部门提出采购需求计划后，需要寻找相应的供应商，调查其产品在数量、质量、价格、信誉等方面是否满足自身需求。选定供应商是企业采购物流管理过程中的重要环节，采购部门应该尽可能地找出所有相关供应商，并采用科学方法选择合适的供应商。

3. 发出采购订单

在选定了供应商后，采购部门要以订单方式传递详细的采购需求计划给供应商，以便供应商能够准确地按照要求进行生产和供货。采购订单相当于合同文本，具有法律效力。采购订单上的每项物品的规格、数量、价格、质量标准、交货时间与地点、包装标准、运输方式、检验形式、索赔条件与标准等都应该认真填写并审核。

4. 跟踪采购订单

为了保证采购订单顺利执行、货物按时入库，采购部门还需要对订单执行情况进行跟踪，以随时掌握货物动向。在此阶段，即使出现意外情况导致订单不能按时完成，采购部门也要及时采取有效措施，避免不必要的损失或将损失降到最低。

5. 货物验收入库

供应商将货物送到后，采购部门应配合仓储部门按照订单要求进行验收并完成入库。货物验收应按照订单上的条款逐条检查，还要检查货损货差是否符合规定。如果发现问题，相关部门要查明原因并确定责任主体，为索赔提供依据。

6. 评价采购工作

每次采购完成后，采购部门要进行采购总结评价，以便提高采购效率。采购工作的主要评估内容包括采购订单的完成情况，紧急订单的完成情况，采购工作效率，供应商的供应能力、服务能力、产品质量、供货成本等。

小思考

所有的采购物流管理都包含上述6个步骤吗？试说明原因。

三、供应商管理

（一）供应商分类

供应商分类是指在供应市场上，企业依据采购物品的金额、采购物品的重要性以及供应商对采购方的重视程度等因素，将供应商划分成若干个群体。供应商分类是供应商管理的基础工作，只有在供应商分类的基础上，企业才有可能根据细分供应商的不同情况实行不同的供应商关系策略。

1. 按供应商的重要性分类

按供应商对采购方的重要性和采购方对供应商的重要性分类，供应商可分为伙伴型供应商、优先型供应商、重点型供应商、商业型供应商，如图 5-2 所示。

（1）伙伴型供应商。如果采购方认为采购业务对自身很重要、供应商有很强的产品开发能力，而且供应商也认为采购方的采购业务对于自身也非常重要，那么这样的供应商就是伙伴型供应商。

（2）优先型供应商。如果采购业务对于采购方并不是非常重要，但是供应商认为采购方的采购业务对于他们非常重要，该业务无疑有利于采购方，这样的供应商就是优先型供应商。

（3）重点型供应商。如果采购方认为采购业务对于自身非常重要，但是供应商认为采购方的采购业务无关紧要，这样的供应商就是重点型供应商。

（4）商业型供应商。如果采购业务对于采购方和供应商来说均不是很重要，相应的供应商可以很方便地选择和更换，这样的供应商就是普通的商业型供应商。

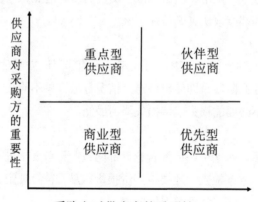

图 5-2　按供应商的重要性分类

2. 按80/20规则分类

供应商 80/20 规则分类的基础是物品采购的 80/20 规则，其基本思想是不同的采购物品应采取不同的采购策略，相应的供应商管理策略也不一样。

按 80/20 规则分类，供应商可以划分为重点供应商和普通供应商。

（1）重点供应商。重点供应商是指占采购物品 80% 价值的 20% 的供应商。针对这类供应商，采购方应投入 80% 的时间和精力进行管理。这些供应商提供的物品为企业战略物品或需要集中采购的物品，如汽车企业需要采购的发动机和变速器等。

（2）普通供应商。普通供应商是指占采购物品20%价值的80%的供应商。针对这类供应商，采购方只需要投入20%的时间和精力跟踪订单与交货。这类供应商所提供的物品对企业的成本和产品质量影响较小，如办公用品、维修备件、标准件等。

3. 按供应商规模和经营品种分类

按供应商规模和经营品种分类，供应商可分为专家级供应商、行业领袖供应商、量小品种多供应商、低产小规模供应商，如图5-3所示。

（1）专家级供应商。专家级供应商是指生产规模大、经验丰富、技术成熟，但经营品种相对较少的供应商。这类供应商的目标是通过竞争来占领市场。

（2）行业领袖供应商。行业领袖供应商是指生产规模大、经营品种多的供应商。这类供应商财务状况比较好，其目标为立足本地市场，并且积极拓展外地市场甚至国际市场。

（3）量小品种多供应商。量小品种多供应商是指生产规模小、经营品种较多的供应商。这类供应商的财务状况不是很好，但是其潜力可以挖掘。

（4）低产小规模供应商。低产小规模供应商是指经营规模小、经营品种少的供应商。这类供应商的生产经营比较灵活，但增长潜力有限，其目标一般定位于本地市场。

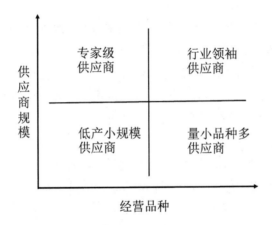

图5-3　按供应商规模和经营品种分类

供应商的分类依据还有很多，按企业与供应商之间的关系，供应商可分为短期目标型供应商、长期目标型供应商、渗透型供应商、联盟型供应商和纵向集成型供应商；按选择类型，供应商可分为唯一供应商、多个供应商和单个供应商。

（二）供应商选择的影响因素

选择供应商时应该主要考虑以下影响因素。

1. 产品质量

产品质量是选择供应商的一个重要因素。产品质量是企业的生存之本。供应商必须有良好的质量控制体系，并依此对产品质量进行检验，以满足企业的生产经营需求。

2. 价格

供应商应能够提供有竞争力的价格，这样会提高企业的竞争力和利润。但是价格最低的供应商不一定是最合适的，企业在选择供应商时还需要考虑产品质量、交货时间、售后服务等诸多因素。

3. 供应能力

供应能力是指供应商对企业所需产品按时间、按质量、按数量保证供应的能力。供应能力主要与供应商的生产能力有关。一般情况下，供应商的生产经营规模越大，其供应能力也越强。

4. 交货的准时性

交货的准时性也是选择供应商的一个重要因素。供应商能否将产品准时送到，会直接影响企业的生产活动，也会影响企业的库存水平。

5. 信誉度

在选择供应商的时候，企业应该选择信誉度高、经营稳定、财务状况良好的供应商。

除了以上因素外，选择供应商时还应该考虑供应商的提前期、快速响应能力、地理位置、售后服务等因素。

小思考

进行供应商分析时，所需资料分别从哪儿获取？请进行简要说明。

（三）供应商选择的步骤

不同的企业在选择供应商时，所采用的步骤虽有差别，但一般应包括以下几个。

1. 成立供应商评价小组

供应商选择不仅是采购部门的事情，更涉及生产、财务、技术、市场等多个部门。企业必须建立一个小组以实施供应商的评价与选择，小组成员应来自采购、生产、财务、技术、市场等部门。同时，评价小组应得到企业最高领导层的支持。

2. 确定全部的供应商名单

成立评价小组以后，企业应获取尽可能全面的供应商名单。企业可以通过供应商信息数据库、行业杂志、网站以及采购部门、销售部门等渠道获取供应商信息。

3. 列出评价指标并确定权重

确定全部供应商后，评价小组应列出供应商评价指标并确定各指标的权重。评价指标和权重对于不同行业的供应商应体现出差异性。

4. 供应商的评价

供应商的评价共包含两个方面：一是对供应商的初步筛选，二是对供应商的实地考察。对供应商的初步筛选要使用统一的供应商登记表来统计供应商的注册地、注册资金、生产场地、设备、人员、主要产品、主要客户、生产能力等信息，来评价供应商的供应能力、稳定性、可靠性及竞争能力。剔除明显不适合合作的供应商后，确定实地考察的供应商名单，到供应商所在地进行实地考察。

5. 综合评价并确定供应商

在综合考虑多方面的重要因素之后，给每家供应商综合评分，最终选择合格的供应商。

（四）供应商选择的方法

供应商选择的方法有许多种，具体选择哪种方法要根据供应商的数量、企业对供应商的了解程度、采购物品的特点等确定。目前常用的供应商选择方法有以下几种。

1. 直观判断法

直观判断法是通过对采购人员的询问，结合对供应商的调查来评价、选择供应商的方法。直观判断法是一种主观性较强的方法，主要是倾听和采纳有经验的采购人员的意见，或者直接由采购人员凭经验做出判断。采购批量较小、采购金额不高时常采用直观判断法。

2. 招标法

招标法是指供应商根据采购方提出的招标条件进行竞标，从而由采购方比较并选择供应商的方法。招标法通常在建设工程、生产设备及政府采购中采用。招标法竞争性强，利于企业在更广的范围内选择适当的供应商，以获得供应条件更有利、价格更低的物资。但招标法实施程序比较复杂、时间较长，会产生一定的人、财、物的耗费。

3. 协商选择法

协商选择法是先确定几个供应条件较好的供应商，然后分别进行协商，最终选择出最佳供应商的方法。在供应商数量较多或难以抉择时，可以采用协商选择法。协商选择法能让企业与供应商充分协商，使物资质量、交货日期和售后服务等都有保障，但由于选择范围有限，企业不一定能选择到供应条件最有利、供货价格最低的供应商。

4. 评分法

评分法是应用得比较普遍的一种供应商选择方法。企业的一般物资采购均可以采用评分法来选择供应商。评分法的基本思路是首先确定各个评价指标及其权重，然后对各个供应商进行打分并计算综合评分，最后按综合评分对供应商进行排序、比较和选择。

思考

如何选择出供应条件最有利的供应商？

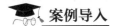

单元二　生产物流管理

案例导入

《推动物流业制造业深度融合创新发展实施方案》的制定与部分内容

2020年8月，为贯彻落实党中央、国务院关于推动高质量发展的决策部署，做好"六稳"工作，落实"六保"任务，进一步推动物流业制造业深度融合、创新发展，推进物流降本增效，促进制造业转型升级，国家发展改革委会同工业和信息化部等部门和单位研究制定了《推动物流业制造业深度融合创新发展实施方案》（后简称《方案》）。

《方案》提出要突出重点领域，提高物流业制造业融合水平。在生产物流方面，鼓励制造业企业适应智能制造发展需要，开展物流智能化改造，推广应用物流机器人、智能仓储、自动分拣等新型物流技术装备，提高生产物流自动化、数字化、智能化水平。加强大型装备等大件运输管理和综合协调，不断优化跨省大件运输并联许可服务。加快商品车物流基地建设，优化铁路运输组织模式，稳定衔接车船班期，提高商品车铁路、水路运输比例；优化商品车城市配送通道，便利合规车辆运输车通行。

思考

1. 什么是生产物流？

2. 物流业和制造业如何深度融合？

一、生产物流认知

（一）生产物流的定义

按照《物流术语》，生产物流（Production Logistics）是指生产企业内部进行的涉及原材料、在制品、半成品、产成品等的物流活动。

生产物流是从原材料、零部件等进入企业仓库开始，然后按照规定的工艺流程经过生产制造转换形成产成品，最后产成品进入成品库为止。

（二）生产物流的特点

1. 连续性

在生产过程中，物料总是处于连续的流动之中，生产物流的连续性包括空间上的连续性和时间上的连续性。空间上的连续性要求生产过程的各个环节在空间上合理紧凑，使物流的流距尽可能短。时间上的连续性要求生产过程的各个环节在时间上尽量避免不必要的停顿与等待。

2. 平行性

在生产过程中，物料应实行平行交叉流动，主要表现在两个方面：一是当生产数量较大时，相同的在制品应同时在几个相同的设备上加工；二是一批在制品在上道工序还未加工完成时，可以将已完成的部分转入下道工序。平行性可以缩短产品的生产周期。

3. 均衡性

均衡性是指从物料投入生产到最后完工都应按预定的节拍、批次均衡地生产。也就是说，在相同的时间间隔内完成的生产数量应该大致相等，尽量避免时松时紧、突击加班现象。

4. 准时性

准时性是指生产的各工序都需按照下道工序的需要生产，即在需要的时间按需要的数量生产需要的零部件。

5. 系统性

生产物流是企业实施多元化战略的物质基础，必须把各个物流功能要素紧密结合起来，形成一个有机的系统。

二、编制生产计划

生产计划是根据企业战略对生产任务做出统筹安排，具体规定生产产品的品种、数量、质量和进度的计划。生产计划既是企业进行生产管理的重要依据，又是企业实现经营目标的手段。

例 5-1

某企业甲产品的初始库存量为 1 100 件，该企业希望生产结束后甲产品库存量仍保持在 1 100 件，市场需求预测如表 5-1 所示。假设该企业每月生产甲产品的数量相等，试回答该企业每月应生产多少件甲产品。

表5-1 某企业甲产品市场需求预测

月份	1	2	3	4	5	6
需求预测/件	1 100	1 400	1 300	1 500	1 600	1 500

步骤如下。

（1）确定期初库存量和期末库存量。

期初库存量即为该企业甲产品上个月的期末库存量，期末库存量即为该企业甲产品生产计划结束后的期末库存量。

（2）计算生产总量及每周期生产量。

生产总量＝总需求量－期初库存量＋期末库存量

每周期生产量＝生产总量÷周期数

（3）计算每周期的期末库存量。

每周期期末库存量＝期初库存量＋本期生产量－本期需求量

由此得出生产计划，如表5-2所示。

表5-2 某企业甲产品的生产计划

月份	1	2	3	4	5	6
需求预测/件	1 100	1 400	1 300	1 500	1 600	1 500
计划产量/件	1 400	1 400	1 400	1 400	1 400	1 400
期末库存/件	1 400	1 400	1 500	1 400	1 200	1 100

编制出生产计划后，可以确定甲产品每月应生产1400件。

三、编制物料需求计划

（一）编制产品结构图及物料清单

产品结构图是反映产品生产过程及其所需要的原材料、零部件等的树状结构图，也称产品树，如图5-4所示。

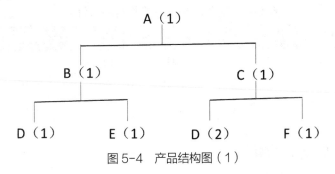

图5-4 产品结构图（1）

物料清单（Bill of Materials，BOM）用于说明最终产品是由哪些原材料、零部件组成的，以及这些原材料、零部件的数量关系和时间关系。在图5-4中，1个A产品由1个B部件、1个C部件组成，而1个B部件由一个D部件和1个E部件组成，1个C部件由2个D部件和1个F部件组成。这种产品结构反映在时间结构上，则以产品的应完工日期为起点倒排计划，可相应地求出各个零部件最晚应该开始加工时间或采购订单发出时间。

（二）在此基础上编制物料需求计划

物料需求计划（Material Requirements Planning，MRP）是指利用一系列产品物料清单数据、库存数据和主生产计划计算物料需求的一套技术方法。物料需求计划根据物料清单数据，以每个物品为计划对象，以完工时间为基准倒排计划，按提前期下达各个物品的生产计划或采购计划，最终完成产品的生产任务。

例 5-2

已知某企业 A 产品的产品结构图如图 5-5 所示，其中部件 D、E 的提前期为 2 周，其余部件的提前期均为 1 周。现计划在第 5 周生产 500 件 A 产品。试填写物料需求计划，如表 5-3 所示。

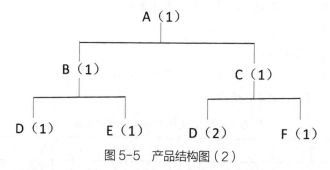

图 5-5　产品结构图（2）

表 5-3　某企业 A 产品的物料需求计划

	产品A	部件B	部件C	部件D	部件E	部件F
需求量/件	500					
发出订单时间						
订单完成时间						

步骤如下。

（1）根据产品结构图制作物料清单，确定生产 A 产品所需的各个部件的数量及提前期。

（2）编制物料需求计划，如表 5-4 所示。

表 5-4　某企业 A 产品的物料需求计划

	产品A	部件B	部件C	部件D	部件E	部件F
需求量/件	500	500	500	1 500	500	500
发出订单时间	第4周	第3周	第3周	第1周	第1周	第2周
订单完成时间	第5周	第4周	第4周	第3周	第3周	第3周

四、生产物流管理模式

（一）企业资源计划

企业资源计划（Enterprise Resource Planning，ERP）是在制造资源计划（Manufacturing Resource Planning，MRP Ⅱ）的基础上，通过前馈的物流和反馈的信息流、资金流，把客户需求和企业内部的生产经营活动以及供应商的资源整合在一起，体现按客户需求进行经营管理的一种管理方法。企业资源计划是将企业所有资源进行整合集成管理，将物流、信息流、资金流进行全面一体化管理的管理方法。

企业资源计划把客户需求和企业内部的生产经营活动以及供应商的资源整合在一起，形成一条完整的供应链，其管理思想如下。

（1）企业资源计划体现了对整个供应链资源进行有效管理的思想，实现了对整个供应链的人、财、物等所有资源的管理。

（2）企业资源计划体现了精益生产、敏捷制造和同步工程的思想，能满足企业产品的高质量、多样化和灵活性需求。

（3）企业资源计划体现了事前计划与事中控制的思想，具体包含生产计划、物料需求计划、能力需求计划等计划体系。

（4）企业资源计划体现了业务流程管理的思想，能促进企业业务流程的重组，使企业内外部业务流程保持快捷、通畅。

（二）准时制生产

准时制（Just in Time，JIT）生产是指将必要的零部件按需要的数量在需要的时间送到生产线，追求零库存或使库存达到最小的生产方式。JIT 生产以准时制为出发点，首先找出生产经营中的浪费，然后对人、财、物等资源进行调整优化，最终达到降低成本、减少浪费的目的。JIT 生产将传统生产过程中前道工序向后道工序送货，改为后道工序根据看板向前道工序取货，是一种拉动式生产管理方式。

JIT 生产的基本思想是生产计划、生产控制和库存管理，具体包括以下几个方面。

（1）生产均衡化。生产均衡化是指物料在各作业之间、生产线之间、工序之间、工厂之间平衡、均衡地流动，并根据需求变化及时调整生产计划。

（2）生产资源合理利用。市场需求发生波动时，人力资源也要相应调整，实现人力资源柔性化。如需求量降低时，可采用减少生产班次、分配多余的操作工进行设备维修与维护等方法；购买设备时，应发展多功能设备甚至是柔性生产线，以实现设备柔性化。

（3）强调全面质量管理。JIT 生产的目标之一是消除不合格品，这就要求企业实施全面质量管理。企业通过全面质量管理，一方面可以找出产生不合格品的根源并予以解决，另一方面还有利于进一步提高产品质量。

（4）订单驱动。通过订单驱动和看板管理，JIT 生产把供、产、销紧密地衔接起来，使产成品库存和在制品库存大幅降低，同时也提高了生产效率。

JIT 生产要求企业在市场竞争中永无休止地追求完美。JIT 生产还十分重视客户的个性化需求、重视人的作用、重视对物流的控制，任何类型的企业都可以采用。

（三）精益生产

精益生产是准时制生产的进一步升华。精益生产通过系统结构、人员组织、运行方式和市场供求等方面的变革，使生产系统能快速适应客户需求的不断变化，并消除生产中的浪费现象，最终达到提高生产效率、降低生产成本的目的。

精益生产与大批量生产方式的区别如下。

1. 优化范围不同

大批量生产方式强调市场导向，每个企业以优化自身内部管理为主，面对供应链上的供应商和经销商，均以竞争对手对待。精益生产依据生产工序组织供应链相关资源，既可以降低企业交易成本，又可以保证稳定需求与按时供应，以优化整条供应链为目标。

2. 对待库存的态度不同

大批量生产方式认为库存是生产管理的必然产物，一定量的库存有利于企业组织生产活动。精益生产强调"库存是万恶之源"，将生产中的一切库存视为"浪费"，同时认为库存掩盖了生产管理中存在的问题。精益生产一方面强调供应对生产的保证，另一方面强调要不断降低库存甚至实现零库存，以消灭库存产生的浪费。

3. 质量观不同

大批量生产方式认为一定量的次品是生产的必然结果。精益生产认为生产者必须保证产品质量，从而保证生产的连续性。精益生产通过改善产生质量问题的生产环节，消除不合格品带来的浪费。

4. 对人的态度不同

大批量生产方式要求员工严格完成上级下达的任务，把员工视为岗位上的机器。精益生产则强调要发挥员工的主观能动性，强调员工对生产过程的干预。精益生产将员工视为企业团队的成员，要发挥员工在工作中的主观能动性作用。

五、生产物流控制

（一）生产物流控制的含义

生产物流控制是指在生产计划执行过程中，对零部件、产成品的生产数量和生产进度进行控制。生产物流控制是生产物流管理的核心，是实现生产计划的保证。由于受系统内部和外部因素的影响，生产计划与实际情况之间会产生偏差，为了保证生产计划的完成，企业必须对物流活动进行有效控制。

（二）生产物流控制的内容

生产物流控制的主要内容如下。

1. 生产物流进度控制

生产物流进度控制是指对从原材料、零部件等物料投入生产制造一直到产成品入库的全过程的控制。它是生产物流控制的核心，包括物料投入控制、流出控制、物流量控制等。

2. 在制品控制

企业在生产过程中需要对在制品占有量进行控制。在制品控制主要包括控制车间内各工序之间在制品的流转、跨车间协作工序在制品的流转、工序间检验在制品的流转。有效控制在制品，对按时完成生产计划和减少在制品积压有着重要意义。

3. 偏差的测定与处理

偏差的测定与处理是指在生产物流实施过程中，按照预定时间及顺序检测计划执行的结果，掌握计划量与实际量的差距，根据发生差距的原因、内容及程度，采用不同方法进行处理。

（三）生产物流控制的程序

生产物流控制的程序与控制的内容相适应。生产物流控制程序一般包括以下几个步骤。

（1）制定期量标准。期量标准是指所规定的生产期限和生产数量方面的标准。期量标准要合理、先进，随着生产条件的变化不断修正。

（2）制订计划。这是指依据生产计划制订相应的物流计划，并保持生产系统正常运行。

（3）物流信息的收集、传递、处理。

（4）短期调整。为了保证生产正常进行，要及时调整偏差。

（5）长期调整。长期调整是为了保证生产及其有效性。

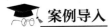 单元三　销售物流管理

🎓 **案例导入**

网仓物流模式

电子商务的零售模式具有库存量大、数量多、订单复杂程度高的特点，这导致电商仓储和发货管理十分困难，尤其是在遇到"双十一"等订单高峰时期，收发货更是难上加难。传统的仓库拣选是消费者在网上下单后，由拣选人员拿着订单在仓库一个个找货，然后打包发货，这就存在效率不高的问题。

网仓物流模式正是针对电子商务的特点开发出的全自动物流模式。其通过最优仓库布局及流程规划，采用信息化、精细化的管理方式，把仓库内所有操作步骤和人员管理都纳入网仓中，并精细到每一个环节，使库内操作人员只需按照系统提示，即可高效准确地完成复杂的工作。网仓物流模式还能根据商家过往销售数据，预测区域内某段时间可能的销售量，提前将货品运达相应仓配中心，更能充分利用智能设备和系统实现物流操作。

思考

1．什么是网仓物流模式？网仓物流模式是如何解决电子商务物流难题的？

2．什么是销售物流？

一、销售物流认知

（一）销售物流的定义

按照《物流术语》，销售物流（Distribution Logistics）是指企业在销售商品过程中所发生的物流活动。

销售物流是从生产企业的产成品仓库开始，经过长距离的干线运输和短途配送活动，最终使商品到达企业客户或消费者手中的物流活动。销售物流与企业销售系统相配合，共同完成商品的销售任务。企业销售系统的作用是通过营销手段把商品销售给客户并满足客户需求，实现商品的价值和使用价值。销售物流的作用则是保障企业销售系统的正常运行，把商品保质、保量、及时送到客户指定的地点。销售物流的效果关系到企业的存在价值，销售物流成本在商品

价值中占有一定比例。因此，为了提高竞争力，企业必须重视销售物流。

（二）销售物流管理观念的转变

销售物流已经受到社会的普遍关注，管理观念的转变对销售物流活动的正常开展具有至关重要的作用。

1. 从功能管理向过程管理转变

传统管理将销售系统中的营销、仓储与配送、财务等功能活动分开独立运作，而这些功能活动经常存在着效益背反规律。现代管理是将销售系统中的仓储、配送、包装等物流活动有机结合起来，以实现客户价值最大化为目标的过程管理。在现代供应链管理中，无论是在企业内部还是在企业之间，都要从功能管理向过程管理转变，保证企业销售系统的正常运行。

2. 从利润管理向盈利性转变

传统管理将利润作为管理的目标，但利润只是一个绝对指标，可比性并不强。现代管理认为，盈利性尤其是长期盈利性才能更好地衡量企业经营效益。只有供需双方均具有较好的盈利性，销售物流才能更流畅地运行，企业自身的经济效益才能得到保证。

3. 从产品管理向客户管理转变

在卖方市场上，供给方占主导地位，因此产品管理是核心。但在买方市场上，客户需求主导着企业的生产活动和销售活动，因此客户管理才是核心。销售物流管理的核心也应该从产品管理向客户管理转变，如何更好地满足客户需求是销售物流管理研究的重要内容。

4. 从交易管理向关系管理转变

传统交易考虑的主要是企业的短期利益，因此企业会为了保障自身利益而损害交易对方企业的利益。现代供应链管理认为，长期合作关系的建立是保证交易双方都能获得相应利益的一种途径，因此关系管理逐渐被企业所重视。

5. 从库存管理向信息管理转变

传统管理认为充足的库存是销售系统正常运行的保证，库存不足就不能及时给客户发货，甚至会影响到客户关系。现代供应链管理认为，及时的信息管理能使供应链各节点企业更好地组织资源、更合理地控制库存，从而使企业的库存量大幅降低，甚至能实现零库存。

二、销售物流的主要环节

企业在产品制造完成后，需要及时、准确、完好地将产品送达客户指定的地点。因此，企业需要组织好销售物流，实现以最低的物流成本满足客户需求的目的。销售物流的主要环节如下。

1. 产成品包装

包装是企业生产物流的终点，同时也是销售物流的起点。产成品的包装尤其是运输包装在销售物流中要起到保护产品、方便运输与仓储、便于装卸搬运的作用。因此，在选择包装材料、包装容器时，企业既要考虑运输、仓储、装卸搬运等环节的便利性，又要考虑包装的成本。

2. 产成品存储

保持合理的库存水平、及时满足客户需求是产成品存储的重要内容。客户对企业产成品的可得性较敏感，一定量的库存水平是满足客户可得性需求的前提。企业可以通过仓储规划、库存管理与控制、仓储机械化与自动化等，提高仓储工作效率，在降低库存水平的同时提高客户服务水平。

3. 订单处理

为使库存水平降低，客户会在考虑批量折扣、订货费用和存货成本的基础上，合理地频繁订货。企业如果能为客户提供方便、经济的订货方式，就能吸引更多的客户。企业如果能更快地进行订单处理及信息处理，就能缩短客户订货提前期，提高销售物流的效率。

4. 运输与配送

企业的产成品需要通过运输才能到达客户指定的地点，而运输方式和运输工具的选择需要考虑产成品的批量、运输距离等影响因素。配送则是在局部范围内对多个客户进行分拣送货的方式，既可以降低销售物流成本，又可以满足客户频繁订货的要求，从而提高客户服务水平。

5. 流通加工

流通加工是指根据客户需要进行分割、计量、分拣、刷标志、拴标签、组装等作业的过程。客户的订货要求有时会和企业提供的产成品包装及服务不一致，这就要求企业根据客户要求进行适当的加工，如大包装变成小包装、运输包装变成销售包装、组装等。流通加工可以提高销售物流在企业销售系统中的作用。

6. 客户服务

客户通常希望收到的产品能直接入库，以减少入库资源占用、提高入库效率。例如，客户要求供应商使用标准尺寸的托盘交货，也可以要求将订购的多种货物集中配送。对于销售物流来说，客户服务是必须重视的一个环节。

三、销售物流的运作模式

销售物流的运作模式主要有 3 种，即生产企业自己组织销售物流、第三方物流企业组织销售物流和客户自提。

（一）生产企业自己组织销售物流

生产企业自己组织销售物流，实际上是把销售物流作为企业生产的延伸或继续。在这种模式下，销售物流环节是和客户直接联系、直接向客户提供服务的一个环节，逐渐变成了企业的核心竞争环节。

生产企业自己组织销售物流的优点在于将生产经营活动和客户紧密联系起来，能够快速、准确地得到反馈信息，用于指导企业的生产经营活动。生产企业自己组织销售物流还可以降低销售物流成本，从企业生产经营角度合理安排销售物流的各个环节。

生产企业自己组织销售物流也有缺点。一是如果销售物流不是企业的核心业务，自行组织销售物流就会占用企业过多的资源，不利于企业核心业务的发展。二是如果销售物流规模有限，就达不到降低销售物流成本的目的，甚至会使成本提高。

（二）第三方物流企业组织销售物流

第三方物流企业组织销售物流实际上是指生产企业将销售物流业务外包，由专业的第三方物流企业完成相关业务。

第三方物流企业组织销售物流的最大优势在于可以使企业的销售物流和供应物流一体化，与生产企业建立长期合作关系。另外，第三方物流企业的核心业务就是物流业务，物流作业水平较高，物流服务水平和服务质量可以得到保障。

在社会经济快速发展的今天，第三方物流模式是一个发展趋势。

（三）客户自提

客户自提是由客户自行组织销售物流的形式。客户自提对生产企业的好处是不用提供销售物流服务，但其对于客户的要求较高，需要客户有自行组织销售物流相关的资源，客户的物流成本会相应提高。

内容小结

本部分主要介绍了企业物流管理的基础知识，包括采购物流管理、生产物流管理和销售物流管理等基本内容单元。

采购物流管理是指生产和流通企业对采购物流活动进行的计划、组织、协调和控制。采购物流管理不仅要实现保证供应的目标，还要在低成本、高可靠性等限制条件下组织采购物流活动。采购物流管理的流程包括提出采购需求计划、选定供应商、发出采购订单、跟踪采购订单、货物验收入库、评价采购工作等步骤。

生产物流是指生产企业内部进行的涉及原材料、在制品、半成品、产成品等的物流活动。生产物流具有连续性、平行性、均衡性、准时性、系统性等特点。生产计划是根据企业战略对生产任务做出统筹安排，具体规定生产产品的品种、数量、质量和进度的计划。生产计划既是企业进行生产管理的重要依据，又是企业实现经营目标的手段。物料需求计划是指利用一系列产品物料清单数据、库存数据和主生产计划计算物料需求的一套技术方法。生产物流控制是指在生产计划执行过程中，对零部件、产成品的生产数量和生产进度进行控制。生产物流控制是生产物流管理的核心，是实现生产计划的保证。

销售物流是指企业在销售商品过程中所发生的物流活动。销售物流的主要环节包括产成品包装、产成品存储、订单处理、运输与配送、流通加工、客户服务等。销售物流的运作模式主要有 3 种，即生产企业自己组织销售物流、第三方物流企业组织销售物流和客户自提。

关键术语

采购　采购管理　招标采购　询价采购　比价采购　议价采购　采购物流　采购物流管理
生产物流　生产计划　物料需求计划　企业资源计划　准时制生产　精益生产　生产物流控制
销售物流

同步测试

一、单项选择题

1. 关于选择供应商时考虑的影响因素，以下正确的是（　　　）。

　　A. 价格是企业考虑的最重要因素

　　B. 企业应该选择产品质量最好的供应商

C. 企业应该选择信誉度高、经营稳定、财务状况良好的供应商

D. 供应商所处的位置与企业选择无关

2. 以下采购流程排序正确的是（　　）。

①提出采购需求计划　②发出采购订单　③货物验收入库

④跟踪采购订单　⑤选定供应商　⑥评价采购工作

    A. ①③④⑤⑥②　　　B. ①②⑤④③⑥　　C. ①③⑤④②⑥　　D. ①⑤②④③⑥

3. ERP 对应的中文含义是（　　）。

    A. 物料需求计划　　　B. 制造资源计划　　C. 企业资源计划　　D. 物流资源计划

4. （　　）不是生产物流控制的内容。

    A. 生产物流进度控制　　　　　　　　B. 产成品控制

    C. 在制品控制　　　　　　　　　　　D. 偏差的测定与处理

二、多项选择题

1. 与传统管理观念比较，现代销售物流管理强调（　　）。

    A. 从过程管理向功能管理转变　　　　B. 从利润管理向盈利性转变

    C. 从产品管理向客户管理转变　　　　D. 从库存管理向信息管理转变

2. 以下属于准时制生产特点的是（　　）。

    A. 实行拉动式准时化生产　　　　　　B. 强调全面质量管理

    C. 实施团队工作法　　　　　　　　　D. 避免并行工程

三、判断题

1. JIT 生产是由前道工序启动后道工序。　　　　　　　　　　　　　　（　　）

2. ERP 的核心管理思想是实现对整个供应链的有效管理。　　　　　　　（　　）

3. 企业物流是以企业经营为核心的物流活动，属于宏观物流领域。　　　（　　）

实训项目

实训　采购物流管理

实训目标

让学生了解采购物流管理的流程，掌握供应商调查的方式，掌握采购订单跟踪和货物验收的方法。

实训要求

某学校要新建一个机房，面积为 40 平方米，要求能满足学生日常上课需求即可。学校应如何进行采购？请进行简要说明。

1. 学生自由组成小组，每组 5 人。

2. 熟悉所需要采购的商品。

3. 熟悉供应商调查、采购订单跟踪和货物验收的方法。

4. 形成采购方案。

实训指导

1. 指导学生了解所要采购的商品的性质。

2. 指导学生根据商品性质选择供应商。

3. 指导学生设计订单跟踪和货物验收环节。

模块六

第三方物流管理

知识目标

理解第三方物流与传统物流的区别。

理解第三方物流的利润来源。

掌握各种企业物流模式的优劣势。

掌握选择第三方物流企业的影响因素。

能力目标

能合理选择企业物流模式。

能正确选择第三方物流企业。

素质目标

培育并践行物流管理人员的团队合作精神。

培育并践行物流管理人员的职业道德和职业精神。

培育并践行物流管理人员的创新精神与创新意识。

知识框架

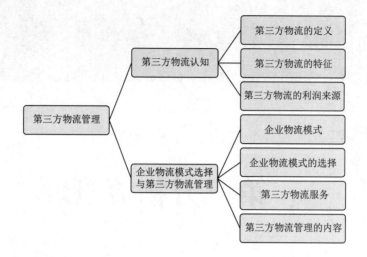

单元一　第三方物流认知

案例导入

河北省建设全国现代商贸物流重要基地"十四五"规划（部分）

推动物流园区资源整合。加强物流园区与国土空间规划衔接，明确发展定位，优化功能布局，完善配套设施，将物流园区打造成供应链集成运作中心。将物流园区建设纳入城市基础设施规划，完善园区周边路网设施，推动中小型物流企业向园区转移，鼓励物流企业项目聚集发展。推进100家规模以上物流园区改造提升工程，整合现有物流园区和物流基础设施，推动需求不足、同质化竞争明显的物流园区整合升级。引导分散、自用的仓储配送资源向物流园区集聚，大力推广共同配送、集中配送等模式，搭建第三方物流服务基础平台。推动电商产业园区与快递园区、综合物流园区等融合发展，鼓励有条件的物流园区建设快递、电商等专业化功能区。

开展物流解决方案服务。支持第三方品牌物流企业拓展园区规划、仓配流程再造、配送时效管理等业务，为客户提供定制化、一站式整体解决方案服务，逐步向物流解决方案提供商转型。推动电商平台与物流平台对接，推广"互联网+大规模定制"物流组织模式，面向小批量、多品类、快速生产、快速交货和连续补货等市场新需求，打造物流集成服务提供商。围绕物流方案设计、软件开发、监测维护、数据管理等新兴物流业务，引进培育一批业务精湛、市场影响力强的专业技术服务机构。

鼓励龙头物流企业整合中小企业，优化资源配置，在港口物流、中欧班列等领域打造若干具有国际竞争力的企业集团。支持大型制造企业剥离内部物流业务和资源，组建第三方专业化、物流企业。

思考

1. 什么是第三方物流？第三方物流具有哪些特征？

2. 第三方物流在社会发展中有什么作用？

一、第三方物流的定义

第三方物流（Third-Party Logistics，3PL）源自管理学中的 Outsourcing，意指企业动态地配置自身和其他企业的功能和服务，并利用企业外部的资源为企业内部的生产和经营服务。将 Outsourcing 引入物流管理领域后，就产生了第三方物流的概念。第三方物流是生产经营企业为确立核心竞争力、加强供应链管理、降低物流成本，把不属于核心业务的物流活动外包出去的业务模式。

《物流术语》对第三方物流的定义为："由独立于物流服务供需双方之外且以物流服务为主营业务的组织提供物流服务的模式。"

理解第三方物流应把握以下几个要点。

（1）第三方物流的经营主体是第三方，既不是需求方，也不是供给方。

（2）第三方物流提供者与客户之间是合同导向的一系列服务关系。

（3）第三方物流服务是以现代信息技术为基础的，包括物流信息技术、物流信息系统及电子信息技术等。

（4）第三方物流提供者与客户之间是战略联盟关系，他们共担风险、共享收益。

第三方物流与传统物流的区别如表 6-1 所示。

表 6-1　第三方物流与传统物流的区别

功能要素	第三方物流	传统物流
服务功能	提供功能完备的全方位、一体化物流服务	提供仓储或运输等单功能服务
物流成本	规模经济、对现代信息技术的使用等使物流成本较低	资源利用率较低、管理方法落后等使物流成本较高
增值服务	可以提供订单处理、库存管理、流通加工等服务	较少提供增值服务
与客户关系	战略联盟关系	一般的买卖关系
运营风险	运营风险大	运营风险小
利润来源	在物流领域与客户共同创造新价值	客户的成本性支出
信息共享程度	与其他环节进行充分交流，信息共享程度高	信息利用率低，信息共享程度低

二、第三方物流的特征

（一）第三方物流是社会化、专业化物流

第三方物流是发生在企业外部的物流活动，它是以社会为范畴、以面向社会为目的的物流。第三方物流具有很强的社会化特征，往往是由专业的物流组织来承担的。企业物流则是发生在企业内部的物流活动，具体分为供应物流、生产物流、销售物流、回收物流和废弃物物流。第

三方物流提供者面向社会众多企业来提供专业化的物流服务，因此第三方物流具有社会化和专业化的特征。

（二）第三方物流能提供综合性物流服务

传统的企业物流业务外包主要是将货物运输、储存等物流作业活动交给外部的物流企业去做，相应产生了专门提供某一物流功能的企业。此时，物流企业只是利用自有的物流设施被动地接受企业的临时委托，收取相应的服务费用。第三方物流则能提供以合同为导向的综合性物流服务，一般包括物流方案设计、物流咨询、仓储管理、库存管理、运输管理、配送管理、信息管理、安装维修、退换货处理、货运代理、报关等多种物流服务。

（三）第三方物流能提供个性化服务

一方面，不同的客户存在不同的物流需求，第三方物流需要根据不同客户在企业形象、业务流程、产品特征、竞争需要等方面的不同要求，提供针对性强的个性化服务和增值服务。另一方面，第三方物流提供者由于市场竞争、物流资源、物流能力等影响需要形成核心业务，不断强化所提供的服务，以增强自身在物流市场中的竞争能力。

（四）第三方物流与客户是战略同盟关系，而非一般的买卖关系

第三方物流不是单纯的运输公司、仓储公司、速递公司，在物流领域扮演的是客户的战略同盟者的角色。在服务内容上，它为客户提供的不仅仅是一次性的运输或配送服务，而是一种具有长期契约性质的综合性物流服务，以保证客户物流体系的高效运作。因此，第三方物流与客户之间的关系远远超越了一般意义上的买卖关系，它与客户紧密地结合为一体，形成了一种战略合作伙伴关系。

利益一体化是第三方物流的利润基础。第三方物流的利润源于与客户一起在物流领域创造的新价值，这种新价值由第三方物流与客户共同分享，最终达到"双赢"。

第三方物流是客户的战略投资人，也是风险承担者。第三方物流是以战略投资人的身份为客户服务的，追求的不是短期经济效益而是长期经济效益。同时，第三方物流直接为客户节省了大量的建设投资，帮客户承担了一定的风险。

三、第三方物流的利润来源

第三方物流发展的推动力就是为客户及自己创造利润。第三方物流企业必须提供有吸引力的服务来满足客户需要，一方面要使客户在物流方面得到利润，另一方面也要使自己获得收益。因此，第三方物流企业必须通过物流作业高效化、物流管理信息化、物流设施现代化、物流运作专业化、物流量规模化来创造利润。

（一）作业利益

第三方物流能为客户提供物流作业改进利益。一方面，第三方物流企业可以给客户提供客户自己不能提供的物流服务或物流服务所需要的生产要素。在企业自行组织物流活动的情况下，受限于组织物流活动所需要的专业知识或自身技术条件，企业内部物流系统难以满足自身物流活动的需要，而企业自行改进或解决这些问题往往不经济。另一方面，第三方物流企业的专业化运作可以改善企业内部管理，增强物流作业的灵活性，增强质量和服务、速度和服务的一致性，使企业的物流作业更具效率。

（二）经济效益

为客户提供经济或财务相关的利益是第三方物流存在的基础。一般低成本是由低成本要素和规模经济创造的。企业通过物流外包，可以将不变成本转变成可变成本，避免盲目投资而将资金用于其他用途，提高资金使用效率。

成本的稳定性也是影响物流外包的积极因素。通过物流外包，企业能够将物流成本与其他环节成本清晰地区分开来，这可以增强物流成本的透明性和稳定性。

（三）管理利益

第三方物流能够给客户带来与管理相关的利益。物流外包既可以使企业使用自身不具备的管理专业技能，又可以将企业内部管理资源用于更有利可图的途径中，并与企业核心战略保持一致。物流外包可以使企业的人力、物力、财力等资源更集中于核心活动，同时获得第三方物流企业的核心经营能力。

第三方物流服务可以给客户带来的管理利益还有很多，如订单的信息化管理、物流作业的连续性、物流运作的协调一致性等。

（四）战略利益

第三方物流还能使企业获得战略利益，使企业能在战略层次上集中发展主业，增强企业战略的灵活性，具体包括地理范围的灵活性（设点或撤销）以及根据环境变化进行调整的灵活性。第三方物流还可以让企业获得共担风险的利益。

单元二　企业物流模式选择与第三方物流管理

案例导入

飞利浦如何选择物流供应商

由于飞利浦的主要竞争能力在产品技术、设计和市场营销等方面，因此飞利浦选择将物流业务外包给第三方物流商和第四方物流商。飞利浦在选择第三方物流商时会考虑以下3个方面：性价比（成本和服务）、第三方物流的IT能力和网络覆盖能力。

飞利浦跟宝供合作的一个宗旨是：飞利浦的产品卖到哪里，宝供的网络便到达哪里。飞利浦特别看重第三方物流的业务中心。飞利浦倾向只用2～3家第三方物流商，并希望自己占到供应商收入的10%以上。每家第三方物流商从飞利浦处获得的业务量都相当大，因此飞利浦要求供应商要专注于自己的业务，愿意一起投入和发展。

回单准时率、回单出错率、货物损坏率等指标是飞利浦考核第三方物流商的通用指标。飞利浦考核供应商最关注的指标是准时到达率——因为客户非常希望货物能准时到达。飞利浦的准时到达率达到了98.5%以上，由此其库存水平也保持在了相当低的水平。飞利浦还有一套供应商管理系统，每个月对供应商进行打分、排名，一年或者一个季度，与供应商谈哪些地方做得好，哪些地方做得不好。

对于第四方物流商，飞利浦看重的是实力、技术领先度。第四方物流商要能保证提供的解决方案可以提高飞利浦的工作效率，帮助飞利浦实现和供应商的对接。通过引入第四方物流商，飞利浦精简了业务流程和队伍，将非核心业务外包给合作企业。

思考

1. 飞利浦如何选择第三方物流商？

2. 企业为什么选择第三方物流？

一、企业物流模式

企业的生产经营必须有后勤的支援和保障，包括原材料、零部件、产成品的供应、库存、配送等方面。随着现代物流的快速发展，企业可以采取自营物流模式、外包物流模式等来解决企业生产经营对物流业务的需求问题。

（一）自营物流模式

自营物流是指企业自身经营物流业务，建设全资或控股物流子公司，完成供应物流、生产物流、销售物流、回收物流、废弃物物流等企业物流业务，即企业自己建立一套物流体系。随着我国经济的快速发展，不少企业为了提高物流服务水平，通过资源整合成立了物流公司，如美的安得物流、海尔日日顺物流、河北钢铁集团物流等。

1. 自营物流模式的优势

（1）掌握控制权。通过物流自营，企业可以对供应物流、生产物流、销售物流等进行全过程有效控制，及时掌握原材料、零部件、产成品的有效控制权，以便随时调整经营战略。

（2）满足生产经营活动对物流的需要。通过物流自营，物流子公司作为企业的一部分，能更有效地为企业的生产经营活动提供物流服务支持，满足生产经营活动对物流的需要。

（3）盘活企业原有资产。企业选择自营物流模式，可以在企业经营管理体制机制的基础上盘活相关物流资产，提高原有资产的使用效率，为企业创造利润开发新领域。

（4）降低交易成本。交易成本又称交易费用，是指达成一笔交易所要花费的成本，也指买卖过程中所花费的全部时间和货币成本，还包括传播信息、广告、与市场有关的运输，以及谈判、协商、签约、合约执行的监督等活动所花费的成本。通过自营物流模式，企业可以避免就运输、仓储、配送和售后服务等问题与第三方物流企业进行谈判，降低交易风险，减少交易费用。

（5）避免商业秘密的泄露。一般情况下，企业内部的运营情况，尤其是核心业务的情况，要避免被泄露，以免给企业造成不可挽回的损失。自营物流模式由于不必向第三方公开信息，可以保证商业秘密不被泄露，以便企业保持核心竞争优势。

（6）增强企业的竞争力。企业自建物流系统，就能够自主控制物流活动，这样一方面可以让客户体会到企业对客户服务尤其是物流服务的重视程度，另一方面企业可以由此掌握最新的客户需求信息和市场信息，从而及时调整企业经营战略，增强企业的竞争力。

2. 自营物流模式的劣势

（1）资源配置不合理。企业如果选择自营物流，那么就必须具备与其生产能力相适应的运输能力、仓储容量等物流资源。但是由于市场需求存在一定的波动性，企业自营物流会给企业经营带来一系列风险。当处于销售旺季，市场需求较大时，企业由于自营物流能力不足，可能失去商机；当处于销售淡季，市场需求较小时，企业会出现物流资源闲置、设备利用率较低的现象。

（2）增加企业的投资负担。企业自营物流会增加投资负担，削弱企业抵御市场风险的能力。企业为了提升自营物流能力，就需要扩大物流投资规模，投入较多的资金，配备较多的物流人员。

（3）规模化程度较低。由于自营物流模式只是为了满足企业自己的生产经营需要，因此规模化程度一般较低。而由于现代物流具有规模性特征，当物流规模化程度较低时，单位物流成本相应也就较高。

（4）不利于核心竞争力的增强。对于绝大多数企业来说，尽管有时物流对自身活动有重要影响，但物流业务并不是它们的核心业务，也不是它们最擅长的业务。企业如果选择自营物流，一方面会减少企业对核心业务的投入，另一方面企业管理层也需要花费大量的时间和精力管理物流，这会影响企业核心竞争力的增强。

（5）受管理机制约束。物流活动涉及企业生产经营的多个部门，但是各部门都在追求自身效益最大化，这就给物流活动的高效运行带来了麻烦。

（二）外包物流模式

物流外包是企业将物流业务外包给专业的第三方物流企业。物流外包是供应链管理环境下物流资源合理配置的有效形式，其目的是通过合理配置物流资源，发展供应链管理，提高企业乃至整个供应链的核心竞争力。

1. 外包物流模式的优势

（1）有利于企业核心业务的发展。企业拥有的资源是有限的，所以很难将所有业务都做得非常理想。通过物流外包，一方面，企业可以充分利用现有的资源，集中精力于核心业务和核心能力的构筑，将不擅长的物流业务外包；另一方面，将非核心业务的物流业务外包，企业可以利用第三方物流的高效运营和规模效应，促进核心业务的发展，降低物流成本。

（2）有利于得到专业化的物流服务。第三方物流具有显著的规模效益优势，在组织企业物流活动方面经验更丰富、专业化程度更高，有利于企业通过物流合理化改进企业的生产经营活动，提高企业的生产运营效率。

（3）有利于减少库存，降低物流成本。通过采用外包物流模式，企业可以利用第三方物流的规模效益优势和专业化优势，减少原材料、零部件、产品等库存，甚至实现"零库存"，降低库存成本。第三方物流企业的专业化运作在使企业物流活动日趋合理化的同时，可以使物流成本也下降一定比例。

（4）有利于增强企业的运作柔性。通过物流外包，企业可以把更多精力集中于生产经营活动，与第三方物流企业紧密配合，实现企业生产经营活动和物流活动的有机融合，增强企业的运作柔性，使企业对市场变化具有更强的应变能力。

（5）有利于降低风险。通过物流外包，首先，企业可以与第三方物流企业建立战略联盟，利用长期合作伙伴的优势资源，缩短产品生命周期；其次，战略联盟各合作方都可以发挥自身优势，既提高产品质量又提高物流服务质量，进一步提高市场占有率；最后，企业与战略合作伙伴共同获益的同时，也实现了风险共担，从而减少了由于合作失败给企业造成的损失。

2. 外包物流模式的劣势

（1）生产企业对物流的控制能力降低。生产企业采用外包物流模式后，第三方物流企业会介入生产企业的采购、生产、销售等各个环节，成为生产企业的物流管理者，这必然会使生产企业对物流的控制能力降低，甚至可能出现物流失控的情况，从而使企业的生产能力、服务水平降低。同时，由于第三方物流企业的介入，原来仅需企业内部沟通来解决的问题，现在还需要与外部的第三方物流企业进行沟通，在沟通不充分的情况下，容易出现相互推诿的局面，影响企业的生产经营效率。

（2）客户关系管理的风险增大。采用外包物流模式，一方面，企业与客户的关系被削弱，即由于订单处理、产品运输配送甚至售后服务由第三方物流企业完成，企业与客户的沟通势必会减少，这对客户关系的长期稳定发展不利；另一方面，由于第三方物流企业不只面对一个客户，在为竞争对手提供服务的同时，客户信息被泄露的风险也很大。

（3）企业战略泄密的风险增大。在市场竞争日益激烈的情况下，企业的核心竞争力是其生存与发展的保障。企业采用外包物流模式，为了满足合作双方提高物流效率的需要，信息平台对接后，会增大企业战略泄密的风险。

（4）面对连带经营风险。企业采用外包物流模式，与第三方物流企业形成战略伙伴关系。如果第三方物流企业由于自身经营不善导致合作暂停或终止，则可能影响该企业的经营，甚至该企业会面临相当大的损失。在解除合作关系后，企业还要面临新合作伙伴的选择成本和磨合成本。

（三）自营物流模式与外包物流模式的关系

自营物流模式与外包物流模式的选择不是对立的，也不是静止的。企业可以选择自营物流模式，也可以选择外包物流模式，还可以在物流需求较大时选择自营物流与外包物流相结合的模式。随着外部环境的变化和企业内部的发展，物流在企业发展中的地位发生变化后，企业的物流模式选择策略也应相应调整。企业物流与社会物流相互依托、相互促进，发挥各自优势，共同促进企业物流服务水平的提高，降低企业物流成本，进而降低社会物流总成本。

二、企业物流模式的选择

企业物流模式主要有自营物流模式和外包物流模式两种。企业在进行物流决策时，应根据自身需求和自有资源条件，合理选择物流模式，以提高企业的市场竞争力。

（一）物流对企业成功的影响度和企业对物流的管理能力

物流对企业成功的影响度和企业对物流的管理能力对企业物流模式的选择具有至关重要的作用。物流对企业成功的影响度高，企业对物流的管理能力较差时，企业应采用外包物流模式；物流对企业成功的影响度低，企业对物流的管理能力也较低时，企业也应采用外包物流模式；物流对企业成功的影响度高，企业对物流的管理能力也较高时，企业应采用自营物流模式。

（二）企业对物流的控制能力

市场竞争越激烈的行业，企业越要强化对供应链和分销渠道的控制，对物流的控制能力也越高，此时企业应该选择自营物流模式。企业对物流的控制能力较低时，企业应该选择外包物流模式。

（三）企业的规模和实力

大中型企业由于实力雄厚，有能力自行建立物流系统，制订物流需求计划，组织资源进行物流运营，保证按照客户需求提供物流服务，可以选择自营物流模式。而小企业由于受人员、资金、运营、管理等的限制较多，物流效率难以得到保障，应该将有限的资源用于发展核心业务，因此适合选择外包物流模式。

（四）物流系统成本

企业在选择物流模式时，必须对两种物流模式下的物流系统成本进行比较，如表 6-2 所示，然后决定选择哪种物流模式。

表 6-2　自营物流模式与外包物流模式下的物流系统成本比较　　单位：元／月

费用项目	自营物流模式	外包物流模式
运输费	30 000	26 000
保管费	60 000	45 000
装卸费	5 000	5 000
包装费	1 000	1 000
合计	96 000	77 000

如果决定采用外包物流模式，企业可以将全部物流业务外包，也可以将单项物流业务委托给专业的第三方物流企业。企业应该对多个第三方物流企业的报价进行比较，最终选出对自身最有利的第三方物流企业，如表 6-3 所示。

表 6-3　第三方物流企业报价比较　　单位：元

费用项目	甲物流企业	乙物流企业	丙物流企业
运输费	25 000	26 000	25 000
保管费	45 000	45 000	44 000
装卸费	5 000	5 000	5 000
合计	75 000	76 000	74 000

（五）第三方物流企业的主营业务及资源

企业在选择外包物流模式时，还必须调研第三方物流企业的主营业务及其能够调用的物流资源情况。企业需要外包的物流业务必须与第三方物流企业的主营业务相吻合，这样才能发挥外包物流模式的优势，实现强强联合，更好地满足企业对物流管理的要求。

在我国第三方物流市场中，有由传统仓储、运输企业经过改造转型而来的第三方物流企业，如中国外运股份有限公司、中国物资储运集团有限公司、中国远洋海运集团有限公司等，这些物流企业在市场、经营网络、设施、企业规模等方面具有明显优势，物流资源丰富；有由民营资本创办的第三方物流企业，如宝供物流企业集团有限公司，这类物流企业机制灵活、管理成本低；还有很多规模较小的物流企业，其员工不多、库房很小，甚至租用其他企业的仓库，运输工具也不多，拥有的资源也较少，但其服务较灵活，物流管理成本和费用相对较低。

（六）第三方物流企业的客户服务能力

在选择外包物流模式时，第三方物流企业的客户服务能力也是需要考虑的。第三方物流企业满足企业对原材料、零部件等需求的能力，对企业产品的零售商、最终顾客的需求变化进行快速反应的能力都应作为重要因素来考虑。总之，无论何时，第三方物流企业都应与客户密切合作，不断提高物流服务质量。

三、第三方物流服务

第三方物流企业所提供的服务范围广泛、内容丰富，包括从简单地帮助客户安排货物的运输、储存，到复杂地设计、实施与运作整个物流系统。从具体的服务内容来看，第三方物流服务分为核心服务和附加服务。

（一）核心服务

核心服务是指提供仓储、运输、配送、装卸搬运、包装、流通加工等物流功能的服务。核心服务主要依靠现代物流设施、设备等硬件来提供，是资产和劳动密集型服务，具有标准化的特征以及时间价值、空间价值和加工附加价值。

（二）附加服务

附加服务是指第三方物流企业根据客户的需要，将物流要素有机整合起来，为客户提供的除核心服务之外的服务。附加服务是技术和知识密集型服务，具有信息效用和风险效用。附加服务要提高客户的运营效率，需要借助完善的信息系统和网络，以及专业物流管理人才的经验和技能。附加服务分为两种：一种是在核心服务的基础上延伸出来的服务，另一种是更高级的增值性服务。

1. 在核心服务的基础上延伸出来的服务

在仓储、运输等核心服务的基础上延伸出来的服务，可将物流运作过程的各个环节有机衔接起来，使第三方物流企业以最合理的方式和尽可能低的成本完成所承担的物流任务。这类附加服务如从仓储的基础上延伸出来的原材料质检、库存补充、各种形式的流通加工等，从运输的基础上延伸出来的安排运输计划、选择承运人、监控运输过程、代垫运费、报关、货款的回收与结算等。

2. 更高级的增值性服务

这类附加服务能够帮助客户提高其物流管理水平和增强物流控制能力，从而优化客户自身的物流系统，为客户提供采购、生产、销售等方面的决策支持。如采购与订单处理、库存管理与控制、物流系统规划与设计、物流运营优化、物流咨询与培训等。这类附加服务具有更强的创新性，可以说是名副其实的高层次、高技能水平的服务。

> **小思考**
> 第三方物流企业的核心服务和附加服务之间是什么关系？如何处理二者之间的关系？

四、第三方物流管理的内容

第三方物流管理的内容主要包括合同管理、供应商管理、客户管理、能力管理、信息管理、设备管理、安全管理等。

（一）合同管理

企业与第三方物流企业合作，必须做好物流合同的管理工作。企业在与第三方物流企业经过协商后，需要签订物流服务合同，此合同即为正式文件。合同包含的内容有合作双方的企业名称、物流服务内容、合同起止时间、涉及服务数量及服务收费、付款方式及时间、服务要求、验收方法、违约责任及处理方法等。合同签订后，由于各种原因需要修改或中止合同的，签约双方可以根据实际需要协商解决。合同执行过程中，签约双方必须注意对合同执行情况进行跟踪，随时掌握合同执行情况，如遇到了哪些困难，进度是否符合要求等。

（二）供应商管理

第三方物流是在整合物流资源和物流能力的基础上为客户提供服务的，对供应商进行合理管理和控制是第三方物流获得成功的关键。供应商管理的主要内容有供应商初选、供应商审核、供应商考评和供应商关系管理等。供应商管理的目标是建立双赢供应关系，使供应商与物流企业甚至是生产企业之间共享信息。

（三）客户管理

第三方物流的产生就是为客户提供物流服务的。第三方物流与客户之间必须建立双赢、长期发展的战略合作伙伴关系。客户管理的主要内容有客户开发、客户服务和客户维护等。客户管理的目标是吸引新客户、保留老客户以及将已有客户转为忠实客户，扩大市场占有率。客户管理还要注意以下几点：认真对待每一个客户，要尽最大努力为客户提供服务，认真对待客户的投诉等。

（四）能力管理

第三方物流必须对自身物流资源进行全面规划和衡量，以便了解自身有多大的能力，可以承接多大的项目、完成多少订单等。物流能力主要包括运输能力、仓储能力、配送能力、装卸搬运能力和设备能力等。第三方物流企业必须对自身能力进行全面、实时的了解，才能最大限度地发挥物流管理的能力，平衡物流资源的负荷，达到最好的物流资源利用水平，以便取得最佳的经济效益。

（五）信息管理

在第三方物流企业的运营管理中，信息管理贯穿于合同管理、供应商管理、客户管理、能力管理等全过程，是第三方物流管理的重要组成部分。第三方物流企业一般利用物流信息系统，结合条码技术、射频识别技术、电子数据交换技术、全球定位系统技术、地理信息系统技术、物联网技术等，实现日常信息的收集、存储、传输、加工、利用等，从而增强整个物流系统的灵活性和可靠性。

（六）设备管理

为了保证物流业务的正常运行，物流设备管理是必不可少的。物流设备的种类很多，可以分为运输工具、保管设备、装卸搬运设备和安全设备等。物流设备管理的内容包括购进设备、使用设备、维修与保养设备、处理设备等。科学的物流设备管理可以提高物流设备的利用率，使物流设备发挥最大的效用。

（七）安全管理

安全管理是第三方物流管理的重中之重。当客户委托第三方物流企业提供服务时，最低的要求就是希望第三方物流企业能保证货物的安全。因此，第三方物流企业为了确保货物的安全，必须采取必要的安全管理措施。

内容小结

本部分主要介绍了第三方物流管理的基础知识，包括第三方物流认知、企业物流模式选择与第三方物流管理等基本内容单元。

第三方物流是由独立于物流服务供需双方之外且以物流服务为主营业务的组织提供物流服务的模式。第三方物流发展的推动力就是为客户及自己创造利润。第三方物流企业必须提供有吸引力的服务来满足客户需要，一方面要使客户在物流方面得到利润，另一方面也要使自己获得收益。

企业物流模式主要有自营物流模式和外包物流模式两种。企业在进行物流决策时，应根据自身需求和自有资源条件，合理选择物流模式，以提高企业的市场竞争力。第三方物流服务分为核心服务和附加服务。第三方物流管理的内容主要包括合同管理、供应商管理、客户管理、能力管理、信息管理、设备管理、安全管理等。

关键术语

第三方物流　自营物流　物流外包　核心服务　附加服务

同步测试

一、单项选择题

1. 自营物流模式的优势不包括（　　）。
   A. 掌握控制权
   B. 降低交易成本
   C. 增强企业的运作柔性
   D. 避免商业秘密的泄露

2. 第三方物流企业是企业的（　　）。
   A. 物流承包商
   B. 战略合作伙伴
   C. 物流运营商
   D. 货代公司

3. 第三方物流是以（　　）为基础的。
   A. 现代化的运输网络
   B. 现代化的仓储技术
   C. 现代信息技术
   D. 现代交通技术

二、多项选择题

1. 第三方物流的特征包括（　　）。
   A. 第三方物流是社会化、专业化物流
   B. 第三方物流能提供综合性物流服务

C. 第三方物流能提供个性化服务

D. 第三方物流与客户是战略同盟关系，而非一般的买卖关系

2. 第三方物流的利润来源包括（　　）。

A. 作业利益　　　　　B. 经济效益　　　　　C. 管理利益　　　　　D. 战略利益

三、判断题

1. 利益一体化是第三方物流的利润基础。 （　　）

2. 第三方物流只创造经济效益，不能创造社会效益。 （　　）

3. 第三方物流企业之间是联盟关系。 （　　）

4. 企业物流模式一旦选择，则不能变化。 （　　）

5. 自营物流模式和外包物流模式是对立的关系。 （　　）

实训项目

实训1　第三方物流外包方案设计

实训目标

通过本项目的实训，使学生熟悉选择第三方物流企业的影响因素；能够利用网络来搜集第三方物流企业的信息，并对第三方物流企业进行评价；能够设计物流外包方案。

实训要求

假设某生产企业的销售物流要外包给第三方物流企业，综合考虑该企业的内外部环境，设计合理的物流外包方案。

1. 学生自由组成小组，每组 5 人。

2. 熟悉该生产企业所销售货物的性质。

3. 熟悉选择第三方物流企业的影响因素。

4. 形成物流外包方案。

实训指导

1. 指导学生了解该生产企业所销售货物的性质。

2. 指导学生根据企业内外部环境及影响因素选择第三方物流企业。

3. 指导学生设计物流外包方案。

实训2　第三方物流服务调研

实训目标

通过本项目的实训，使学生熟悉第三方物流服务的项目；能够利用网络搜集第三方物流企业服务项目的信息，并能进行归纳整理；能够撰写调研报告。

实训要求

利用网络搜集第三方物流企业信息，归纳整理出第三方物流服务的项目，形成调研报告。

1. 学生自由组成小组，每组 5 人。

2. 熟悉第三方物流企业服务的项目。

3. 形成调研报告。

实训指导

1. 指导学生利用网络搜集第三方物流企业信息。

2. 指导学生归纳整理第三方物流企业服务的项目。

3. 指导学生撰写调研报告。

模块七

物流组织与控制

知识目标

了解几种常见的物流组织结构形式。

掌握物流服务水平的衡量。

掌握物流成本管理的内容。

掌握物流质量管理的内容。

能力目标

能初步衡量物流服务水平。

能初步进行物流成本管理。

能初步衡量物流质量。

素质目标

培育并践行物流管理人员的职业道德和职业精神。

培养并践行物流管理人员的服务意识、成本意识和质量意识。

知识框架

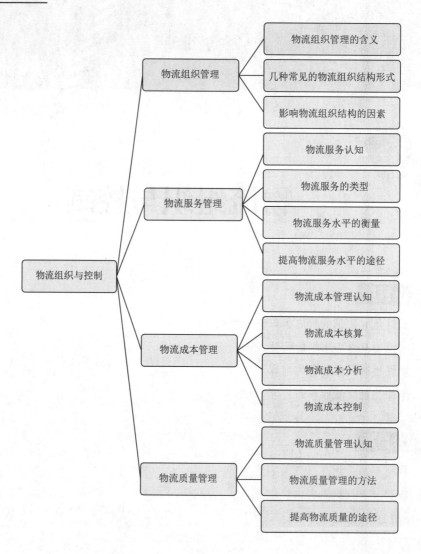

物流组织与控制
- 物流组织管理
  - 物流组织管理的含义
  - 几种常见的物流组织结构形式
  - 影响物流组织结构的因素
- 物流服务管理
  - 物流服务认知
  - 物流服务的类型
  - 物流服务水平的衡量
  - 提高物流服务水平的途径
- 物流成本管理
  - 物流成本管理认知
  - 物流成本核算
  - 物流成本分析
  - 物流成本控制
- 物流质量管理
  - 物流质量管理认知
  - 物流质量管理的方法
  - 提高物流质量的途径

单元一　物流组织管理

案例导入

物流组织方式正在转型升级

中国物流与采购联合会副会长蔡进在2020全球物流技术大会上讲道："物流的组织方式正在向供应链组织方式转型升级。物流企业通过向上游生产端，向下游消费端逐渐延伸，形成由物流组织方式向供应链组织方式的转型升级。最大的一个变化就是由模块化管理进入到流程化管理。过去模块化管理，运输是运输，仓储是仓储，分拣是分拣，管理效率低，彼此之间的衔接不够流畅，协同性很差。物流组织方式从模块化管理进入到流程化管理，协同性明显增强。这对物流装备技术产业在集成化和标准协同方面提出了新的要求。物流装备技术企业应该适应和把握转型升级的基本趋势。"

思考

1．物流组织方式是如何转型升级的？

2．物流组织方式为什么需要转型升级？

一、物流组织管理的含义

（一）企业组织形式

企业组织形式是指企业存在的形态和类型。无论企业采用何种组织形式，都应具有两种基本的经济权利，即所有权和经营权，它们是企业进行经济运作和财务运作的基础。

根据市场经济的要求，现代企业的组织形式按照财产的组织形式和所承担的法律责任划分，通常分为独资企业、合伙企业和公司制企业。

1．独资企业

独资企业是由个人出资经营，归个人所有和控制，由个人承担经营风险和享有全部经营收益的企业。独资企业的经营自由度较高，经营形式由企业自己决定。以独资经营方式经营的独资企业有无限的经济责任，破产时借方可以扣留业主的个人财产。我国的个体户和私营企业很多属于独资企业。

2．合伙企业

合伙企业是指由多个合伙人联合起来共同出资创办的企业，他们共同经营、共享收益、共担风险，并对企业债务承担无限连带责任。合伙企业通常是依合同或协议组织起来的，结构较不稳定。合伙企业的经营不如独资企业自由，决策通常要合伙人集体做出，但它较独资企业具有一定的企业规模优势。

3．公司制企业

公司制企业是所有权和管理权分离，出资者按出资额对公司承担有限责任的企业。公司制企业主要包括有限责任公司和股份有限公司。

有限责任公司指不通过发行股票，而由为数不多的股东集资组建的公司（一般由2人以上50人以下的股东共同出资设立），其资本无须划分为等额股份，股东在出让股权时受到一定的限制。有限责任公司的董事和高层经理人员往往具有股东身份，所有权和管理权的分离程度不高。有限责任公司的财务状况不必向社会披露，设立和解散程序比较简单，管理机构也比较简单，比较适合中小型企业。

股份有限公司的全部注册资本由等额股份构成，并通过发行股票（或股权证）筹集资本，公司以其全部资产对公司债务承担有限责任的企业法人（应当有2人以上200人以下为发起人，注册资本的最低限额为人民币500万元）。股份有限公司的每一股都有表决权，股东以其持有的股份，享受权利，承担义务。

（二）组织结构的含义

组织结构是指对于工作任务如何进行分工、分组和协调合作的结构体系。组织结构是组织在职务范围、责任、权利方面的动态结构体系，其本质是为实现组织战略目标而采取的一种分工协作体系，组织结构必须随着组织的重大战略调整而调整。

企业组织结构包含以下 3 项内容。

（1）单位、部门和岗位的设置：作为服务于特定目标的组织，企业必须由若干个相应的部门构成，并分别设置相应的岗位。

（2）单位、部门和岗位的职责、权力的界定：对各个部分的目标、功能、作用的界定。

（3）单位、部门和岗位角色相互之间关系的界定：界定各个部分在发挥作用时，彼此之间如何协调、配合、补充、替代。

上述 3 项内容是紧密联系在一起的，三者彼此承接。对企业组织结构进行规范分析时，重点是规范分析第一项内容，后面两项内容是对第一项内容的进一步展开。

（三）物流组织管理的定义

物流组织是负责物流功能运作和管理的固定机构。在生产制造企业和商品流通企业中，物流组织是专营物流活动的内部机构。第三方物流企业则是整体性的物流组织。

物流组织管理是指随着企业物流活动的不断变化，不断调整物流组织结构，以提高物流服务水平，降低物流成本的管理过程。物流组织本质上是为实现物流企业战略目标而采取的一种分工协作体系，物流组织结构也必须随着物流组织的重大战略调整而调整。

二、几种常见的物流组织结构形式

常见的物流组织结构形式包括直线制、职能制、直线—职能制、矩阵制、事业部制等。

（一）直线制

直线制是一种最早且最简单的组织形式，如图 7-1 所示。直线制的特点是企业实行从上到下的垂直领导，下级部门只接受一个上级部门的指令，各级主管人员对所管辖的部门的所有业务活动行使决策权、指挥权和监督权。这种组织结构的优点是权力集中，职权和职责分明，沟通简洁方便，便于统一指挥、集中管理。直线制的缺点是各级管理者必须熟悉与本部门业务相关的各种活动，缺乏横向的协调。直线制适用于规模不大，员工人数不多，物流管理工作比较简单的物流企业或物流现场作业管理等。

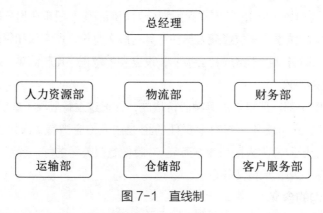

图 7-1　直线制

（二）职能制

职能制是指企业内部各管理层次都设置职能机构，各职能机构在职权范围内向下级发布命令和进行指挥的一种组织结构形式，如图 7-2 所示。各级领导人除了接受上级领导的领导外，还要服从上级各职能部门的领导，是典型的多头领导关系。职能制的优点是按职能或业务分工管理，能发挥职能部门的作用，减轻各级领导人的工作负担，有利于业务发展、提高管理水平。职能制的缺点是不利于各部门的整体协作，容易形成部门间各自为政的情况。另外，当上级行政领导和职能部门领导人的命令发生矛盾时，下级会感觉无所适从，从而影响工作的顺利开展。

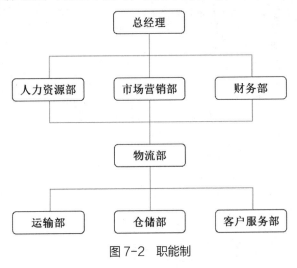

图 7-2　职能制

（三）直线—职能制

直线—职能制是把直线制与职能制结合起来，以直线制为基础，在各级行政负责人之下设置相应的职能部门作为参谋，实行各级行政负责人统一指挥与职能部门参谋、指导相结合的组织结构形式，如图 7-3 所示。直线—职能制是目前我国绝大多数企业采用的组织结构形式。直线—职能制吸取了直线制和职能制的优点：一方面，职能部门作为助手，有利于发挥各级行政负责人专业管理的作用；另一方面，各级行政机构能保持集中统一的指挥。但是直线—职能制也具有以下缺点：第一，各部门之间缺乏信息交流，不利于集思广益做出科学决策；第二，各部门与职能部门之间的目标不易统一，职能部门之间沟通较少。

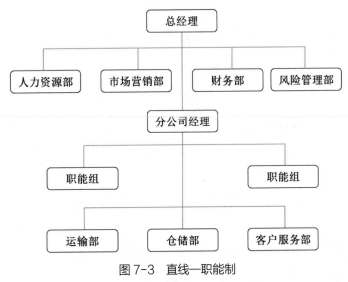

图 7-3　直线—职能制

（四）矩阵制

矩阵制是由职能部门序列和为完成某一项目而组建的项目小组组成的。矩阵制既有按职能划分的垂直领导关系，又有按项目划分的横向领导关系，如图 7-4 所示。矩阵制通过加强横向联系既提高了人员和设备的利用率，又激发了各种人员的积极性和创造性，使企业活力得到了提升。但是，由于项目小组是临时组建的，可能存在有的成员责任心不够强的情况。同时，由于项目小组成员受双重领导，有时不易划分责任。

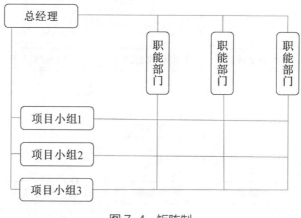

图 7-4　矩阵制

（五）事业部制

事业部制是为满足企业规模扩大和多样化经营需要而产生的一种组织结构形式。事业部制是在总公司的领导下设立多个事业部，把分权管理与独立核算结合在一起，每个事业部都有自己的特定市场，如图 7-5 所示。事业部不是独立的法人企业，但具有较大的经营自主权，实行独立核算、自负盈亏。事业部制具有以下优点：一方面，有利于最高领导层专注于企业发展战略的制定，提高企业的整体效益；另一方面，有利于各事业部发挥经营管理的积极性和创造性，增强企业活力，促进企业全面发展。但是，事业部制也有以下缺点：第一，各事业部由于经营管理具有独立性，容易形成本位主义；第二，对总部的管理要求较高，容易发生失控，造成难以估计的损失。

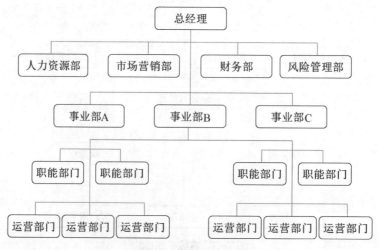

图 7-5　事业部制

三、影响物流组织结构的因素

企业在选择物流组织结构时要从实际出发，综合考虑企业类型、企业战略、企业规模和企业环境等因素，以建立最合理的组织。

（一）企业类型

企业的类型不同，物流管理的侧重点不同，物流组织结构也应各有特点。例如，原材料生产企业是生产制造企业的原材料供应商，产品种类一般较少但批量较大，通常需要大批量运输和仓储等作业，一般需要成立物流管理部门运作相应物流作业；连锁零售企业经营的产品种类一般较多但批量较小，通常需要仓储作业和多品种小批量配送作业，如果选择自营物流模式，则需要成立专门的物流管理部门来运作物流作业。

（二）企业战略

物流组织是帮助企业管理者实现管理目标的手段，而目标产生于企业战略。因此，物流组织结构应该与企业战略相适应。如果企业战略发生了重大调整，那么物流组织结构也需要进行相应调整，以适应和支持新的企业战略。

（三）企业规模

企业规模对企业的物流组织结构有重要影响。例如，规模较大的企业应把物流组织结构设计的重点放在生产物流和销售物流上，规模较小的企业应把物流组织结构设计的重点放在物流管理和第三方物流企业的选择上。

（四）企业环境

企业环境也是影响物流组织结构设计的一个重要因素。从本质上说，内外部环境较稳定的企业适宜采用标准化的物流组织结构。由于现代物流的快速发展，物流企业面临的外部宏观环境变化较快，新的物流技术不断涌现，因此物流组织结构要能对环境变化做出快速反应，体现出柔性特征。

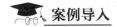

单元二　物流服务管理

案例导入

物流服务案例

小王是一个仓库的管理人员，最近他所在的仓储部门经常收到客户的投诉。小王的领导要求他提出提高物流服务水平的措施。如果你是小王，你会从哪些方面来提高物流服务水平？

思考

1. 什么是物流服务？

2. 如何提高物流服务水平？

一、物流服务认知

（一）服务的含义及特征

"服务"作为当今社会不可或缺的一部分，涉及人们生活和社会生产的各个方面。服务是一种为客户提供解决方案的过程，即使服务过程涉及有形资源，有形资源的所有权也不会发生转移。

服务具有以下特征。

1. 无形性

服务最常被提到的特征是无形性。服务是由一系列活动组成的过程，这个过程我们感觉不到，而有形产品具有一定的重量、体积、颜色、形状，我们可以看到、感觉到、触摸到。与购买有形产品不同，购买服务并不等于拥有了服务的所有权，如仓储企业为客户提供保管服务，并不意味着客户拥有了仓库的货位。

2. 差异性

服务是由一系列活动组成的过程，这个过程是由服务人员表现出来的。由于不同服务人员在素质、知识、技能方面的差异，没有任意两个服务人员提供的服务是完全相同的。即使是同一个服务人员，意愿、态度等因素也会影响到其服务质量。同理，不同的客户所感知的服务也有可能存在比较大的差异。

3. 生产与消费的同步性

有形产品是先生产，然后消费，生产与消费是不同步的，即生产与消费之间有一定的时间间隔。而服务则不同，它的生产与消费是同时进行的，在时间上是同步的，即先销售，然后同时进行生产与消费。如发送快递时，快递企业提供服务的过程同时也是客户消费的过程，二者在时间上是同步的。

4. 易逝性

与有形产品不同，服务既不能被储存，也不能被转售或退回。如物流企业的车辆在某天没有满载，它也不可能储存起来留待第二天使用，也不能转让给他人或者退回。

（二）物流服务的含义

物流服务是为满足客户的物流需求所实施的一系列物流活动过程及其产生的结果。物流服务的本质是更好地满足客户需求，保证将客户需要的物品在要求的时间内准时送达，并能达到客户所要求的服务水平。

物流服务一般可以从以下 3 个方面来满足客户的需求。

（1）备货保证：对于客户所期望的物品有足够的存货保证。

（2）输送保证：在客户期望的时间内输送物品，包括物品长距离的运输保证和近距离的配送保证。

（3）品质保证：保证物品质量符合客户的期望。

（三）物流服务的特征

物流服务除了具有服务的一般特征以外，还具有以下几个特征。

1. 结构性

企业所提供的物流服务具有明显的结构性特征。首先，物流服务是根据客户需求通过合理配置多种物流资源和物流功能形成的，会体现出一定的结构性；其次，由于物流需求的多元化、综合化趋势，物流服务也会体现出结构性特征。企业要提高物流服务水平，就必须重视物流服务的结构性及其变化趋势。

2. 差异性

不同的物流系统所提供的物流服务是不会完全相同的，同一物流系统在不同时期所提供的物流服务也会有一定的差异。这主要是受到物流系统提供物流服务的能力、服务方式以及客户对服务评价的影响。此外，物流客户需求的独特性和即时性也要求物流系统能够提供具有个性化、柔性化、即时性等的差异性服务。

3. 增值性

物流服务能够为客户创造时间价值、空间价值和加工附加价值，通过降低物流成本为供应链提供价值增值。物流服务的增值性一方面体现了物流服务是企业甚至供应链价值增值的一部分，另一方面也体现了物流服务对企业生产经营活动中产品和服务价值增值的重要作用。

4. 网络性

物流服务依赖于物流服务需求方和供给方的相互作用。随着现代信息技术和电子商务的快速发展，物流服务的网络性特征越来越显著。物流服务的网络性不仅表现在物流组织结构的网络化，还表现在物流服务技术和物流服务需求的网络化。物流服务的网络性对物流企业的经营管理提出了越来越高的要求。

二、物流服务的类型

根据物流服务理念的不同，物流服务可以分为以下几种类型。

（一）以客户为核心的物流服务

以客户为核心的物流服务包括交易双方利用第三方物流来运输或保管物品的各种可选择服务。客户向制造商的订货、零售商向商店或客户指定地点的配送、配送中心向各零售店的持续配送等服务适合采用以客户为核心的物流服务。此外，新品的物流服务以及季节性商品配送也适合采用以客户为核心提供物流服务。

（二）以促销为核心的物流服务

以促销为核心的物流服务涉及促销商品的生产制造、仓储、配送等支持客户快速收到商品的支持性服务以及销售点及其他区域的商品展销布局等服务。以促销为核心的物流服务还包括对样品的物流服务以及广告宣传和促销材料的物流支持等。

（三）以制造为核心的物流服务

以制造为核心的物流服务是依据客户所订购产品来组织采购、生产制造、销售等物流活动，并以制造为核心具体实施的物流服务。以制造为核心的物流服务主要是根据市场预测结果和客户订单来提供物流服务的，甚至可以按照客户个性化需求定制产品或服务。这种物流服务由于更好地满足了客户需求，改善了服务，提高了服务水平。

（四）以时间为核心的物流服务

以时间为核心的物流服务是指物流企业在向客户配送货物以前对货物进行分类、排序，甚至提前将货物运送至客户所在地附近的物流服务。这种物流服务主要采用准时制，以最大限度地满足客户要求提供服务的各种时间需要。以时间为核心的物流服务主要是通过避免不必要的仓库设施设备、人员以及时间的重复使用或浪费，以达到最大限度地加快服务速度的目的。

三、物流服务水平的衡量

物流服务水平是指客户对所获得的物流服务要素及其构成形态的心理评价。物流服务水平的衡量既要考虑物流服务人员水平、物流服务质量水平、物流服务流程、物流服务时效、物流服务态度等综合要素，又要考虑客户的实际感受与其心理预期之间的差距。

物流服务水平可以从存货可得性、物流任务的完成情况和物流服务的可靠性等方面进行衡量。

（一）存货可得性

存货可得性是指当客户下订单时，物流企业所拥有的库存。存货一般可以分为周转库存和安全库存。存货可得性的一个重要体现就是物流企业的安全库存策略，安全库存是为了应对预测误差和需求不确定性等而设置的。

要增强存货可得性，企业需要进行精心策划，采用科学的库存管理方法，如 ABC 分类法。ABC 分类法包括对存货实施的和对客户实施的两种。

对存货可得性的衡量主要包括以下两个方面。

1. 缺货率

缺货率是指缺货发生的概率。物流企业将全部产品所发生的缺货次数汇总出来，然后与其供货次数进行对比，就可以得出该物流企业实现物流服务承诺的状况，即缺货率。

2. 供应比率

供应比率是指需求量被满足的程度。如一个客户订购 100 单位的货物，而物流企业只能供应 94 单位，那么其供应比率为 94%。

（二）物流任务的完成情况

物流任务的完成情况主要涉及订单完成周期、订单履行一致性、物流作业灵活性和异常处理 4 个指标。

1. 订单完成周期

订单完成周期是指从客户订货起到货物实际送达所消耗的时间。物流系统的设计不同，订单完成周期也会有很大差异。在现代运输技术快速发展的条件下，订单完成周期可以短至几个小时，也可以长达几个星期。但总体来看，随着物流效率的提高，订单完成速度正在不断加快。

2. 订单履行一致性

订单履行一致性是指物流企业面对众多客户的订单而能按时递送的能力，是履行递送承诺的能力。一致性是物流作业要解决的最基本问题。物流企业履行订单的速度如果经常发生波动，那就会使客户在制订计划时遇到困难。

3. 物流作业灵活性

物流作业灵活性是指物流企业处理客户个性化、独特性服务需求的能力。物流服务能力直接关系到物流企业灵活处理客户所需作业的能力，例如新品引入、促销方案、产品回收、供给中断等。

4. 异常处理

异常处理是指物流企业在客户订单执行时出现错误后的处理能力。如客户收到错误的货物或货物的质量存在问题，物流企业应及时与供应商沟通并进行处理。物流企业对这些异常问题的处理方式会直接影响客户对物流服务水平的评价。

（三）物流服务的可靠性

物流服务水平与物流服务的可靠性密切相关。物流活动中最基本的可靠性问题就是如何实现已计划的存货可得性及物流任务的完成情况。

四、提高物流服务水平的途径

（一）树立统筹全局的服务意识

物流企业应把服务重点放在满足客户需求上，而客户需要的物流服务是能安全、快速地收到货物，是物流企业提供的综合物流服务，而不仅是单纯的仓储服务或运输服务。物流企业应根据客户的要求和竞争对手的服务水平来确定自身的物流服务水平。同时，物流企业还要根据内外部环境的变化及时调整物流服务项目及其服务水平。

（二）开发差别化的物流服务

物流企业在确定服务水平时，应当开发差别化的物流服务，即与其他企业的物流服务相比，要有自身特色，这是保证高服务质量的基础，也是提高物流企业竞争力的关键所在。在开发差别化的物流服务时，企业应重视收集竞争对手的物流服务信息，包括物流服务项目及其服务水平等。

（三）提高物流技术水平

为提高物流服务效率和服务质量，企业应根据需要购置现代化的物流设施与设备，开发与智能物流设备兼容的物流信息系统，并通过电子化、网络化等信息技术手段完成对物流全过程的协调与控制，实现所有从物流企业到终端客户的全过程管理。

（四）建立科学的物流服务质量评价体系

物流企业应根据实际情况建立服务质量评价体系，包括数量指标、质量指标、效益指标等，不断提高物流服务水平。其中数量指标包括货物吞吐量、货物运输量、加工量等，质量指标主要包括发货准确率、商品缺损率、配送准时率等，效益指标主要包括净资产收益率、利润率、资金利用率等。

（五）建设高效的物流服务团队

运输、配送、仓储、流通加工、包装、装卸搬运、信息管理等每一项物流功能要素，都需要有专门的技术技能人才。物流企业需要将上述人才聚集到一起，形成一个效率高、执行力强的团队，才能使物流活动按照预期完成，从而提高物流服务水平。

单元三 物流成本管理

案例导入

物流成本核算案例

物流成本的精细化核算对企业经营日益重要。小王所在物流企业的管理层提出要在物流方面开源节流、降低成本，实现企业效益的提升。小王接到上级的任务，要求准确核算物流成本，为物流成本分析和物流成本控制提供基础数据。

思考

1. 物流成本项目有哪些？

2. 如何降低物流成本？

一、物流成本管理认知

（一）物流成本认知

1. 物流成本的含义

物流成本是指物流活动中所消耗的物化劳动和活劳动的货币表现，即产品在包装、运输、储存、装卸搬运、流通加工、物流信息、物流管理等过程中所耗费的人力、物力和财力的总和以及与存货有关的资金占用成本、物品损耗成本、保险和税收成本。其中，与存货有关的资金占用成本包括负债融资所发生的利息支出（即显性成本）和占用自有资金所产生的机会成本（即隐性成本）两部分内容。

2. 物流成本的构成

按照成本项目分类，物流成本由物流功能成本和存货相关成本构成，如表7-1所示。其中，物流功能成本指在包装、运输、仓储、装卸搬运、流通加工、物流信息和物流管理过程中所发生的物流成本。存货相关成本指企业在物流活动过程中所发生的与存货有关的资金占用成本、存货风险成本和存货保险成本。

3. 物流成本的影响因素

管理者只有全面了解物流成本的影响因素，才能对企业的物流成本实施有效管理，达到事半功倍的效果。影响企业物流成本的因素很多，在此主要介绍以下4个对企业物流成本影响较大的因素。

（1）管理制度因素

无论是生产企业还是流通企业，从制度上对存货实行控制，严格掌握进货数量、次数和品种，都可以减少资金占用和货款利息支出，降低物流成本。

（2）产品因素

企业产品的特性不同，对物流成本的影响程度也不同。

①产品价值。产品价值的高低会直接影响物流成本的大小。随着产品价值的增加，物流成本也会增加。一般来说，产品价值越大，对所需使用运输工具的要求也就越高，仓储成本、库

存成本和包装成本也会随着产品价值的增加而增加。

表 7-1　企业物流成本项目构成

成本项目			内容说明
物流功能成本	物流运作成本	运输成本	一定时期内，企业为完成货物运输业务而发生的全部费用，包括货物运输人员费用，车辆（包括其他运输工具）的燃料费、折旧费、维修保养费、租赁费、养路费、过路费、保险费、年检费、事故损失费、相关税金等
		仓储成本	一定时期内，企业为完成货物储存业务而发生的全部费用，包括仓储人员费用，仓储设施的折旧费、维修保养费、水电费、燃料与动力消耗费等
		包装成本	一定时期内，企业为完成货物包装业务而发生的全部费用，包括包装人员费用，包装材料消耗费，包装设施的折旧费、维修保养费，包装技术设计费、实施费用，以及包装标记的设计费、印刷费等辅助费用
		装卸搬运成本	一定时期内，企业为完成装卸搬运业务而发生的全部费用，包括装卸搬运人员费用，装卸搬运设施的折旧费、维修保养费、燃料与动力消耗费等
		流通加工成本	一定时期内，企业为完成货物流通加工业务而发生的全部费用，包括流通加工人员费用，流通加工材料消耗费，加工设施的折旧费、维修保养费、燃料与动力消耗费等
	物流信息成本		一定时期内，企业为采集、传输、处理物流信息而发生的全部费用，指与订货处理、储存管理、客户服务有关的费用，具体包括物流信息人员费，软硬件设施的折旧费、维护保养费、通信费，物流信息系统开发摊销费等
	物流管理成本		一定时期内，企业物流管理部门及物流作业现场所发生的管理费用，具体包括管理人员费用、差旅费、办公费、会议费等
存货相关成本	资金占用成本		一定时期内，企业在物流活动过程中负债融资所发生的利息支出（显性成本）和占用内部资金所发生的机会成本（隐性成本）
	存货风险成本		一定时期内，企业在物流活动过程中所发生的物品跌价、损耗、毁损、盘亏等损失
	存货保险成本		一定时期内，企业支付的与存货相关的财产保险费

　　②产品密度。产品密度越大，相同运输单位所装的货物越多，运输成本也就越低；产品密度越大，仓库中一定空间领域内存放的货物越多，库存成本就会越低。

　　③产品废品率。高质量的产品可以减少因次品、废品等退货而发生的各种物流成本。

④产品破损率。易损产品对物流各环节，如运输、包装、仓储等提出了更高的要求，由此对物流成本的影响也是显而易见的。

⑤特殊搬运。产品对搬运提出特殊要求会增加物流成本。如长而大的产品在搬运过程中需用特殊装载工具，有些产品在搬运过程中需加热或制冷等。

（3）竞争因素

竞争因素中除了产品的性能、价格、质量外，优质的客户服务是决定市场竞争成败的又一关键因素。而客户服务水平的高低又直接决定着物流成本的高低。一般来说，物流成本随着客户服务水平的提高而增加。影响客户服务水平的因素主要有以下几个。

①订货周期。高效的物流系统可以提高客户服务水平，缩短企业的订货周期，减少客户的库存，但物流成本也会相应提高。

②库存水平。虽然高库存水平能够降低缺货成本，但过高的库存水平也会使存货成本显著增加。因此，合理的库存应保持在使物流总成本最低的水平上。

③运输。采用更快捷的运输方式可以缩短运输时间，虽然会增加运输成本，但能降低库存成本，增强企业的快速反应能力。

（4）环境因素

环境因素包括空间因素、地理位置及交通状况等。如果企业距离目标市场太远，交通状况较差，则必然增加运输及包装成本。如果在目标市场建立或租用仓库，则会增加库存成本。因此，环境因素对物流成本的影响是很大的。

（二）物流成本管理的含义与内容

1. 物流成本管理的含义

物流成本管理是指对物流活动发生的相关成本进行计划、组织、协调与控制。物流成本管理的实质是以成本为手段进行物流管理，把物流成本作为评价企业各项工作的标准，从而发现企业物流活动中存在问题的环节，有目的地解决问题。物流成本管理是企业物流管理的一个重要组成部分，对于促进降本增效、改进企业管理、提高企业整体管理水平具有重要意义。

2. 物流成本管理的内容

物流成本管理是以物流成本核算与分析为手段的物流管理活动，通过管理物流成本达到对整个物流系统进行管理和优化的目的。

物流成本管理主要包括以下内容。

（1）物流成本核算

物流成本核算是指在物流成本计划执行后，根据企业确定的物流成本核算对象，采用适当的成本核算方法，按照规定的成本项目，通过一系列的物流费用归集与分配，计算出各物流成本核算对象的实际总成本和单位成本。通过物流成本核算，企业可以如实把握物流经营中的实际支出，并对各种物流成本实际支出进行控制。

（2）物流成本分析

物流成本分析是指在物流成本核算及其他有关资料的基础上，运用一定的方法，揭示物流成本水平的变动，进一步查明影响物流成本变动的各种因素。通过物流成本分析，企业可以检查物流成本计划的完成情况，及时发现问题并提出改进建议。

（3）物流成本预测

物流成本预测是根据有关物流成本数据和其他相关信息，运用一定的技术方法，对未来物流成本水平及其变动趋势做出科学预测。物流成本管理的许多环节都存在成本预测，如仓储环节的库存预测、运输环节的货物周转量预测等。

（4）物流成本决策

物流成本决策是在物流成本预测的基础上，结合其他有关资料，运用一定的科学方法，从若干个方案中选择一个最优方案的过程。例如，配送中心新建、改建、扩建的决策，装卸搬运设备、设施购置的决策等。进行物流成本决策是编制物流成本计划的前提，是实现物流成本的事前控制、提高企业经济效益的重要途径。

（5）物流成本预算

物流成本预算是指根据物流成本决策所确定的方案、预算期的物流任务、降低物流成本的要求以及有关资料，通过一定的程序，运用一定的方法，以货币形式规定预算期物流各环节的成本水平，并提出保证物流成本预算顺利实现所采取的措施。物流成本预算管理可以在降低物流各环节成本方面给企业提出明确的目标，推动企业加强成本管理责任制，控制物流环节费用，降低物流成本。

（6）物流成本控制

物流成本控制是指根据物流计划目标，对影响物流成本的各种因素和条件主动施加影响，以保证物流成本预算的顺利完成。从物流企业经营过程来看，物流成本控制包括事前控制、事中控制和事后控制。通过物流成本控制，企业可以及时发现存在的问题，采取措施，保证物流成本目标的实现。

（7）物流成本绩效评价

物流成本绩效评价是指按照一定的程序，利用物流成本评价指标，对企业在一定经营期间的经营效益和经营者绩效进行分析，真实反映物流成本效益现状，预测未来的发展潜力，为企业规划决策提供依据。

加强物流成本管理，降低物流成本，可以提高企业的物流管理水平，促进企业经济效益的提高，改善物流运作效率，增强企业的竞争力。

二、物流成本核算

（一）物流成本核算的内容

企业物流的一切活动最终体现为经济活动，经济活动必然要求进行经济核算、成本核算、业绩考核。所以物流成本核算贯穿于企业物流活动的全过程。企业的物流活动包括运输、仓储、包装、配送、装卸搬运、流通加工、信息处理、物流管理等多个环节，决定了企业物流成本核算包括运输成本核算、仓储成本核算、包装成本核算、配送成本核算、装卸搬运成本核算、流通加工成本核算、物流信息成本核算和物流管理成本核算，除此之外，还有存货相关成本核算。

（二）物流成本核算程序

物流成本核算程序包括确定物流成本核算对象，审核、控制各项物流费用，确定物流成本项目，归集和分配物流成本，设置和登记成本明细账5个步骤。

1. 确定物流成本核算对象

物流成本核算对象就是费用归集的对象或费用承担的实体。对于物流企业来讲，成本核算对象分为基本物流成本核算对象和其他物流成本核算对象。基本物流成本核算对象主要包括 3 个维度，即物流成本功能、物流范围和物流成本支付形态。其他物流成本核算对象包括客户、产品或服务项目、部门、营业网点等。

2. 审核、控制各项物流费用

物流成本核算应该真实、正确和合法，因此物流成本核算人员必须严格审核有关原始记录，严格审核和控制各项费用，按照国家有关规定确定其是否计入物流成本。只有审核无误的原始记录，才能作为物流成本核算的依据。审核的内容包括信息填写是否齐全、数字计算是否正确、签字盖章是否齐全、费用开支是否合规等。

3. 确定物流成本项目

为了正确反映成本的构成，需要合理确定物流成本项目。物流企业通常会设置企业本身的物流成本和企业对外支付的物流成本两类成本项目。物流企业本身发生的物流成本主要包括仓储成本、运输成本、配送成本、物流管理成本、物流信息成本等。物流企业对外支付的物流成本主要包括企业对外支付的仓储费、运输费、包装费、装卸费、手续费等。

4. 归集和分配物流成本

归集物流成本是指对企业生产经营过程发生的各种物流成本，按照一定的对象进行的收集或汇总。对于直接材料、直接人工，应该按既定的成本核算对象进行归集；对于间接费用，则应按发生地点或用途进行归集，然后再分配计入各成本核算对象。

分配物流成本是指将归集的间接费用分配给成本核算对象的过程。物流成本的分配应遵循受益原则，即对能直接计入各成本核算对象的部分直接归集，对不能直接计入各成本核算对象的部分按照受益程度的大小分别计入各成本核算对象中。

5. 设置和登记成本明细账

为了正确计算各种成本，企业必须正确编制各种费用分配表和归集计算表，并且登记各类明细账。只有这样，企业才能将各种费用最后分配、归集到相应的明细账中，计算出各种核算对象的具体成本。

（三）物流成本核算的方法

物流成本核算常用的方法有以下几种。

1. 会计方法

利用会计方法核算物流成本是指通过由凭证、账户、报表构成的完整会计核算体系，连续、系统、全面地记录并汇总物流成本的方法。采用会计方法核算出的物流成本具有全面、准确、真实的特点。

2. 统计方法

利用统计方法核算物流成本不要求设置完整的凭证、账户、报表体系，只需要对企业现行核算资料进行分析，从中找出物流耗费部分，然后按照成本核算对象重新归类、分配、汇总。统计方法运用起来比较简单、灵活和方便，但是不能连续、系统地反映出全部物流成本。

3. 混合方法

混合方法实际上是指将一部分物流成本通过统计方法核算，另一部分通过会计方法核算。混合方法虽然也需要设置一些物流成本账户，但不像会计方法那样全面、系统，因此兼具上述两种方法的优点。

三、物流成本分析

物流成本分析的主要目的是在实现既定的客户服务水平的条件下降低企业的物流成本，增强企业的竞争能力，为企业的发展壮大提供强有力的支持。

（一）物流成本分析的内容

根据分析时间的不同，物流成本分析的内容可以分为以下 3 个方面。

1. 事前物流成本分析

事前物流成本分析是指在物流经营管理活动发生以前估算有关因素对物流成本的影响程度。事前物流成本主要包括物流成本预测分析和物流成本决策分析等。

2. 事中物流成本控制与分析

事中物流成本控制与分析是指以计划、定额成本为依据，分析实际成本与计划成本或定额成本的差异，实现对物流成本的控制与分析。

3. 事后物流成本分析

事后物流成本分析是指将物流经营管理过程中发生的实际成本与计划成本进行比较，对产生的差异进行详细分析，找出成本升降的原因，提出解决措施。

（二）物流成本分析的方法

物流成本分析的方法主要包括指标对比法、比率分析法和因素分析法。

1. 指标对比法

指标对比法又称比较分析法，是通过物流成本指标的对比确定数量差异的一种方法。指标对比法由于简单易行、便于掌握，应用非常广泛。物流成本指标的比较分析通常有以下 3 种形式。

（1）横向对比法。横向对比法是指将企业与同行业先进水平进行对比。横向对比可以反映出企业与同行业先进水平的差距，以便企业扬长避短，努力降低物流成本，不断提高经济效益。

（2）纵向对比法。纵向对比法是指将企业与自身历史对比，即比较本企业不同时期的成本指标。纵向对比可以反映出企业物流成本的动态变化趋势，有助于企业吸取历史经验，提高物流管理水平。

（3）差异分析法。差异分析法是指将实际成本与计划成本进行对比，以检查计划的完成情况，分析计划已完成或未完成的影响因素及原因，以便及时采取措施来保证实现目标。通过差异分析，企业可以了解计划的完成程度，为进一步分析指明方向。

2. 比率分析法

比率分析法是指用两个指标的比率进行分析的方法。比率分析法是首先把对比分析的数值变成相对数，然后观察相对数之间的关系。常见的比率有结构比率、相关比率和动态比率 3 种。结构比率是指单项物流成本数值与物流总成本数值的比率。相关比率是指同一时期两项相关数值的比率，如反映营运能力的比率、反映盈利能力的比率等。动态比率是指某物流成本项目不同时期的两项数值的比率，如定基比率和环比比率。

在进行物流成本分析时，经常将指标对比法和比率分析法结合起来，进行物流成本的结构分析、增减变动分析和趋势分析。

3. 因素分析法

因素分析法是用来分析各种影响因素对物流成本的影响程度的一种方法。在企业经营管理中，物流成本会受到众多因素的影响。从数量上测定各因素对物流成本的影响程度有助于企业准确找到提高企业效益的方法。

因素分析法的步骤如下。

（1）确定影响物流成本的因素。

（2）确定各因素与物流成本的关系。

（3）采用适当方法把物流成本分解成多个因素。

（4）确定每个因素对物流成本的影响程度。

四、物流成本控制

物流成本控制是指根据物流计划目标，对成本发生过程以及影响物流成本的各种因素和条件主动施加影响，以保证物流成本预算的顺利完成。物流成本控制是企业全员控制、全过程控制、全环节控制和全方位控制，是经济和技术相结合的控制。在现代企业物流管理中，物流成本控制占有十分重要的地位。

（一）物流成本控制的内容

按照成本项目分类，物流成本控制的内容主要包括以下几个方面。

1. 运输成本控制

运输成本在物流成本中所占比重较大，因此运输成本控制是物流成本控制的重点。运输成本控制主要通过对运输方式、运输价格、运输时间、运输安全性等的合理选择，权衡运输服务水平与运输成本，来达到最优的运输经济效益。

2. 仓储成本控制

仓储成本在物流成本中所占比重也较大。仓储成本控制的关键在于优化仓储管理中货物入出库作业流程、简化入出库作业手续、提高仓库的利用率以及加快储存货物的周转速度等。

3. 包装成本控制

要控制物流包装成本，包装的标准化和包装材料的成本控制至关重要。在物流包装管理中，需要做好包装材料的经济分析，采用标准化的包装，尽量考虑包装容器的循环利用。

4. 装卸搬运成本控制

装卸搬运成本控制除了要保证装卸搬运过程中货物的安全外，控制装卸搬运时间和次数也是非常重要的。控制途径主要包括防止装卸搬运的无效作业、减少装卸搬运次数、提高装卸搬运活性指数等。

5. 流通加工成本控制

流通加工成本控制关键在于明确流通加工地点的设置规则和加工程度，选择合适的流通加工方式以及避免多余的流通加工环节等。

6. 物流信息成本控制

实现物流信息化是现代物流企业提高运营效率的关键因素。物流信息成本控制的关键在于物流软硬件设施设备的维护保养，物流信息系统开发和物流信息技术、物联网技术、网络技术等现代信息技术的科学规划与利用。

（二）物流成本控制的步骤

物流成本控制包括事前控制、事中控制和事后控制，始终贯穿于物流企业经营管理全过程。一般来说，物流成本控制应包括以下 3 个步骤。

1. 事前制定物流成本标准

物流成本标准是物流成本控制的依据，也是检查、评价实际物流成本水平的依据。物流成本标准应包括物流成本管理中设定的各项指标。

2. 事中监督物流成本的执行

这一步是根据物流成本标准，对物流成本的各个项目执行情况以及影响因素与条件进行监督和检查，如物流设施设备、物流工具、员工技术水平、工作环境等，将物流成本控制与企业物流作业管理结合起来进行。

3. 事后分析成本差异并改进

一般来说，实际物流成本与计划物流成本会存在一定的差异。事后需要找出成本差异，分析差异形成的原因，并有针对性地提出改进措施加以执行。

单元四　物流质量管理

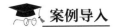

案例导入

推动国家物流枢纽网络建设，推动物流高质量发展

《关于推动物流高质量发展促进形成强大国内市场的意见》（发改经贸〔2019〕352号）强调了推动物流高质量发展对区域经济和国民经济发展的重要作用，以降低实体经济特别是制造业物流成本为主攻方向，从构建高质量物流基础设施网络体系、提升高质量物流服务实体经济能力、增强物流高质量发展的内生动力、完善促进物流高质量发展的营商环境、建立物流高质量发展的配套支撑体系、健全物流高质量发展的政策保障体系等6个方面，提出了25条具体举措，并明确了部门分工和细化措施，对于推动解决制约物流高质量发展的突出问题，降低社会物流成本水平，增强实体经济活力，提高社会经济运行效率，促进形成强大国内市场，推动国民经济高质量发展具有重要意义。

思考

1. 物流质量管理的意义有哪些？

2. 如何推动物流高质量发展？

一、物流质量管理认知

（一）物流质量管理的定义

物流质量管理是指科学运用质量管理方法和手段，以质量为中心对物流全过程进行系统管理。物流质量具有双重含义，不仅包括现代企业根据物流运作规律所确定的物流工作的量化标准，而且更应该体现物流服务的客户期望满足程度的高低。

（二）物流质量管理的特点

物流质量管理具有"三全"的特点。

1. 全面的管理对象和方法

物流质量管理要求企业不仅要重视产品质量，还要重视形成产品的工作的质量。除此之外，企业还要对人员、设施设备、环境等影响质量管理的因素进行全面控制。质量管理的方法包括数理统计技术、最优化技术、预测与决策技术、控制技术等。物流质量管理要求企业根据不同的情况，针对不同的影响因素，灵活运用上述管理方法实现统筹管理。

2. 全过程控制

产品首先在设计过程中形成，然后被生产制造出来，最后通过销售渠道送达客户手中，具体环节包括市场调查、研究开发、生产准备、生产制造、检验、存储、运输、销售、为客户服务等。为了实现全过程管理，企业必须建立质量管理体系，将影响质量管理的因素和环节纳入质量管理体系，从而使企业与各部门的质量管理活动形成有机整体，达到及时满足客户需求、不断提高企业竞争力的目的。

3. 全员参与

产品与服务质量如何取决于企业的各生产环节和各项管理工作。任何一个环节或者任何一个人员的疏忽都会大大影响产品与服务的质量。质量管理的"全员"既包括工程技术人员和工人，还包括领导人员和管理人员等全体员工。另外，企业应加强企业内部各部门之间、企业与外部客户之间、企业与供应商之间的横向合作，尽可能全面发挥质量管理的最大效用。

二、物流质量管理的方法

（一）物流质量衡量

物流质量的保证必须建立在准确有效的物流质量衡量上。一般来说，物流质量主要从以下几个方面来衡量。

1. 物流时间

保证产品质量并及时送达客户指定地点是物流的重要目标，因此物流时间成为衡量物流质量的重要因素。而且，时间价值在市场竞争中越来越重要，客户越来越重视时间的准确性。例如，在运输管理中，如何高效衔接不同运输方式、减少中转点的停留时间等成为物流企业亟须解决的问题。

2. 物流成本

降低物流成本不仅是企业获得利润的途径，也是节约社会资源的有效途径。在国民经济各部门中，因各部门产品对物流的依赖程度不同，物流成本在生产成本中所占比重也不同。物流总成本占国内生产总值的比重已成为衡量一个国家或地区物流发展水平的重要指标。

3. 物流效率

物流效率是指物流系统以一定服务水平满足客户物流需求的效率。对于企业来说，物流效率指的是物流系统的整体运作水平，而不仅仅是个别物流功能效率的提高。物流效率的提高意味着客户按时收到货物的保证程度得到提高，客户满意度也会随之提高。

（二）物流质量管理的内容

1. 商品质量保证及改善

商品质量保证是指商品储存与运输过程中对商品原有质量（数量、形状、性能等）的保证。现代物流不仅仅要求保证商品原有质量，甚至还要求采用流通加工等手段改善和提高商品质量。商品质量保证及改善的主要指标有缺货率、商品缺损率等。

$$缺货率 = \frac{缺货次数}{客户订货次数} \times 100\%$$

$$商品缺损率 = \frac{商品缺损量}{库存商品总量} \times 100\%$$

2. 物流服务质量

现代物流具有极强的服务特性，既要为企业生产经营过程提供服务，又要为享受企业商品与服务的客户提供全面的物流服务。物流服务质量要求企业掌握和了解客户需求，如商品质量的保证程度、流通加工对商品质量的提高程度、数量的满足程度、交货期的保证程度、索赔及纠纷处理等。物流服务质量的主要指标有客户满意程度、客户满意度、准时交货率、货损货差率、货损货差赔偿费率等。

$$客户满意程度 = \frac{满足客户要求次数}{客户要求次数} \times 100\%$$

$$客户满意度 = \frac{物流服务次数 - 客户抱怨次数}{物流服务次数} \times 100\%$$

$$准时交货率 = \frac{准时交货次数}{总交货次数} \times 100\%$$

$$货损货差率 = \frac{货损货差金额}{库存总金额} \times 100\%$$

$$货损货差赔偿费率 = \frac{货损货差赔偿金额}{业务收入总额} \times 100\%$$

3. 物流工作质量

物流工作质量是指物流活动各环节、各岗位具体的工作质量。物流工作质量和物流服务质量既有联系又有一定的区别。物流服务质量取决于物流活动各环节、各岗位的工作质量，物流工作质量是物流服务质量得以实现的保证。物流工作质量由物流运行中的若干项作业组成，如仓储工作中的入库检验、物品码放、单证核对等，这些作业都要按照企业制定的工作质量标准来完成。物流工作质量的主要指标有货品收发正确率、仓储面积利用率、账货相符率等。

$$货品收发正确率 = \frac{货品吞吐量 - 收发货差错总量}{货品吞吐量} \times 100\%$$

$$仓库面积利用率 = \frac{仓库可利用面积}{仓库建筑面积} \times 100\%$$

$$账货相符率 = \frac{账货相符笔数}{库存货物总笔数} \times 100\%$$

4. 物流工程质量

物流工程质量是指把物流质量体系作为一个系统来考察，运用系统论的管理方法对影响物流质量的各因素（人的因素、体制因素、设备因素、工艺方法因素、计量与测试因素以及环境因素等）进行分析和控制。要提高物流工程质量，企业必须把物流质量管理体系作为一个系统，处理好各因素对物流工程质量的影响，实现"预防为主"的质量管理。物流工程质量的主要指标有仓容利用率、设备完好率、设备利用率、车辆满载率等。

$$仓容利用率 = \frac{库存商品实际数量}{仓库应存商品数量} \times 100\%$$

$$设备完好率 = \frac{设备完好台日数}{设备总台日数} \times 100\%$$

$$设备利用率 = \frac{全部设备实际工作时数}{同期设备日历工作时数} \times 100\%$$

$$车辆满载率 = \frac{满载车辆数量}{全部车辆数量} \times 100\%$$

三、提高物流质量的途径

（一）增强物流质量意识

企业必须增强物流质量意识，只有紧紧抓住物流质量来组织和开展物流业务，才能在激烈的市场竞争中取得竞争优势。

企业可以通过以下几个方面来提高物流质量意识，尤其是服务意识。

1. 员工自身形象与工作态度培养

第一，员工必须严格遵守规章制度，并遵守工作规范，培养质量意识；第二，员工在遇到突发问题与异常问题时，应学会冷静、忍耐，端正态度，并采取有效措施，化解客户的抱怨；第三，企业要定期考核员工的工作态度与工作水平。

2. 员工市场意识的培养

第一，让员工明白"人无远虑，必有近忧"的道理，必须切实把市场意识落实到为客户服务中去；第二，让员工明白没有优质的物流服务，也就没有良好的客户关系，从而利润就会减少，最终影响员工的薪资待遇。

3. 员工主动服务意识的培养

第一，要培养员工"我要服务"的意识，使员工以愉快的心情主动向客户提供服务；第二，要教员工换位思考，"如果我是客户，我会希望得到怎样的服务"，使员工明白"服务是光荣的"。

（二）适当配置、合理使用并有效维护物流设施与设备

1. 适当配置物流设施与设备

物流企业在配置设施与设备时，应综合考虑自身发展战略、现有设施与设备利用情况和自身实力等因素，做出适当的配置方案。

2. 合理使用物流设施与设备

物流企业为延长设备的使用年限，降低设备的维护成本，提高作业效率和质量，应正确、合理地使用物流设施与设备。物流企业应采取以下措施确保物流设施与设备的合理使用。

（1）物流设施与设备的使用部门和人员严格按规程操作物流设施与设备，对异常情况应采取应急措施进行处理并形成异常事故报告。

（2）严格按照使用程序管理物流设施与设备。

（3）不允许安排不符合操作规范与规程的作业任务。

（4）针对物流设施与设备建立严格的交接班制度。

（5）实行设备养护的物质奖励制度。

（6）对使用人员进行培训、考核和要求持证上岗。

3. 有效维护物流设施与设备

为了使物流设施与设备保持良好的技术性能，物流企业应有效维护物流设施与设备。

（1）日常保养。在日常操作过程中，作业人员要通过声音、气味等判断物流设施与设备是否正常，时刻观察物流设施与设备的运行情况。一旦发现物流设施与设备有故障，应停机排除故障。日常保养包括做好清洁卫生，定时、定点给物流设施与设备加油，检查物流设施与设备零部件是否完整，检查物流设施与设备是否漏油、漏气、漏电等。

（2）定期保养。定期保养是专业技术人员对物流设施与设备进行的有计划、强制性、全面性的维护。定期保养通常包括对物流设施与设备进行清洁和擦洗，对各润滑点检查、清洗换油，检查安全保护装置，更换磨损严重的零部件等。

（三）制定物流质量标准

物流企业要把物流质量意识体现在各层次人员的具体工作中。因此，物流企业需要制定具体的物流质量标准。物流质量标准可以使各层次人员，尤其是基层作业人员准确把握物流质量规范，实现预期的服务质量水平。物流质量标准是员工的行为准则，是物流企业活动的规范和依据。

（四）建立物流质量管理制度

物流企业为了保证物流质量管理制度的推行，提前发现异常情况并迅速处理改善，必须制定基于全面质量管理的物流质量管理制度。该制度包括组织体系、指标体系、检验体系、过程体系和信息管理体系五大体系。

一般来说，物流企业质量管理制度的内容包括组织机能与工作职责，物流质量标准及检验规范，物流企业人员、设备等管理，物流质量检验的执行，物流质量异常反应及处理，客户投诉处理，物流质量检查与改善。

（五）建立合理的绩效管理制度

绩效管理是指管理者和普通员工为了实现组织目标，共同参与绩效计划制订、指导沟通、考核评价和结果应用的过程。绩效管理通过促进个人绩效和组织绩效的提高，促进企业业务流程和管理流程的优化，最终保证企业战略目标的实现。物流企业可以按照绩效计划、绩效辅导、绩效考核、绩效反馈4个环节进行绩效管理。

（六）设定标杆使物流质量不断提高

标杆管理现已成为全面质量管理的重要内容。物流企业设定质量标杆，有助于辨析行业内优秀企业及其管理功能，有助于克服阻碍企业进步的顽疾，有助于通过与行业内优秀企业的对比，找出企业存在的深层次问题并采取措施保持企业的持续发展。

内容小结

本部分主要介绍了物流组织与控制的基础知识，包括物流组织管理、物流服务管理、物流成本管理和物流质量管理等基本内容单元。

物流组织管理是指随着企业物流活动的不断变化，不断调整物流组织结构，以提高物流服务水平，降低物流成本的管理过程。常见的物流组织结构形式包括直线制、职能制、直线—职能制、矩阵制、事业部制等。企业在选择物流组织结构时要从实际出发，综合考虑企业类型、企业战略、企业规模和企业环境等因素，以建立最合理的组织。

物流服务是为满足客户的物流需求所实施的一系列物流活动过程及其产生的结果。物流服务的本质是更好地满足客户需求，保证将客户需要的物品在要求的时间内准时送达，并能达到客户所要求的服务水平。物流服务水平是指客户对所获得的物流服务及其构成形态的心理评价。物流服务水平可以从存货可得性、物流任务的完成情况和物流服务的可靠性等方面进行衡量。

物流成本是指物流活动中所消耗的物化劳动和活劳动的货币表现。按照成本项目分类，物流成本由物流功能成本和存货相关成本构成。物流成本管理是指对物流活动发生的相关成本进行计划、组织、协调与控制。物流成本管理的内容主要包括物流成本核算、物流成本分析、物流成本预测、物流成本决策、物流成本预算、物流成本控制和物流成本绩效评价。

物流质量管理是指科学运用质量管理方法和手段，以质量为中心对物流全过程进行系统管理。物流质量管理的内容包括商品质量保证及改善、物流服务质量、物流工作质量和物流工程质量。

关键术语

企业组织形式　组织结构　物流组织管理　直线制　职能制　直线—职能制　矩阵制　事业部制　物流服务　物流服务水平　物流成本　物流成本管理　物流成本核算　物流成本分析　物流成本控制　物流质量管理

同步测试

一、单项选择题

1. 企业在物流活动中所消耗的物化劳动和活劳动的货币表现称为（　　　）。

    A. 物流价格　　　　　B. 物流成本　　　　　C. 物流价值　　　　　D. 物流效益

2. （　　　）是在物流成本预测的基础上，结合其他有关资料，运用一定的科学方法，从若干个方案中选择一个最优方案的过程。

    A. 物流成本预测　　　　　　　　　　B. 物流成本分析

    C. 物流成本决策　　　　　　　　　　D. 物流成本核算

3. （　　　）是指物流活动各环节、各岗位具体的工作质量。

    A. 商品质量保证及改善　　　　　　　B. 物流服务质量

    C. 物流工作质量　　　　　　　　　　D. 物流工程质量

4. （　　　）是为满足企业规模扩大和多样化经营需要而产生的一种组织结构形式。

    A. 直线制　　　　　B. 职能制　　　　　C. 直线—职能制　　　D. 事业部制

二、多项选择题

1. 物流成本管理的内容包括（　　　）。

    A. 物流成本核算　　　　　　　　　　B. 物流成本决策

    C. 物流成本分析　　　　　　　　　　D. 物流成本控制

2. 物流质量管理的特点有（　　　）。

    A. 全面的管理对象和方法　　　　　　B. 全过程控制

    C. 全员参与　　　　　　　　　　　　D. 全面的管理范围

3. 企业在选择物流组织结构时应考虑的因素有（　　　）。

    A. 企业类型　　　　　　　　　　　　B. 企业战略

    C. 企业规模　　　　　　　　　　　　D. 企业环境

三、判断题

1. 物流成本控制是指在物流成本核算及其他有关资料的基础上，运用一定的方法，揭示物流成本的变动，进一步查明影响物流成本变动的各种因素。　　　　　　　　　　（　　　）

2. 物流工作质量和物流服务质量既有联系又有一定的区别。　　　　　　　（　　　）

3. 存货相关成本体现的是物流运作过程中发生的各项支出。　　　　　　　（　　　）

实训项目

实训1　物流组织管理调研

实训目标

通过本项目的实训，使学生熟悉物流组织结构形成；能够利用网络搜集物流企业信息，并对物流企业组织结构形式进行分析。

实训要求

利用网络资源调研某一物流企业，结合该物流企业的相关情况，分析该物流企业的组织结构形式。

1. 学生自由组成小组，每组 5 人。
2. 熟悉某一物流企业的业务类型及其组织结构形式。
3. 分析该物流企业的组织结构。

实训指导

1. 指导学生了解物流企业的业务类型。
2. 指导学生根据网络资源分析物流企业的组织结构形式。

实训2　物流成本管理调研

实训目标

通过本项目的实训，使学生了解国内物流成本管理的现状和难题，体会到我国现阶段降低物流成本的重要性。

实训要求

利用网络搜集资料，了解各行业物流成本管理面临的问题，形成调研报告。

1. 学生自由组成小组，每组 5 人。
2. 搜集各行业物流成本相关数据，分析物流成本偏高的原因。
3. 提出降低物流成本的途径。
4. 形成调研报告。

实训指导

1. 指导学生利用网络搜集各行业物流成本相关数据。
2. 指导学生归纳整理物流成本偏高的原因。
3. 指导学生撰写调研报告。

模块八

国际物流

知识目标

了解国际物流的特点。

掌握国际物流系统的构成要素。

理解国际物流系统的基本业务。

能力目标

能初步选择国际货物运输方式。

素质目标

培育并践行社会主义核心价值观。

培育并践行物流管理人员的职业道德和职业精神。

知识框架

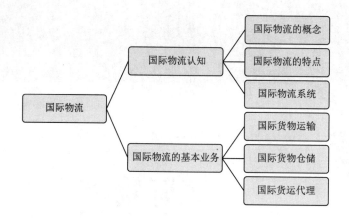

单元一　国际物流认知

案例导入

跨境电商与国际物流

跨境电商与国际物流是相互影响、紧密联系的两个行业，跨境电商为国际物流的发展带来市场，而国际物流则是跨境电商发展的关键环节之一。

传统商务模式已经不能满足消费者的需求，新时期消费者不仅越来越重视商品的质量、种类、数量，而且还非常看重购物体验。跨境电商则在满足消费者需求、提升购物便捷性及购物体验等方面发挥了重要作用。同时，跨境电商在改善企业服务质量、提高供应链有效性、增加国际贸易成交量等方面也越来越重要。因此很多传统企业纷纷引入跨境电商经营模式，这也为国际物流的发展提供了良好的市场机遇。

思考

1．什么是国际物流？国际物流的作用有哪些？

2．我们应如何理解跨境电商与国际物流的关系？

随着世界经济的发展，国际分工日益细化，国家（地区）与国家（地区）之间的交流与合作日益频繁，推动了国家（地区）间的商品流动，形成了国际物流。

一、国际物流的概念

国际物流是国内物流的延伸，是跨国界的、范围扩大的物流活动，包括全球范围内与物流管理相关的所有业务环节。

《物流术语》对国际物流（International Logistics）的定义为："跨越不同国家（地区）之间

的物流活动。"国际物流是指物品从一个国家（地区）的供应地向另一个国家（地区）的接收地的实体流动过程。

国际物流有狭义与广义之分。

狭义的国际物流是指当生产和消费分别在两个或两个以上的国家（地区）独立进行时，为了克服生产和消费之间的时间距离和空间间隔，对货物（商品）进行物理性移动的一项活动，从而完成国际商品交易的最终目的。

广义的国际物流包括国际贸易物流、非贸易物流、国际物流投资、国际物流合作、国际物流交流等。其中，国际贸易物流主要是指组织货物在国家（地区）间的合理流动，非贸易物流是指国际展览与展品物流、国际邮政物流等，国际物流投资是指不同国家（地区）物流企业共同投资建设国际物流企业，国际物流合作是指不同国家（地区）的企业完成重大的国际经济技术项目的国际物流，国际物流交流是指物流科学、技术、教育、培训和管理方面的国际交流。

国际物流的目标是选择最佳的方式和路径，以最低的成本和最小的风险，保质、保量、适时地将货物从一国（地区）的供方到另一国（地区）的需方，保障国际贸易和跨国经营服务顺利开展，促进区域经济的发展与世界资源的优化配置。

二、国际物流的特点

（一）物流环境存在差异

国际物流与国内物流相比在物流环境方面存在较大差异，尤其是物流软环境的差异。不同国家有不同的物流适用法律，这使得国际物流的复杂性远高于国内物流；不同国家的经济和科技发展水平差异也会使国际物流系统运作水平下降；不同国家的不同标准也造成了国际物流难以建立统一的标准。由于物流环境的差异，国际物流系统被迫需要在多个不同法律、习俗、语言、科技等环境下运行，这极大地增加了国际物流系统运作的难度。

（二）物流系统范围广

物流本身的功能要素、系统与外界的联系已经很复杂了，再加上不同国家（地区）地域和空间的因素以及所涉及的内外因素，导致国际物流运作所需的时间更长，难度增加和复杂性增强，风险增大。

（三）物流的标准化要求更高

要使国际物流顺畅，各国（地区）物流标准必须统一起来。如果没有统一的标准，国际物流水平是很难提高的。我国已基本实现了物流工具、设施的统一标准，如托盘推荐优先使用1 200毫米×1 000毫米的规格，这不仅提高了我国物流系统的整体运作效率，也实现了与主要对外贸易国家的物流标准对接。而不与国际标准对接的国家（地区），必然会在仓储、运输等中转环节中耗费更多的时间和费用，从而降低其国际竞争力。

（四）高风险性

国际物流的风险主要包括政治风险、经济风险和自然风险。政治风险主要是指商品所经国家（地区）的政局动荡、罢工、战争等导致的损失，以及国家（地区）与国家（地区）之间政治、经济关系变化导致的损失。经济风险包括汇率风险和利率风险，主要是结算货币的汇率和利率在国际金融市场的不确定性导致的损失。自然风险则是指地震、海啸、风暴等自然现象引起的商品延迟交货、商品破损等风险。

（五）国际化信息系统的支持

国际化信息系统是国际物流，尤其是国际联运非常重要的支持手段。由于投资巨大、管理困难，特别是不同国家（地区）物流信息技术水平差异较大，国际信息系统建立的难度非常大。较好的建立国际物流信息系统的办法是与各国海关的公共信息系统联机，及时掌握各个港口、机场和联运线路、场站的实际状况，为国际物流决策提供支持。在国际物流信息传递方面，欧洲各国不仅实现了企业内部的标准化，而且实现了欧洲统一市场的标准化，这就使欧洲各国之间的信息传递比其与亚洲、非洲等国家之间的信息传递更有效、更快捷。

三、国际物流系统

国际物流系统是由商品的运输、仓储、检验、报关、包装、装卸搬运、流通加工和信息处理等子系统组成。其中，运输子系统和仓储子系统是国际物流的两大支柱。国际物流通过对商品的运输和储存，实现其时间效益和空间效益，满足国际贸易活动和跨国公司经营的需要。

（一）国际物流运输子系统

物流运输的作用是对商品进行空间移动，克服商品生产地和消费地的空间距离，创造商品的空间效益。国际物流运输子系统是国际物流系统的核心。商品通过国际货物运输作业由卖方转移给买方。国际货物运输具有路线长、环节多、涉及面广、手续繁杂、风险性大、内外运两段性和联合运输等特点。运输费用在国际贸易商品价格中占有很大比重。国际货物运输主要涉及运输方式的选择、运输单据的处理以及投保等内容。

（二）国际物流仓储子系统

国际物流商品流通是一个由分散到集中，再由集中到分散的持续不断的流通过程。国际贸易和跨国经营中的商品从生产厂商或供应部门集中运送到装运港口，有时需要临时存放一段时间，再装运出口，这是一个集和散的过程。同理，当商品到达卸货港口，有时也需要临时存放一段时间，再分送运输。

国际物流的上述集散过程主要在各国的保税区和保税仓库进行，涉及各国保税制度和保税仓库建设等内容。保税制度是各国政府为了促进对外加工贸易和转口贸易，对特定的进口货物，在进境后但尚未确定内销或复出的最终去向前，暂缓缴纳进口税，并由海关监管的一种制度。保税仓库是经海关批准设立的专门存放保税货物及其他未办结海关手续货物的仓库。保税仓库的出现为国际物流的商品仓储提供了既经济又便利的条件。

（三）国际物流检验子系统

由于国际贸易和跨国经营具有投资大、风险高、周期长等特点，商品检验成为国际物流系统中重要的子系统。商品检验可以确定交货品质、数量和包装条件是否符合合同规定。如发现问题，可分清责任，向有关方面索赔。在买卖合同中，一般都有商品检验条款，其主要内容包含检验国家（地区）、检验地点与阶段、责任划分等，如表8-1所示。

表 8-1　检验国家（地区）、检验地点与阶段、责任划分表

检验国家（地区）	检验地点与阶段	责任划分
出口国（地区）	工厂检验	卖方只承担货物离厂前的责任，运输中品质、数量变化的风险概不负责
	装船前或装船时检验	货物品质和数量以当时的检验结果为准。买方对到货的品质与数量原则上一般不得提出异议
进口国（地区）	卸货后在约定时间内检验	检验结果可作为货物品质和数量的最后依据。卖方应承担运输过程中品质、数量变化的风险
	在买方营业处所或最终用户所在地检验	
出口国（地区）检验、进口国（地区）复验	装船前检验	以装运港双方约定的商检机构出具的证明作为支付货款的凭证
	货到目的港后复验	如复验结果与合同规定不符，买方有权向卖方提出索赔，但必须出具卖方同意的公证机构出具的检验证明

（四）国际物流报关子系统

报关是指进出境运输工具负责人、进出口货物收发货人、进出境物品的所有人或者代理人向海关办理运输工具、货物、物品进出境手续及相关海关事务的全过程。报关的对象是进出境运输工具、进出境货物和进出境物品。报关的内容是办理运输工具、货物和物品的进出境手续及相关海关事务。进出境运输工具负责人、进出口货物收发货人、进出境物品的所有人或者代理人是报关行为的承担者，是报关的主体，也就是报关人。

（五）国际物流包装子系统

由于国际物流运输距离长，运输过程中需堆积存放以及多次装卸，货物损坏的可能性大，因此在国际物流中，包装非常重要。在出口商品包装设计和包装作业过程中，应把包装与仓储、运输、装卸搬运有机结合起来统筹考虑，系统规划国际物流的包装。另外，国际市场和消费者是通过商品来认识企业的，而商品的商标和包装就是企业的门面。为满足国际市场需求，国际物流系统会对出口商品包装提出各种特殊要求，需要提高商品包装系统的功能和效率，以扩大外贸出口和创汇能力。

（六）国际物流装卸搬运子系统

进出口商品的装卸搬运作业相对于物流运输来说，是短距离的商品移动，是国际货物运输、储存、包装、流通加工等作业的纽带和桥梁，以实现物流的空间效益。做好商品的装船、卸船、商品入库、商品出库、转运转装等，对国际物流至关重要，是降低物流成本、提高物流效率的重要环节。近年来，国际物流的装卸搬运由于集装箱的广泛应用而能高效运作。

（七）国际物流流通加工子系统

流通加工可以促进销售，提高物流效率和物资利用率，保证商品质量。出口商品流通加工的重要作用是使商品能更好地满足消费者的需求，不断扩大出口。

（八）国际物流信息处理子系统

国际物流信息处理子系统的主要功能是采集、处理和传递国际物流和商流的信息情报。国际物流信息的主要内容包括进出口单证的作业过程、支付方式信息、客户资料信息和市场行情信息等。国际物流信息处理子系统的特点是信息量大、交换频繁，传递量大、时间性强，环节多、点多、线长。所以要建立技术先进的国际物流信息处理子系统。

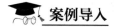

单元二　国际物流的基本业务

案例导入

中欧班列成为国际物流陆路运输骨干

中欧班列是按照固定车次、线路、班期和全程运行时刻开行，运行于中国与欧洲以及"一带一路"沿线国家间的集装箱等铁路国际联运列车，自2011年以来，已发展至70多条线路，成为"一带一路"的重要载体。截至2020年底，国内开行中欧班列通达欧洲21个国家（地区）、92个城市，大多数班列平台企业实现了由单一线路向"1+N"服务网络的转变。

亚欧之间的物流通道主要包括海运通道、空运通道和陆运通道。中欧班列以其运距短、速度快、安全性高、受自然环境影响小等特征，已经成为国际物流中陆路运输的骨干方式。

中欧班列物流组织日趋成熟，沿线国家经贸交往日趋活跃，国家间铁路、口岸、海关等部门之间的合作日趋密切，为铁路进一步发挥国际物流骨干作用，为践行"一带一路"倡议起到重要作用。

思考

1．什么是中欧班列？中欧班列的作用有哪些？

2．国际物流的基本业务有哪些？

国际物流的基本业务主要有国际采购、国际货物运输、国际货物仓储、装卸搬运、流通加工、包装、国际货运代理等。这里主要介绍国际货物运输、国际货物仓储、国际货运代理3种业务。

一、国际货物运输

国际货物运输是指国家与国家之间、国家与地区之间的货物运输。国际物流中使用的运输方式很多，包括海洋运输、铁路运输、航空运输、国际多式联运以及大陆桥运输等。

国际货物运输具有线长、面广、环节多、情况复杂和风险较大等特点。为了按时、按质、按量完成国际货物运输任务，买卖双方在订立国际货物买卖合同时，需要合理选择运输方式，订好各项装运条款，并运用好有关装运单据及有关运输知识。

（一）海洋运输

海洋运输是指使用船舶通过海上航道在不同国家和地区的港口之间运送货物的运输方式。

在国际货物运输中，海洋运输是最主要的运输方式。目前，海运量在国际货物运输总量中占80% 以上。

海洋运输的经营方式主要有班轮运输和租船运输两种。

1. 班轮运输

班轮运输又称定期船运输，是在固定的航线上，以既定的港口顺序，按照事先公布的船期表航行的水上运输经营方式。班轮运输具有下列特点。

（1）固定航线、固定港口、固定船期和相对固定的费率，即"四固定"的特点。这是班轮运输的最基本特征。

（2）承运人承担配载装卸及全部费用。

（3）承运人对货物负责的期间是从货物装上船起到货物卸下船止，即"船舷至船舷"。

（4）承运人和托运人双方的权利、义务和责任豁免以签发的提单条款为依据，并受统一的国际公约的制约。

班轮运输极大地方便了货主，比较有利于一般杂货和小批量货物的运输，对国际贸易的开展产生了巨大的推动作用。

2. 租船运输

租船运输又称不定期船运输，是船舶出租人把船舶租给承租人，根据租船合同的规定或承租人的安排来运输货物的运输方式。

在国际海运业务中，租船方式主要有定程租船、定期租船和光船租船 3 种。

（1）定程租船：又称航次租船，是指由船舶所有人负责提供船舶，在指定港口之间进行一个航次或数个航次的航行，承运指定货物的租船运输方式。定程租船通常适用于国际现货市场上成交的液体散货和干散货等两大类货物。

（2）定期租船：又称期租船，是指由船舶所有人将船舶出租给承租人，供其使用一定时期的租船运输方式。在租赁期间，船舶交由承租人管理、调动和使用。货物的装卸、配载、理货等一系列工作都由承租人负责，由此而产生的燃料费、港口费、装卸费、垫舱物料费等也都由承租人负担。船舶所有人负担船员薪金、伙食等费用，并负责保持船舶在租赁期间的适航状态以及因此而产生的费用和船舶保险费。因此，定期租船实质上是一种劳务和财产混合租赁的船舶租赁方式。

（3）光船租船：又称船壳租船，是指船舶所有人将船舶出租给承租人使用一定期限，但船舶所有人提供的船舶是一艘空船，承租人要自己任命船长、配备船员，负责船员的给养和船舶营运管理所需的一切费用。光船租船的承租人通常是另一家船公司。光船租船实质上属于单纯的财产租赁。

（二）铁路运输

铁路运输是仅次于海洋运输的一种主要运输方式。铁路运输最大的优势是运量较大、速度较快、运输风险明显小于海洋运输、能常年保持准点运营等。另外，通过海洋运输的进出口货物大多靠铁路运输进行集中和分散。

1. 国际铁路联运

国际铁路联运是指使用一份统一的国际铁路联运票据，由跨国铁路承运人办理两国或两国以上铁路的全程运输，并承担运输责任的一种连贯运输方式。在国际铁路联运中，发货人由始发站托运，使用一份铁路运单，铁路承运人根据运单将货物运往终点站交给收货人。由一国铁路向另一国铁路移交货物时，发货人和收货人均不需参加，沿途各国按国际条约承担国际铁路联运的义务。

2. 国内铁路运输

国内铁路运输是指仅在本国范围内按《铁路货物运输规程》的规定办理的货物运输。我国出口货物经铁路站至港口装船及进口货物卸船后经铁路运往各地，都属于国内铁路运输的范畴。

（三）航空运输

航空运输是一种现代化的运输方式，它与海洋运输、铁路运输相比，具有运输速度快、货运质量高且不受地面条件限制等优点。因此航空运输适宜运送急需物资、鲜活商品、精密仪器和贵重物品等。

在国际物流中，国际航空货物运输日趋普遍。国际航空货物运输是货物的出发地、约定的经停地和目的地之一不在同一国境内的航空运输。国际航空货物运输主要采用以下几种运输方式。

1. 班机运输

班机运输是指在固定开航时间、固定航线、固定始发站和目的站运输的运输方式。一般航空公司都使用客货混合型飞机。一些大的航空公司还在一些航线上开辟定期货运航班，使用全货机运输。班机运输由于航期固定，适于运送急需物品、鲜活商品以及季节性商品等。

2. 包机运输

包机运输是指航空公司按照约定的条件和费率，将整架飞机租给一个或几个包机人（发货人或航空货运代理公司），从一个或几个航空站装运货物至指定目的地。

包机运输可分为整包机和部分包机。整包机适用于运送数量较大的商品；部分包机适用于多个发货人，但货物到达站又是同一地点的货物运输。

3. 集中托运

集中托运是指航空货运公司将若干单独发运的货物组成一整批货物，用一份总运单发运至预定目的地，由航空公司在当地的代理人收货、报关、分拨后交给实际收货人。集中托运可降低运费，因此发货人比较愿意将货物交给航空货运公司安排，集中托运已成为我国进出口货物的主要运输方式之一。

4. 航空快递

航空快递是指具有独立法人资格的快递企业，将出境货物或物品从发件人所在地通过国际物流网络运达收件人的快速运输方式。航空快递是目前航空运输中最快捷的方式，特别适用于急需的药品、图纸资料、货样等货物或物品的运输。

（四）国际多式联运

国际多式联运是指按照多式联运合同，以至少两种不同的运输方式，由多式联运经营人将货物从一国境内的接管地点运至另一国境内指定交付地点的货物运输方式。进行国际多式联运应具备以下条件。

（1）多式联运经营人与托运人之间必须签订多式联运合同，以明确承、托双方的权利、义务和豁免关系。

（2）必须是国家（地区）间两种或两种以上不同运输方式的连贯运输。

（3）必须由一个多式联运经营人对全程运输负总责。

（4）必须是跨越国境的国家（地区）间的货物运输。

（5）必须是全程单一运输费率，其中包括全程各段运费的总和、经营管理费用和合理利润。

国际多式联运是实现"门到门运输"的有效途径，它简化了手续，减少了中间环节，加快了货运速度，降低了运输成本，提高了货运质量。

（五）大陆桥运输

大陆桥运输是指用横贯大陆的铁路或公路作为中间桥梁，将大陆两端的海洋运输连接起来的连贯运输方式。

大陆桥运输是以集装箱作为媒介，具有集装箱运输和国际多式联运的优点，并且更能利用成熟的海、陆运输条件，形成合理的运输路线，大幅缩短运输时间，降低运输成本。大陆桥运输发展到现在已形成西伯利亚大陆桥、欧亚大陆桥和北美大陆桥 3 条大陆桥运输路线。

国际货物运输除使用海洋运输、铁路运输、航空运输、国际多式联运、大陆桥运输等运输方式外，还可以使用公路运输、内河运输、管道运输等运输方式。

二、国际货物仓储

国际货物仓储业务是随着国际贸易活动和跨国公司经营的要求而发展起来的。没有国际货物仓储业务，就没有国际物流的流通。因此，国际货物仓储在国际物流中有着重要作用。

（一）保税仓库

保税仓库是经海关批准设立的专门存放保税货物及其他未办结海关手续货物的仓库。海关允许存放于保税仓库的货物有以下几类。

（1）加工贸易进口货物。

（2）转口货物。

（3）供应国际航行船舶和航空器的油料、物料和维修用零部件。

（4）供维修外国产品所进口寄售的零配件。

（5）外商暂存货物。

（6）未办结海关手续的一般贸易货物。

（7）经海关批准的其他未办结海关手续的货物。

（二）海外仓

海外仓是国内企业在境外设立，面向所在国家或地区市场客户，就近提供进出口货物集并、仓储、分拣、包装和配送等服务的仓储设施。

2015 年 5 月，商务部推出了《"互联网＋流通"行动计划》，我国不少电商平台和出口企业开始建设海外仓，布局境外物流体系。海外仓的建设可以让出口企业将货物批量发送至国外仓库，实现在该国本地销售、本地配送。

海外仓具有以下优点。

（1）客户下单后，出口企业通过海外仓直接本地发货，大大缩短了配送时间，也减少了清关障碍。

（2）货物批量运输，降低了运输成本。

（3）客户收到货物后能轻松实现退换货，改善了购物体验。

海外仓也有以下缺点。

（1）必须支付海外仓储费。不同国家海外仓的仓储成本费用不同，出口企业在选择海外仓的时候一定要计算好，并与正在使用的物流模式对比，进行合理选择。

（2）海外仓要求卖家要有一定的库存量。因此定制类产品就不适合选择海外仓销售。

国际货物仓储业务除使用保税仓库和海外仓外，还可以使用传统的仓储运作模式。

三、国际货运代理

（一）国际货运代理的定义

《物流术语》对国际货运代理（International Forwarder）的定义为："接受进出口货物收货人或发货人的委托，以委托人或自己的名义，为委托人办理国际货物运输及相关业务的服务方式或经济组织。"

从国际货运代理的定义来看，国际货运代理是一种具有中间人性质的运输业者，它既代表收货人或发货人，保护其利益，又协调承运人进行承运工作。

（二）国际货运代理的作用

国际货运代理在促进本国和世界经济发展的过程中起着重要作用，主要表现在以下几个方面。

1. 组织协调作用

国际货运代理使用现代化的通信设备，来推动国际贸易程序的简化，所以国际货运代理是"国际货物运输的设计师"，是"门到门运输"的组织者和协调者。

2. 开拓控制作用

国际货运代理不仅组织和协调国际货物运输，而且影响了新运输方式的产生、新运输路线的开发和新产品的市场开拓。多年来，我国的国际货运代理已在世界各贸易中心建立了分支机构及其客户网络，因此能够控制货物的全程运输。

3. 中间人作用

国际货运代理作为发货人或收货人的代理，可以以代理的名义及时订舱，与承运人洽谈费率；还可以以委托人的名义与承运人结清运费，并向承运人提供有效的服务。

4. 顾问作用

国际货运代理是企业的顾问，可以为企业提供运费、包装以及进出口业务所需的单证、金融、海关等各方面的专业意见，还能对企业的国外市场销售提供建议。

5. 提供专业化服务

国际货运代理的各种服务都是专业化的，它具有进出口、海陆空运输、结算、仓储、保险等方面的专业知识。国际货运代理对海关手续、运费、港口与机场的业务做法、集装箱运输组织等掌握了足够的信息。

6. 提供特殊服务

国际货运代理可以提供各种特殊服务。例如，将小批量的货物集中成整批货物运输，所有委托人都可以从中获益；向委托人建议采用最新、最省的运输方式，协助委托人控制运费在货物价格中的比重。

（三）国际货运代理的业务范围

根据《中华人民共和国国际货物运输代理业管理规定实施细则》，国际货运代理企业可以作为代理人或者独立经营人从事经营活动。其经营范围如下。

（1）揽货、订舱（含租船、包机、包舱）、托运、仓储、包装。

（2）货物的监装、监卸、集装箱装拆箱、分拨、中转及相关的短途运输服务。

（3）报关、报检、报验、保险。

（4）缮制签发有关单证、交付运费、结算及交付杂费。

（5）国际展品、私人物品及过境货物运输代理。

（6）国际多式联运、集运（含集装箱拼箱）。

（7）国际快递（不含私人信函）。

（8）咨询及其他国际货运代理业务。

内容小结

本部分主要介绍了国际物流的基础知识，包括国际物流认知和国际物流的基本业务等基本内容单元。

国际物流是跨越不同国家（地区）之间的物流活动。国际物流系统是由商品的运输、仓储、检验、报关、包装、装卸搬运、流通加工和信息处理等子系统组成。其中，运输子系统和仓储子系统是国际物流的两大支柱。国际物流通过对商品的运输和储存，实现其时间效益和空间效益，满足国际贸易活动和跨国公司经营的需要。

国际物流的基本业务主要有国际采购、国际货物运输、国际货物仓储、装卸搬运、流通加工、包装、国际货运代理等。

关键术语

国际物流　国际货物运输　国际货物仓储　国际货运代理

同步测试

一、单项选择题

1. 国际物流系统的核心子系统是（　　　）。

    A. 国际物流运输子系统　　　　　　　　B. 国际物流仓储子系统

C. 国际物流报关子系统　　　　　　　　　D. 国际物流检验子系统

2. 国际物流是指（　　　）在国家（地区）间的实体移动。

    A. 货物　　　　　　B. 劳务　　　　　　C. 信息　　　　　　D. 技术

3. （　　　）是在固定的航线上，以既定的港口顺序，按照事先公布的船期表航行的水上运输经营方式。

    A. 班轮运输　　　　B. 定程租船　　　　C. 定期租船　　　　D. 光船租船

4. （　　　）是指用横贯大陆的铁路或公路作为中间桥梁，将大陆两端的海洋运输连接起来的连贯运输方式。

    A. 大陆桥运输　　　　B. 国际多式联运　　　C. 铁空联运　　　　D. 海空联运

二、多项选择题

1. 班轮运输最基本的特点包括（　　　）。

    A. 固定航线　　　　　　　　　　　　　　B. 固定船期

    C. 固定港口　　　　　　　　　　　　　　D. 相对固定的费率

2. 与国内物流相比，国际物流具有的特点包括（　　　）。

    A. 物流系统范围广　　　　　　　　　　　B. 物流的标准化要求更高

    C. 高风险性　　　　　　　　　　　　　　D. 物流环境存在差异

    E. 国际化信息系统的支持

三、判断题

1. 国际物流商品流通是一个由分散到集中，再由集中到分散的持续不断的流通过程。

    （　　）

2. 国际货运代理的本质是货物中间人。　　　　　　　　　　　　　　（　　）

3. 在国际货物运输过程中，由于环节多、运输距离长、涉及面广、情况复杂，因此时间性不强。　　　　　　　　　　　　　　　　　　　　　　　　　　　　　　（　　）

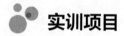

实训项目

实训　北京冬奥会物流需求调研

实训目标

通过本项目的实训，使学生熟悉大型体育盛会的物流需求；能够利用网络搜集北京冬奥会相关物流信息，并对物流需求进行分析。

实训要求

利用网络调研北京冬奥会物流信息，结合需求情况，分析北京冬奥会物流需求的结构。

1. 学生自由组成小组，每组 5 人。

2. 熟悉北京冬奥会的物流需求情况。

3. 分析物流需求结构。

实训指导

1. 指导学生了解北京冬奥会的物流需求情况。

2. 指导学生根据网络调研并分析北京冬奥会物流需求。

进阶篇

模块九

智慧物流

知识目标

理解智慧物流的概念。

了解智慧物流的作用。

理解智慧物流的技术架构。

掌握智慧物流的应用场景。

掌握智慧物流的应用方向。

能力目标

能初步描述智慧物流的应用场景。

素质目标

培育并践行物流管理人员的职业道德和职业精神。

培育并践行物流管理人员的创新精神。

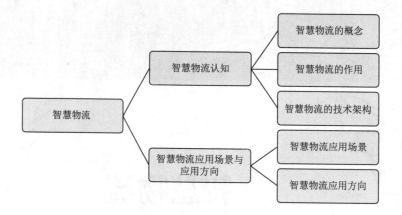

知识框架

单元一　智慧物流认知

案例导入

河北天环现代智慧物流项目：打造全国最大冷链物流供应基地

"十四五"期间，河北省将加快构建京津冀商贸物流一体化，打造环首都一小时物流圈。位于廊坊文安的河北天环现代智慧物流项目，依托临近天津港、曹妃甸港优势，将努力打造全国最大冷链物流供应基地。

河北天环现代智慧物流项目整体规划建设2个现代冷冻食品商贸广场、11栋8万平方米的冷库和智慧物流仓储设施、"中央厨房"及电子商务平台，总建筑面积96.9万平方米，分4期建设，全部投产后，可年交易冷链食品500万吨、冷库储存量100万吨、"中央厨房"年加工食品15 000吨。

河北天环现代智慧物流项目将带动区域内的金融、零售、餐饮、运输、租赁等配套服务的发展，进一步满足食品安全和质量统一、标准化生产的需求，对构建新发展格局、培育壮大现代商贸物流产业具有重要意义。

思考

1．什么是智慧物流？

2．智慧物流的发展对我们的生活会产生什么影响？

随着移动互联网、大数据、云计算、物联网等新技术在物流领域的广泛应用，网络货运、数字仓库、无接触配送等"互联网＋"高效物流新模式新业态不断涌现，自动分拣系统、无人仓、无人码头、无人配送车、物流机器人、智能快件箱等技术装备应用加快，智慧物流正式进入了快速发展期。

一、智慧物流的概念

《物流术语》对智慧物流（Smart Logistics）的定义为："以物联网技术为基础，综合运用大数据、云计算、区块链及相关信息技术，通过全面感知、识别、跟踪物流作业状态，实现实时应对、智能优化决策的物流服务系统。"

智慧物流是一种以信息技术为支撑，在物流的运输、仓储、配送、包装、装卸搬运、流通加工、信息处理等各个环节实现全面感知、识别和跟踪，全面分析并及时调整功能，实现物流规模性、系统性、创新性的现代综合性物流系统。

二、智慧物流的作用

（一）降低物流成本，提高企业利润

供应商、生产商、批发商、零售商等供应链节点企业通过智慧物流互相协作、信息共享，能大幅降低供应链物流成本。通过物体标识及标识追踪、无线定位等关键信息技术的应用，企业能够有效实现对物流的智能调度管理，整合物流核心业务流程，加强物流管理的合理化，从而降低物流成本，提高企业利润。

（二）加速物流产业发展，成为物流业的信息技术支撑

智慧物流集仓储、运输、配送、信息服务等多功能于一体，打破行业限制，有利于部门利益协调，实现集约化高效经营，优化社会物流资源配置。通过智慧物流技术支持，企业将分散的物流资源进行系统整合，实现企业的智能化、自动化和智慧化。

（三）为企业采购、生产和销售系统的智能融合奠定基础

RFID 技术、物联网技术等信息技术的广泛应用，将为企业的采购系统、生产系统和销售系统的智能融合奠定基础，而系统的融合必将产生智慧生产与智慧供应链的融合，必将促进制造业与物流业的深度融合。

（四）促进经济发展，提高城市的服务水平和综合竞争力

智慧物流集多种物流服务功能于一体，强调信息流与物流的快速、高效运转，以产业改造升级推动当地经济的发展，提高城市的服务水平和综合竞争力。

三、智慧物流的技术架构

智慧物流是基于物联网技术在物流业的应用而提出的。根据物联网技术架构，智慧物流也分为感知层、网络层和应用层 3 层技术架构。

（一）感知层

感知层是智慧物流的起点。智慧物流系统的感知层通过多种感知技术实现对物品的感知。

常用的感知技术有条码技术、RFID 技术、GPS 技术、无线传感网络技术等。所有能够用于感知物品的技术都能够在智慧物流系统中得到应用。

（二）网络层

网络层是智慧物流的神经网络。智慧物流系统借助感知技术获得数据后，利用大数据、云计算、人工智能等技术进行分析处理，产生决策指令，再通过感知通信技术向执行系统下达指令。

网络通信技术是智慧物流信息传输的关键。在局部应用场景中，如智慧物流仓，常采用无线局域网技术；在实现状态感知、物物联网时，常采用物联网技术；在全国或全球智慧物流网络系统应用中，主要采用物联网技术。

（三）应用层

应用层是智慧物流的应用系统。智慧物流系统借助物联网感知技术，感知到网络层的决策指令，在应用层实时执行操作。

应用层在智慧物流中采用的技术主要是自动化技术，包括：自动分拣技术，如机器人拣选、自动输送分拣、货到人拣选等各类自动分拣技术；智能搬运技术，如搬运机器人、AGV、无人叉车、无人牵引车等物流搬运技术；自动立体库技术，即通过货架系统、控制系统、自动分拣系统、自动传输系统等技术装备集成的自动存储系统，实现货物自动存取、拣选、搬运、分拣等环节的机械化与自动化；智能货运与配送技术，如货运车联网、智能卡车、无人机系统、配送机器人系统等。

另外，智慧物流技术还包括数据处理技术和数据计算技术等。

数据处理技术主要包括：大数据存储技术，如数据记录、数据存储、数据验证、数据共享等；大数据处理技术，如数据统计、数据可视化、数据挖掘等；机器学习技术，如经验归纳、分析学习、类比学习、遗传算法、增强学习等。

数据计算技术主要以云计算为核心，结合智慧物流的不同场景，实现智能物联实时操作，达到统筹资源、快速响应的目的。

单元二　智慧物流应用场景与应用方向

🎓 案例导入

智慧物流，让生产更高效生活更便利

近年来，随着人工智能、大数据、云计算、物联网等技术的发展，物流业在多个环节正逐步实现智能化。

在快递分拣环节，以前只能靠拣货员手动拿起包裹扫描条码，然后根据包裹上的面单信息放到相应配送位置区域，效率低、出错率高。现在，智能分拣技术的应用提高了快递分拣的效率，解决了快递行业的"爆仓"问题。

智能分拣系统中的图像高速识别技术，每秒能识别上百个条码，结合传感、处理、控制等先进智能技术，能够快速把包裹运送到指定区域，从而实现精准的包裹分拣。

智慧物流不仅提高了效率，还降低了成本。例如自动驾驶技术在物流领域的应用在效率提高、成本降低、安全保障等方面效果显著。

思考

1. 智慧物流的应用场景有哪些？

2. 智慧物流使用了哪些先进的技术？

一、智慧物流应用场景

（一）物联网技术在物流行业的应用场景

物流行业是物联网技术最重要的应用领域之一，物联网技术是实现智慧物流的基础。

1. 货物仓储

在传统仓储中，往往需要人工进行货物信息的收集和录入，工作效率低下；同时，仓储货位划分不合理、货物堆放混乱、流程缺乏跟踪等问题较为突出。将物联网技术应用于传统仓储中，形成智能仓储管理系统，能提高货物进出库效率、扩大仓库存储容量、降低人工劳动强度以及人工成本，并且能实时显示、监控货物进出库情况，完成收货入库、货物盘点、拣货出库等仓储工作的数据查询、单证查询及其统计任务。

2. 运输监测

在传统物流运输中，运输车辆以及货物监控是企业面临的难题之一。将物联网技术与物流车辆管理系统结合起来，可以实现对运输车辆以及货物的实时监控，可实现运输车辆及货物的实时定位跟踪，可监测货物的状态及温湿度情况，同时可监测运输车辆的速度、胎压、油耗、车速等参数。智慧运输将货物、司机以及车辆等信息高效结合，可以提高运输效率、降低运输成本、降低货物损耗，可以使企业实时掌握货物运输过程中的一切情况。

3. 智能快递柜

智能快递柜基于物联网技术，通过对货物进行识别、存储、监控和管理，与服务器共同构成智能快递投递系统。快递员将快件送达指定地点、存入快递智能终端后，智能系统就会自动为用户发送一条包括取件地址及验证码等信息的短信，用户在要求的时间内去快递智能终端完成取件服务即可。服务端能够将智能快递终端收集到的信息进行处理，并实时在后台进行更新，以供使用人员进行快递查询、快递调配以及快递终端维护等工作。

（二）大数据技术在物流行业的应用场景

1. 需求预测

物流企业通过收集用户消费特征、历史销售数据等信息，利用大数据技术精准预测用户需求，并通过前置仓储与运输环节，将货物提前运输到用户需求地并进行储存。当用户下订单时，物流企业就能立即出库并以最快速度将货物送达用户指定的地点。

2. 设备维护预测

通过物联网技术的应用，物流企业在物流设施与设备上安装芯片，可以实现对物流设施与设备运行状态的监控。监控过程中会产生大量的运行数据，物流企业利用大数据技术对运行数据加以分析，可以做到提前预测物流设施与设备的运行状态并进行维护预测，延长物流设施与设备的使用寿命。例如，在运输车辆上安装芯片，可通过大数据技术进行保养与维护预测。

3. 供应链风险预测

在供应链管理以及商品流通过程中，物流企业风险识别、风险评估与风险应对是供应链风险控制与管理的核心。物流企业利用大数据技术对商流、物流、信息流、资金流进行收集与分析，对供应链风险进行精确预测，可以有效控制和管理供应链风险。

4. 网络及路由规划

在现代物流管理中，仓储、运输、配送等网络布局与优化越来越重要。物流企业利用大数据技术构建分析模型，通过对用户数据的分析，可提前在用户所在地附近建立仓库并备货；利用大数据技术还可实现路由优化，指导车辆采用最佳路由线路进行物流运输与同城配送。

（三）人工智能技术在物流行业的应用场景

1. 智能物流运营规则管理

物流运营规则的制定对运营效率高低影响巨大。物流运营规则一般包括订单生产方式、交付时效、运费支付、异常订单处理等内容。物流企业利用人工智能技术，通过机器学习可以使物流运营规则引擎具备自学习、自适应的能力，能够在不同应用场景中进行自主决策。

2. 智能调度

商品数量、体积、重量等基础数据的分析是物流运营管理效率提高的基础工作。物流企业利用人工智能技术对基础数据进行分析，对运输、配送、包装等各环节进行智能调度，通过测算商品的最小存货单位（Stock Keeping Unit，SKU）和包装箱尺寸，由系统智能计算并推荐耗材和打包顺序，从而可以合理安排箱型和商品摆放方案。

3. 图像识别

物流企业利用计算机图像识别、地址库识别，可以提高运单识别率和准确率，大幅度减少人工录单的工作量和降低出错率。

4. 决策辅助

物流企业利用人工智能技术，通过机器学习自动识别应用场景中人、物、设备、车辆等状态，自主学习优秀管理人员和操作人员的指挥调度经验，可以逐步实现辅助决策甚至自动决策。

物联网技术与大数据技术互为依托，前者为后者提供分析数据来源，后者将前者提供的数据进行业务化，而人工智能则是大数据分析的升级。

二、智慧物流应用方向

（一）智慧物流仓内技术

智慧物流仓内技术是指智慧物流在仓储管理中的应用技术，主要包括货物识别、穿戴设备、机器人与自动化分拣、无人驾驶叉车等。

（二）智慧物流干线技术

智慧物流干线技术是指智慧物流在物流干线运输中的应用技术，目前主要是无人驾驶卡车技术的应用。

（三）最后一公里技术

最后一公里技术是指智慧物流在物流配送中最后一公里中的应用技术，主要包括无人机技术和3D打印技术。

（四）末端技术

末端技术是指快递业末端递送中的应用技术，主要是智能快递柜的应用。智能快递柜已经在许多城市得到推广，包括顺丰的丰巢智能柜、菜鸟智能柜等。但目前智能快递柜仍然存在使用成本高、使用率低、无法当面验货等问题。

内容小结

本部分主要介绍了智慧物流的基础知识，包括智慧物流认知、智慧物流应用场景与应用方向等基本内容单元。

智慧物流是以物联网技术为基础，综合运用大数据、云计算、区块链及相关信息技术，通过全面感知、识别、跟踪物流作业状态，实现实时应对、智能优化决策的物流服务系统。智慧物流是基于物联网技术在物流业的应用而提出的。根据物联网技术架构，智慧物流也分为感知层、网络层和应用层 3 层技术架构。

物联网技术在物流行业的应用场景包括货物仓储、运输监测、智能快递柜等。大数据技术在物流行业的应用场景包括需求预测、设备维护预测、供应链风险预测、网络及路由规划等。人工智能技术在物流行业的应用场景包括智能物流运营规则管理、智能调度、图像识别、决策辅助等。

智慧物流应用方向包括智慧物流仓内技术、智慧物流干线技术、最后一公里技术、末端技术等。

 ## 关键术语

智慧物流

同步测试

一、单项选择题

1. 智慧物流是基于（　　）在物流业的应用而提出的。

    A. 物联网技术   B. 大数据技术   C. 云计算技术   D. 人工智能技术

2. 利用人工智能技术，通过机器学习自动识别应用场景中人、物、设备、车辆等状态，自主学习优秀管理人员和操作人员的指挥调度经验，可以逐步实现辅助决策甚至自动决策的是（　　）。

    A. 智能运营规则管理 B. 智能调度   C. 图像识别   D. 决策辅助

二、多项选择题

1. 根据物联网技术架构，智慧物流也分为（　　）等技术架构。

    A. 感知层   B. 网络层   C. 应用层   D. 分析层

2. 大数据技术在物流行业的应用场景包括（　　）。

    A. 需求预测   B. 设备维护预测

    C. 供应链风险预测   D. 网络及路由规划

3. 人工智能技术在物流行业的应用场景包括（　　）。

    A. 智能物流运营规则管理   B. 智能调度

C. 图像识别　　　　　　　　　　　　D. 决策辅助

4. 智慧物流应用方向包括（　　　）

  A. 智慧物流仓内技术　　　　　　　B. 智慧物流干线技术

  C. 最后一公里技术　　　　　　　　D. 末端技术

三、判断题

1. 发展智慧物流可以降低物流成本，提高企业利润。　　　　　　　　　　　　（　　）

2. 物联网技术与大数据技术互为依托，前者为后者提供分析数据来源，后者将前者提供的数据进行业务化，而人工智能则是大数据分析的升级。　　　　　　　　　　（　　）

3. 应用层是智慧物流的起点。　　　　　　　　　　　　　　　　　　　　　　（　　）

4. 网络层是智慧物流的应用系统。智慧物流系统借助物联网感知技术，感知网络层的决策指令，在应用层实时执行操作。　　　　　　　　　　　　　　　　　　　　（　　）

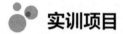 **实训项目**

实训　智慧物流的应用场景

实训目标

通过本项目的实训，使学生了解智慧物流的含义，掌握智慧物流的应用场景。

实训要求

选择身边熟悉的物流子行业，如商贸物流、冷链物流、生产物流、仓储、运输等，具体分析其智慧物流应用场景。

1. 学生自由组成小组，每组 5 人。

2. 小组自行选择一个物流子行业，分析智慧物流应用场景。

3. 形成分析报告，在班级展示。

实训指导

1. 指导学生了解物流子行业。

2. 指导学生理解智慧物流应用场景。

3. 指导学生进行智慧物流应用场景分析。

模块十

供应链管理

知识目标

掌握供应链管理的产生及其内涵。

掌握供应商管理原理。

理解供应链管理的双赢策略。

掌握供应链设计的原则。

掌握供应链管理方法。

能力目标

能初步设计基于产品的供应链。

素质目标

培育并践行物流管理人员的职业道德和职业精神。

培育并践行物流管理人员的团队合作意识。

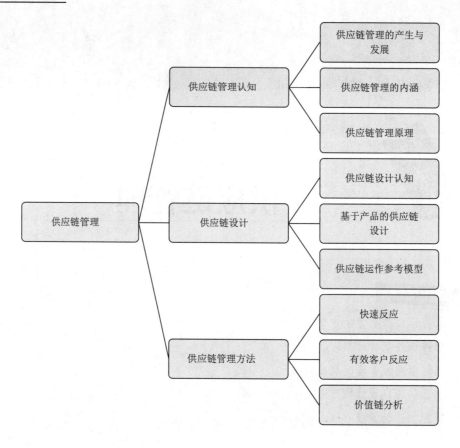

知识框架

单元一 供应链管理认知

案例导入

五粮液携手京东打造白酒供应链

2020年2月，五粮液与京东达成合作共识，启动"白酒供应链数字化"服务合作项目，加快推进五粮液分仓网络体系建设，推进分仓至门店、至消费者的仓储物流模式变革，共同推进五粮液产品全链路供应服务模式升级。

"白酒供应链数字化"项目使五粮液能更好地适应消费者结构和消费方式的新变化，有利于抓好家庭消费和自饮消费的需求，提升其市场服务能力和消费者服务能力。为满足消费者家庭自饮需求，五粮液还积极探索线上线下"最后一公里"配送方案，为消费者提供优质的物流服务。

思考

1. 什么是供应链？供应链的作用有哪些？

2. 企业应如何进行供应链管理？

随着经济全球化的到来，企业全球化运作与经营趋势越来越明显，市场竞争进一步呈现出国际化和全球一体化特征。越来越多的企业发现靠单打独斗越来越难以获取竞争优势，于是纷纷联合，竞争模式也逐渐由企业与企业之间的竞争演变为供应链与供应链之间的竞争。

一、供应链管理的产生与发展

20 世纪 80 年代以来，由于科学技术的飞速发展，人们的消费水平不断提高，市场竞争越来越激烈，企业经营环境发生了翻天覆地的变化，这些因素都促进了供应链管理的产生与发展。

（一）企业经营环境的变化

20 世纪 90 年代以来，由于世界经济格局发生了巨大变化，呈现出全球化、信息化、网络化、智能化和自动化等趋势，企业面临的经营环境也发生了很大变化，主要表现出如下几个特征。

1. 市场竞争全球化

现代信息技术的高速发展和应用为企业全球化经营提供了条件，也极大地加速了市场竞争的全球化进程。企业在生产制造和市场竞争的全球化中只有加强与其他企业的合作，才能得到进一步发展。

2. 可持续发展的要求

可持续发展要求经济建设和社会发展的同时必须保护和改善地球生态环境，保证以可持续的方式使用自然资源和环境成本。因此，可持续发展强调生态平衡和环境保护，企业在未来发展中也要适应这一变化。

3. 技术进步越来越快

当今技术进步越来越快，尤其是智能制造、5G、物联网、云计算、大数据等现代技术的快速发展与应用，使企业面临越来越大的竞争压力。企业必须不断学习这些新技术，并将其用于生产经营管理中，否则就会被市场淘汰。

4. 产品研发难度越来越大

随着消费者对产品需求的多样化发展，企业的产品研发能力需要不断增强，新产品研发周期需要大幅缩短，这对企业的产品研发提出了更高的要求。另外，由于产品品种数飞速增加，市场竞争日趋激烈，竞争对手在产品研发上的投入力度也越来越大。因此，企业的产品研发难度会越来越大。

5. 消费者的要求越来越高

由于消费者欲望的无限性，消费者对产品质量、服务质量的要求越来越高。消费者已不满足于从市场上购买到标准化的产品或服务，而是希望购买到个性化、多样化的产品或服务，同时消费者对交货期和交货准时性的要求也越来越高。

（二）纵向一体化

20 世纪 90 年代以前，企业出于管理和控制的目的，对与产品制造有关的活动和资源主要采用自行投资和兼并的纵向一体化（Vertical Integration）模式，企业和为其提供材料或服务的单位之间是一种所有权的关系。例如，美国福特汽车公司拥有一个牧羊场，出产的羊毛用于生产本公司的汽车坐垫。中国企业"大而全""小而全"的思维方式至今仍在各类企业领导者头脑中占据重要位置，许多制造企业拥有从毛坯铸造、零件加工、装配、包装、运输、销售等一整套设备设施、人员及组织机构。

推行纵向一体化模式，可以加强核心企业对原材料供应、产品制造、分销和销售全过程的控制，使企业能在市场竞争中掌握主动权，从而达到增加各个业务阶段利润的目标。在市场环境相对稳定的条件下，采用纵向一体化模式是有效的。

但是，在高科技迅速发展、市场竞争日益激烈、消费者需求不断变化的现代社会，纵向一体化模式无法快速、敏捷地响应市场需求变化的缺点越发明显。采用纵向一体化模式的企业要想对其他相关企业拥有控制权，就需要自己投资或者出资控股，这样做会导致企业承受过重的投资负担和过大的投资风险，同时企业也要不得不从事自己本不擅长的业务活动，使得许多管理人员将宝贵的时间、精力和资源用于这些非核心业务的管理工作中。

纵向一体化模式使企业规模不断扩大，企业必须建立足够的管理层级才能够实现有效管理，管理成本也会逐步提高。罗纳德·科斯提出，企业的规模大小由交易成本决定，当企业内部交易成本低于市场交易的成本时，企业就应扩大规模直到内部交易成本等于市场交易成本。随着企业规模的继续扩大，企业内部交易成本将高于市场交易成本，这时，企业应从纵向一体化模式转为横向一体化模式。

（三）业务外包与横向一体化

鉴于纵向一体化模式的种种弊端，从 20 世纪 80 年代后期开始，越来越多的企业放弃了这种经营模式，借助业务外包达到快速响应市场需求的目的，于是出现了横向一体化（Horizontal Integration）模式。

业务外包是企业把内部缺少能力或能力不强的一部分业务外包给外部专门机构的一种经营策略。业务外包的核心思想是：企业重新配置各种资源，将资源集中于最具竞争优势的业务上，塑造企业独特的、难以被其他企业模仿或替代的核心业务，而将其他业务委托给比自己更具成本优势和专业知识的企业。企业在集中优势资源发展自身核心业务的同时，利用其他企业的资源来弥补自身的不足，从而增强企业的市场竞争力。

横向一体化是指企业为了增强市场竞争力、巩固市场地位而与其他企业联合满足市场需求的一种模式。"横向一体化"形成了一条贯穿于供应商、制造商、分销商的"链"。由于相邻节点企业表现出一种需求与供应的关系，当把所有相邻企业依次连接起来，便形成了供应链。

二、供应链管理的内涵

（一）供应链及其特征

1. 供应链的定义

在供应链管理的发展过程中，专家和学者对供应链给出了大量的定义。供应链的定义大致划分为 3 个阶段：第一个阶段认为供应链是制造企业中的一个内部过程，第二个阶段注意到了制造企业与其他企业的联系，第三个阶段更加注重围绕核心企业的网链结构。供应链的定义跨越了企业界限，从全局和整体角度考虑产品经营的竞争力，已经成为一种管理方法体系、一种运营管理思维和模式。

《物流术语》对供应链（Supply Chain）的定义为："生产及流通过程中，围绕核心企业的核心产品或服务，由所涉及的原材料供应商、制造商、分销商、零售商直到最终用户等形成的网链结构。"

供应链包括产品或服务到达最终用户手中之前所有参与供应、生产、分配和销售的企业，涵盖了销售渠道的概念。供应链对上游的供应商、中游的制造商和物流商，以及下游的最终用户同样重视。供应链不仅是一条连接供应商与最终用户的物料链、信息链、资金链，还是一条增值链，物料在供应链上因生产、包装、运输、储存等过程实现了价值增加，给供应链相关企业都带来了收益。供应链一般分为内部供应链和外部供应链。

2. 供应链的结构

根据供应链的定义，其结构可以简单归纳为图 10-1 所示的网链结构模型。

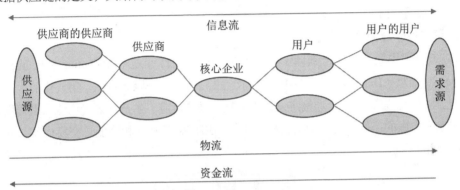

图 10-1 供应链的网链结构模型

从图 10-1 中可以看出，供应链由所有加盟的节点企业组成，成员中一般有一个核心企业，该核心企业可以是产品制造企业，也可以是大型零售企业。节点企业在需求信息的驱动下，通过供应链的职能分工与合作（生产、分销、零售等），以商流、物流、资金流和信息流为媒介实现整个供应链的不断增值。商流、物流、信息流和资金流相互依存、相互作用，既独立存在，又是一个组合体。商流是前提，物流、信息流和资金流是支撑。

3. 供应链的特征

（1）复杂性：供应链往往由多个、多类型甚至多国企业构成，所以供应链节点企业组成的跨度（层次）不同，结构模式比一般单个企业的结构模式更为复杂。

（2）动态性：供应链管理因企业战略调整和适应市场需求变化的需要，供应链各节点企业需要动态更新，这就使得供应链具有明显的动态性。

（3）面向用户需求：供应链的形成、存在、重构都是基于一定的市场需求而发生的，并且在供应链的运作过程中，用户的需求是供应链中信息流、产品流或服务流、资金流运作的驱动源。

（4）交叉性：节点企业可以是这一条供应链的成员，同时又可以是另一条供应链的成员，即节点企业可以同时是两条及两条以上供应链的成员，众多供应链形成交叉结构，增加了协调管理的难度。

（二）供应链管理及内容

1. 供应链管理的定义

《物流术语》将供应链管理（Supply Chain Management，SCM）定义为："从供应链整体目标出发，对供应链中采购、生产、销售各环节的商流、物流、信息流及资金流进行统一计划、组织、协调、控制的活动和过程。"

供应链管理是一种新的管理策略，它把不同企业集成起来以提高整条供应链的效率，注重企业之间的合作。最早人们把供应链管理的重点放在管理库存上，将供应链管理作为平衡有限的生产能力和适应用户需求变化的缓冲手段。此时供应链管理的主要工作任务是管理库存和运输，寻求把产品迅速、可靠地送到用户手中所需要的费用与生产、库存管理费用之间的平衡点。现在的供应链管理则把供应链上各节点企业作为一个不可分割的整体，以市场和用户需求为导向，在核心企业的协调下，对整条供应链上的商流、物流、信息流及资金流进行有效规划和控制，从而使供应商、制造商、销售商、服务商、用户等合作伙伴组成完整的网链结构，形成具有竞争力的战略联盟。

2. 供应链管理的主要内容

供应链管理主要涉及4个领域：供应（Supply）、生产计划（Production Schedule）、物流（Logistics）、需求（Demand），如图10-2所示。供应链管理是以同步化、集成化的生产计划为指导，尤其以基于互联网的全球信息网络为依托，围绕供应、生产计划、物流（主要指制造过程）、需求来实施的。供应链管理的目标在于提高用户服务水平和降低总交易成本，并寻求两个目标之间的平衡。

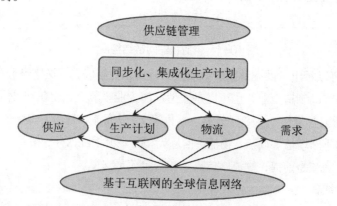

图10-2　供应链管理的主要内容

在以上4个领域的基础上，供应链管理的主要内容可以细分为职能领域和辅助领域。职能领域主要包括产品工程、产品技术保证、采购、生产控制、库存控制、仓储管理、分销管理。而辅助领域主要包括用户服务、制造、设计工程、会计核算、人力资源、市场营销。

由此可见，供应链管理并不仅仅是指对物料实体在供应链中的流动的管理。除了企业内部与企业之间的运输问题和实物分销外，供应链管理还包括以下内容。

（1）战略性供应商和用户合作伙伴关系管理。

（2）供应链产品需求预测和计划。

（3）供应链的设计（全球节点企业、资源、设备等评价、选择和定位）。

（4）企业内部与企业之间的物料供应与需求管理。

（5）基于供应链管理的产品设计与制造管理、生产集成化计划、跟踪和控制。

（6）基于供应链的用户服务和物流（运输、库存、包装等）管理。

（7）企业间资金流管理（汇率、成本等问题）。

（8）基于互联网的供应链交互信息管理

供应链管理注重平衡总交易成本（从原材料到最终产成品的费用）与用户服务水平之间的关系，为此要把供应链各个职能部门有机地结合在一起，从而最大限度地发挥出供应链整体的力量，达到供应链中的所有企业整体获益的目的。

（三）供应链管理与传统管理模式的区别

供应链管理与传统管理模式的区别表现在以下几个方面。

1. 供应链管理强调整个物流过程

供应链管理把供应链中各节点企业看作一个整体，涵盖从供应商到最终用户的采购、制造、分销、零售等所有职能领域，即整个物流过程。

2. 供应链管理依赖战略管理

供应链中的供应是各节点企业之间共享的一个概念（任意两个节点之间都是供应与需求关系），同时也是有重要战略意义的概念，因为它决定着整条供应链的成本和各个企业的市场占有份额。因此，供应链管理更加强调和依赖战略管理。

3. 供应链管理的关键是采用集成化管理

供应链管理的关键是采用集成化管理，而不仅仅是节点企业、技术方法等资源的简单连接。

4. 供应链管理具有更高的目标

供应链管理通过管理库存和合作关系实现高水平服务，而不是仅仅实现一定的市场目标。

三、供应链管理原理

（一）供应链管理运作机制

1. 合作机制

供应链合作机制体现了战略伙伴关系和企业内外资源的集成与优化利用。基于供应链管理环境的产品制造过程，从产品的研究开发到投放市场的周期大大缩短，用户导向化（Customization）程度更高，模块化、标准化组件使企业在多变的市场中柔性和敏捷性显著增强，虚拟制造与动态联盟提高了业务外包（Outsourcing）策略的利用程度。企业集成的范围从原来的中低层次的内部业务流程重组上升到了企业间的协作，市场竞争的策略也由基于时间的竞争（Time-based）和价值链（Value Chain）让渡于系统管理和基于价值的供应链管理。

2. 决策机制

由于供应链企业决策信息来源不再仅限于企业内部，而是在开放的信息网络环境下进行信息交换和共享，达到供应链各企业同步化、集成化计划与控制的目的。随着现代信息技术、计算机网络技术的快速发展，供应链企业决策模式应该是开放信息环境下的群体决策模式。

3. 激励机制

无论是企业与企业之间的竞争，还是供应链与供应链之间的竞争，归根到底都会在"TQCSF"上表现出来（T为时间，指反应快，如提前期短、交货迅速等；Q指质量，如产品质量、工作质量及服务质量高；C为成本，企业要以更低的成本获取更大的收益；S为服务，企业要不断提高用户服务水平，提高用户满意度；F为柔性，即企业要有较强的应变能力）。要增强供应链的竞争优势，必须建立、健全业绩评价和激励机制，使企业掌握供应链管理思想能在哪些方面、多大程度上给予企业改进和提高，以推动企业管理工作不断完善。

4. 自律机制

自律机制要求供应链企业向行业领头企业或最具竞争力的竞争对手看齐，不断对产品、服务和供应链业绩进行评价及改进，使企业能保持自己的竞争力和持续发展。自律机制主要包括企业内部的自律、对比竞争对手的自律、对比同行企业的自律和对比领头企业的自律。企业通过实施自律机制，可以降低成本，提高利润和销售量，更好地了解竞争对手，提高客户满意度，增加自身信誉；同时可以缩小企业内部部门之间的业绩差距，增强企业的整体竞争力。

5. 风险机制

供应链企业之间的合作会因为信息不对称、信息扭曲、市场的不确定性以及政治、经济、法律等因素导致各种风险产生。供应链企业之间为了对合作满意，必须采取一定的措施规避风险，如信息共享、合同优化、实行监督控制机制等，尤其是必须通过激励机制的运行，实施各种激励手段，使供应链企业之间的合作更加有效。

6. 信任机制

供应链企业之间合作的基础和关键是信任机制。信任在供应链管理中具有至关重要的作用。供应链管理的目标是增强供应链各企业的核心竞争能力，最终增强整条供应链的市场竞争能力。要实现供应链管理的目标，供应链各企业之间的合作就是其核心，而信任则是合作的基础。因此，建立供应链企业之间的信任机制是非常重要的。

（二）推式与拉式供应链

1. 推式供应链

推式供应链以企业自身产品为导向，也称产品导向供应链或库存导向供应链。推式供应链是指以生产为中心，制造商以提高生产率、降低单件产品成本从而获利为驱动进行生产决策，产品生产出来后从分销商逐步推向客户的供应链，如图10-3所示。推式供应链一般是通过市场预测的方式，获得生产某种产品的优先级顺序，由制造商设置一定的生产数量和存货标准并进行生产，最后将产品经过分销商、零售商推销给客户。在推式供应链中，分销商和零售商处于被动接受地位，各企业之间的集成度较低，对需求变动的响应能力较差。推式供应链具有以下缺点：一是当需求模式发生变化时，不能及时满足客户需求；二是当某产品的需求减少或消失时，会使供应链产生大量的过时库存。

图 10-3　推式供应链

2. 拉式供应链

拉式供应链以企业获得订单为前提，根据所获订单来进行生产，因此又称客户导向供应链或订单导向供应链。拉式供应链以客户为中心，起始于企业收到的客户订单，并由此引发一系列的供应链动作。拉式供应链的重点是"拉"到客户，以客户订单为导向进行原材料采购、产品生产、货源组织等，如图10-4所示。拉式供应链对客户需求信息的把握更加准确和及时，甚至可以根据客户需求实现定制化生产和服务，库存较少，供应链管理能力更强。拉式供应链具有以下优点：可通过准确预测零售商获取客户订单情况，缩短订单提前期；由于订单提前期缩短，客户需求变动会减少，零售商、分销商、制造商和供应商的库存都会相应减少。

图 10-4　拉式供应链

（三）双盈策略与战略联盟

1. 双赢策略

一般而言，供应商为制造商提供必要的原材料，供应商供货的质量、价格、交货期等与制造商的生产活动息息相关。在传统管理模式下，供应商与制造商之间是利害输赢的关系。而在供应链管理模式下，制造商如何正确处理与供应商之间的关系至关重要。

供应链管理提倡的是"Win to Win"，即制造商与其供应商之间的双赢。供应链管理的双赢战略是一种协同性战略，其目标是整合供应链上游和下游所有成员企业，消灭供应链中的非增值成本、时间和行为，为最终客户提供更好的产品和服务。

供应链管理需要从系统观点出发，各成员企业共同探讨如何加快信息传递、如何实现信息共享、如何减少相关操作、如何简化相关环节等关键问题的解决办法，提高整条供应链的运作效率，降低整条供应链的运营成本，保证在双赢甚至多赢的基础上，达到增强整条供应链的竞争能力和盈利能力的目标。

2. 战略联盟

供应链合作关系（Supply Chain Partnership，SCP）是供应链各成员企业之间在一定时期内共享信息、共担风险、共同获利的协议关系。供应链各成员企业之间建立起长期、稳定的战略合作伙伴关系，对构建和优化供应链至关重要。

供应链成员企业为了降低供应链总成本、降低供应链总库存、增强信息共享，产生更大的竞争优势，从而建立战略合作伙伴关系。实施供应链合作关系就意味着新产品或新技术的共同开发、数据和信息的交换、市场机会共享和风险共担。

总之，供应链成员企业之间的关系应是战略合作伙伴关系，是双赢关系，各成员企业应通过合作协调彼此的行为。供应链各成员企业只有坦诚相待、形成和谐关系，才有利于核心企业通过品牌、管理、技术等资源优势，最终使供应链各成员企业的经济效益得以提高。

单元二　供应链设计

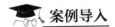 **案例导入**

精准施策打造柔性供应链

苏宁物流持续发力现代供应链建设，探索出了颇具代表性的柔性供应链样本。苏宁物流为中粮可口可乐提供智能分仓、高效补货和专业一体化仓储服务，紧密围绕标准化、智能化、协同化、绿色化等目标具体施策，助推现代供应链建设。

苏宁物流以物流标准化为抓手，建立了标准仓库、标准货架、标准车辆、标准系统、标准流程；以智能化为推手，打造了智能云仓，提升了仓库数字化管理能力，优化了供应链效率；在物流协同化方面，与中粮可口可乐进行数据对接，实现了供应链数据分享，实现了供应链各节点监控。

苏宁物流打造出了全链数智化解决方案，解决了供应链上下游节点企业协同难点，使供应链得到了进一步优化。

思考

1．什么是供应链设计？供应链的作用有哪些？

2．如何进行供应链设计？

一、供应链设计认知

（一）供应链设计的含义

供应链设计是指以用户需求为中心，运用新观念、新思维、新手段从供应链角度去设计生产服务体系。

供应链设计以用户需求为中心，通过降低库存、减少成本、缩短提前期、提高运作效率等，不仅可以使企业的组织模式和管理模式得以优化，还可以使供应链各成员企业之间的协同性进一步增强，最终达到提高供应链服务水平、实现成本与服务的有效平衡、增强市场竞争力的目的。

（二）供应链设计的内容

供应链设计的主要内容包括供应链成员及合作伙伴选择、网络结构设计以及供应链运行基本规则设计。

1．供应链成员及合作伙伴选择

一条供应链是由多个供应链成员组成的。为满足用户需求，供应链成员包括从原产地到消费地，与供应商或用户直接或间接相互作用的所有企业和组织。因此，供应链成员总数有可能很大，此时对供应链成员及合作伙伴的选择则至关重要。

2．网络结构设计

供应链网络结构主要由供应链成员、网络结构变量和供应链间工序连接方式组成。为了使复杂的供应链网络易于设计，使资源得以合理分配，需要从系统整体出发进行供应链网络结构设计。

3．供应链运行基本规则设计

一条供应链上各成员企业之间的合作是以信任为基础的。长期稳定的信任关系的形成与发展需要有共同的平台，即供应链运行基本规则。其主要包括协调机制、信息开放与交互方式、生产物流的计划与控制体系、库存布局、资金结算方式、争议解决机制等。

（三）供应链设计的原则

为了保证供应链设计能满足实施要求，供应链设计应遵循以下原则。

1. 自顶向下与自底向上相结合原则

供应链设计包括两种方法，即自顶向下的方法和自底向上的方法。自顶向下的方法是从全局走向局部的方法，是自上而下进行供应链分解的过程。自底向上的方法是从局部走向全局的方法，是自下而上进行供应链集成的过程。在设计供应链时，往往是先由上层依据市场需求和未来发展规划自上而下做出战略规划和决策，然后由下层部门自下而上去实施决策。因此供应链设计应遵循自顶向下与自底向上相结合的原则。

2. 简洁性原则

供应链的复杂性特征决定了供应链成员总数可能很大。为了使供应链具有快速响应市场需求的能力，每个成员企业都应该具有一定的实力和活力，以实现业务流程的快速组合。例如，供应商的选择应遵循简洁性原则，从众多的供应商中优中选优，与少数供应商建立战略合作伙伴关系，降低采购成本，实施准时采购，快速满足生产需求。供应链设计应以精益思想为指导，从精益生产出发，使供应链中生产制造相关企业紧密合作、有效协同，实现精益供应链。

3. 互补性原则

供应链各成员企业的选择应遵循互补性原则，达到实现资源外用的目的。供应链各成员企业只集中精力、集中资源致力于各自的核心业务，就像具有自我组织、自我优化、面向目标、动态运行、充满活力的独立制造单元，通过供应链的有效协同，快速实现供应链业务流程重组。

4. 协调性原则

供应链的绩效水平取决于供应链各成员企业间的关系是否和谐，取决于供应链各成员企业间的协调运作程度。因此，建立战略合作伙伴关系是实现供应链最佳绩效的保证。和谐是影响供应链协同性的关键因素。和谐用来描述供应链系统是否形成了充分发挥各成员企业的能动性、创造性及与环境协调性。只有和谐而且协调的系统才能使各成员企业形成一个有机整体，从而发挥出最佳的效能。

5. 动态性原则

供应链为了适应市场需求变化，需要动态更新各成员企业，同时不确定性的存在会导致需求信息的扭曲。因此，供应链设计应预见各种不确定因素对供应链运作的影响，减少供应链中的信息延迟与信息失真，增强信息的共享性，增强预测的精确性和时效性，及时动态跟踪供应链的变化，从而有效降低不确定性对供应链绩效的影响。

6. 创新性原则

创新性是供应链设计的重要原则。没有创新意识、创新思维，就不可能有管理模式的创新。因此在供应链设计中，创新性也是一个重要原则。要产生一条创新的供应链，需要敢于打破各种陈旧思维，用新角度、新视野审视原有的管理模式，大胆尝试创新设计。遵循创新性原则有4个条件：一是创新设计必须在企业总体目标和战略指导下进行，始终与战略目标保持一致；二是要从市场需求角度出发，综合运用供应链各成员企业的能力和优势；三是发挥各成员企业的创造性，集思广益，并与其他企业共同协作，增强供应链的整体优势；四是建立科学的供应链评价体系和组织管理系统，进行可行性分析和论证。

7. 战略性原则

供应链中一般都有一个核心企业，从核心企业战略发展的角度设计供应链，有助于建立稳定的供应链。从战略发展角度出发设计供应链，可以减少不确定性对供应链的影响。供应链设计的战略性原则还体现在供应链发展的长远规划上，供应链的设计也应与战略规划、战略目标保持一致，并在企业战略指导下进行。

二、基于产品的供应链设计

（一）基于产品的供应链设计策略

供应链的设计和运行对于每一个企业的发展都至关重要，有效的供应链可以提高用户服务水平、有效平衡成本和服务水平、增强企业竞争力等。但是设计不当也会导致供应链运行失败。

基于产品的供应链设计首先需要把握用户对产品的需求是什么。产品生命周期、需求预测、产品多样性、提前期等都是影响供应链设计的重要问题。产品有不同的特点，设计的供应链也对应不同的功能。基于产品的供应链设计策略是指供应链设计坚持以产品为中心，根据不同的产品设计不同的供应链，即设计出与产品特性一致的供应链。

1. 产品类型

不同类型的产品对供应链设计有不同的要求，高边际利润、无稳定需求的创新型产品的供应链设计就不同于低边际利润、有稳定需求的功能型产品的。两种不同类型产品的比较如表 10-1 所示。

表 10-1　两种不同类型产品的比较

特征	功能型产品	创新型产品
产品生命周期	＞2年	1~2年
边际贡献	5%~20%	20%~50%
产品多样性	低	高
需求预测的平均错误率	10%	40%~100%
平均缺货率	1%~4%	10%~50%
提前期	3~6个月	1天~2周

从表 10-1 可以看出，功能型产品生命周期较长，需求稳定并具有可预测性，但利润率较低。功能型产品一般用于满足用户的基本需求，如生活用品、家电、粮食、普通服装等。设计功能型产品的供应链时应尽量降低供应链中的物流成本。创新型产品生命周期较短，但利润率较高。创新型产品一般是按订单生产，如计算机、高档时装、高档电子产品等。生产创新型产品的企业接到订单后需要快速将产品生产出来并及时运达目的地。设计创新型产品的供应链时应重点关注用户需求并做出快速反应，需要特别强调速度和灵活性。

2. 供应链类型

按功能模式分类，供应链可以分为有效性供应链和反应性供应链。

有效性供应链主要体现供应链的物理功能，即以最低的成本将原材料转化成零部件、半成品和产成品。反应性供应链主要体现供应链的市场中介功能，即把产品分配到满足用户需求的市场，并对未知的需求做出快速反应。

两种不同类型供应链的比较如表 10-2 所示。

表 10-2　两种不同类型供应链的比较

特征	有效性供应链	反应性供应链
目标策略	以最低的成本满足可预测的需求	对不可预测的需求做出快速反应
提前期	尽可能缩短提前期	大量投资，以缩短提前期
产品设计策略	模块化设计，体现出差异性	绩效最大化、成本最小化
生产要求	保持生产稳定	增强生产柔性
供应商选择标准	成本和质量	速度、质量和柔性
库存策略	降低库存水平	多种库存策略

3. 供应链设计策略

当知道产品和供应链的特性后，就可以设计出与产品需求一致的供应链。基于产品的供应链设计策略矩阵如图 10-5 所示。

	功能型产品	创新型产品
有效性供应链	匹配	不匹配
反应性供应链	不匹配	匹配

图 10-5　基于产品的供应链设计策略矩阵

从图 10-5 可以看出，设计策略矩阵中的 4 个元素代表可能的产品和供应链的 4 种组合，最终结果是有效性供应链适用于功能型产品，反应性供应链适用于创新型产品。

功能型产品的需求特征是成本低，而有效性供应链的特性是低成本运作；功能型产品的生命周期较长，而有效性供应链的提前期也较长。因此功能型产品与有效性供应链在特性上是一致的，可以匹配。

创新型产品的需求特征是提前期短，反应性供应链的特性是大量投资以缩短提前期；创新型产品的生命周期较短，反应性供应链要对不可预测的需求做出快速反应。因此创新型产品与反应性供应链在特性上是一致的，可以匹配。

功能型产品与反应性供应链在特性上是相反的，是不适合匹配的。同理，创新型产品与有效性供应链也是不适合匹配的。

在实际中，由于市场行情、用户需求、企业经营状况等因素的变化，产品与供应链之间是否匹配也会发生相应变化。企业需要及时调整，完善实际运营的供应链设计策略。

（二）基于产品的供应链设计步骤

基于产品的供应链设计步骤如图 10-6 所示。

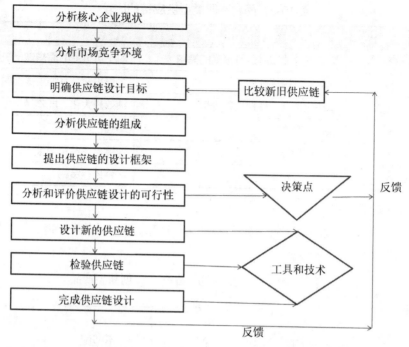

图 10-6　基于产品的供应链设计步骤

1. 分析核心企业现状

在进行供应链设计时，首先需要对供应链中核心企业的供给和需求管理现状进行分析和总结。如果核心企业已经构建了供应链管理体系，则对现有的供应链现状进行分析，以便及时发现供应链运作中现存的问题，找出可能不适应时代发展、影响供应链运作的关键因素，同时挖掘出现有供应链的优势。分析核心企业现状的目的在于确定供应链设计的方向，把影响供应链设计的因素罗列出来。对核心企业现状进行分析，可以了解核心企业内部的情况。

2. 分析市场竞争环境

对市场竞争环境进行分析，可以知道需要开发哪些产品的供应链，市场需求的产品是什么，它们有什么特殊的属性，对产品的服务要求是什么；对用户、零售商、分销商、生产企业和竞争对手进行调查，可以了解产品和服务的细分市场现状、竞争对手的情况、原材料的市场行情和供应商的状况、零售商的市场开发能力和服务水平、宏观政策产生的影响等。这一步骤的输出结果是产品的重要性排序、供应商的优先级排序、生产企业的竞争力排序以及用户市场的发展趋势分析等。

3. 明确供应链设计目标

产品供应链设计的主要目标在于平衡提供高品质的产品、快速有效的用户服务和较低的库存成本、较低的单位成本等目标，并尽量避免它们之间的冲突。同时，产品供应链设计还应该包括以下基本目标：进入新市场、开发新产品、开发分销渠道、改善售后服务水平、提高用户满意程度、降低成本、降低库存、提高工作效率等。上述目标之间存在一定的冲突，因此设计供应链时需要按照具体情况设置每一目标的重要程度和实现层级。

4. 分析供应链的组成

设计供应链时需要分析组成供应链的各类资源要素。首先，通过对供应链的各类资源，如供应商、用户、原材料、产品、市场、竞争对手、行业发展趋势等进行分析，把握可能对供应链设计产生影响的主要因素。其次，对各影响因素产生的风险进行分析，制定风险管理的具体方案。

5. 提出供应链的设计框架

分析供应链的组成，确定供应链业务流程和管理流程，可以明确供应链中物流、信息流、资金流和作业流的流向，提出供应链的设计框架。在设计框架中，供应链各成员，如供应商、制造商、分销商、零售商及用户等的选择和定位，选择标准和评价标准都是需要分析的具体内容。

6. 分析和评价供应链设计的可行性

供应链设计框架建立之后，需要对供应链设计的技术可行性、管理可行性、运营可行性进行分析和评价。这是进行供应链设计的关键步骤。在可行性分析和评价的基础上，结合核心企业的实际情况，为供应链开发提出技术选择建议和支持。如果认为方案可行，就继续进行下面的设计；如果认为方案不可行，就需要重新设计。

7. 设计新的供应链

供应链的设计方案确定以后，就需要设计与旧供应链有所不同的新供应链。需要主要解决的关键问题包括供应链的组成成员、原材料的供应情况、生产能力的设计、分销能力的设计、信息化管理系统软硬件平台的设计等。在供应链设计中，需要广泛应用流程图、仿真模拟、设计软件等工具和技术。

8. 检验供应链

供应链设计完成后，需要对新供应链进行测试、验证或试运行。如果检验结果不理想，就返回第 5 步重新进行设计；如果经检验没有问题，就可以正式实施。

9. 完成供应链设计

供应链的实施必然带来一定的管理问题。不同类型的供应链由于其内涵、方法及模式不同，带来的问题也有所不同。要及时将管理问题向前反馈，以便更好地优化供应链。

三、供应链运作参考模型

（一）供应链运作参考模型简介

供应链运作参考模型（Supply Chain Operations Reference model，SCOR）是由国际供应链协会（Supply Chain Council）开发的适用于不同工业领域的供应链运作参考模型。

SCOR 是第一个标准的供应链流程参考模型，是供应链的诊断工具，涵盖了所有行业。SCOR 使企业间能够准确地交流供应链问题，客观地评测供应链性能，确定性能改进的目标。

SCOR 把业务流程重组、标杆设定和最佳业务分析等概念集成到一个多功能一体化的运作参考模型中，如图 10-7 所示。

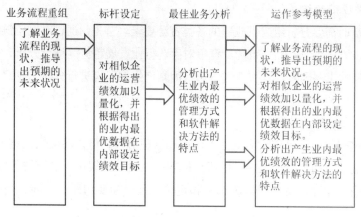

图 10-7　运作参考模型

（二）SCOR结构

SCOR 按流程定义可分为 3 个层次，每一层都可用于分析企业供应链的运作。SCOR 的第一层描述了 5 个基本流程：计划（Plan）、采购（Source）、生产（Make）、配送（Deliver）和退货（Return）。第二层是配置层，由若干核心流程组成，企业可选用该层中定义的标准流程单元构建它们的供应链，每一种产品或产品型号都可以有它自己的供应链。第三层是流程分解层，它给出第二层每个流程分类中流程元素的细节，并定义各流程元素所需要的输入和可能的输出。

SCOR 的第一层定义了供应链运作参考模型的范围和内容，并确定了企业竞争性能目标的基础。企业通过对第一层 SCOR 的分析，可做出基本的战略决策。

1. 计划

计划流程描述了连接供应链业务流程与营运计划的活动。计划流程的重点主要是设计出能监控供应链，使供应链效率更高、成本更低，并能给客户提供优质产品与服务的指标。计划的内容主要包括：评估企业的整体生产能力与资源、总体需求计划，针对产品、分销渠道的库存计划、分销计划、生产计划，以及物料计划；制造或采购决策制定，供应链结构设计，长期生产能力与资源规划；产品生命周期的决定、新旧产品线规划与产品线管理等。

2. 采购

采购流程描述了原材料、零部件、产品或服务的订购、接收等相关的活动。采购流程的重点主要是设计一套定价、配送及付款过程的机制，并建立能增进合作双方关系的指标。采购的内容主要包括订购、接收、检验、拒收与发送物料，供应商识别、供应商认证、供应商评估、供应商合同谈判、付款等。

3. 生产

生产流程描述了与企业价值创造相关的全过程。生产流程需要在生产阶段详细列出生产、测试、包装与配送等过程的时间表，并用量化指标来加以衡量。其内容主要包括申请及领取物料、产品制造和测试、包装、工程变更、生产状况掌握、产品质量管理、现场生产进度制定、短期生产能力计划与现场设备管理、在制品运输与库存管理等。

4. 配送

配送流程描述了交付产品和服务以满足计划或客户需求的全过程。其内容主要包括订单管理，仓库管理，以及货物拣选、包装、运输等。

5. 退货

退货流程描述了从客户或供应商处退货、接收退货的全过程。退货流程需要建立一套从客户处接收退货以及从下游供应商处接收退货的机制。其内容主要包括与合作伙伴的沟通、物料归还给供应商、接收客户退回的产品、退货的接收和处理、退货文件资料的准备等。

（三）SCOR的实施意义

SCOR 描述的是供应链的业务流程，在实施过程中，强调规范运作，各企业、各部门各司其职，各流程环环相扣，实现供应商、核心企业和客户的无缝衔接，最终大幅度降低供应链库存、增强供应链服务能力，使所有供应链成员共同获益。

SCOR 是一个基于流程管理的工具，国外许多企业已经开始重视、研究和应用 SCOR。大多数企业是从 SCOR 的第二层开始构建供应链，此时需要对现有的供应链进行重组。典型的做法是减少供应商、工厂和配送中心的数量，有时也需要取消供应链中的一些环节。一旦供应链重组工作完成，就可以开始进行评测以实现最佳业绩。在国内，SCOR 也开始越来越受到大型企业的关注。

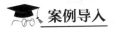

单元三　供应链管理方法

案例导入

如何高效管理供应链

随着信息技术的快速发展，企业间的关系已呈现出明显的网络化趋势，供应链管理更加强调围绕核心企业建立网链结构。当今的供应链管理已经超越了企业界限，从全局角度出发，使供应链上升为一种管理方法体系、一种管理思维模式体系。

为了使供应链更好地应对市场变化，企业必须引入快速反应、有效客户反应、企业资源计划、准时制生产等先进的供应链管理方法。实现供应链管理的基础是信息共享，信息系统是供应链管理的关键。现代信息技术的快速发展，特别是POS技术、条码技术及EDI技术的广泛应用，使供应链管理方法的应用变为现实。

思考

1. 供应链管理方法有哪些？

2. 如何高效管理供应链？

供应链管理方法很多，对其的应用都是为了降低供应链成本，提高供应链效率，使所有成员企业受益。这里主要介绍快速反应、有效客户反应、价值链分析这几种供应链管理方法。

一、快速反应

快速反应是从美国纺织服装行业中发展起来的一种供应链管理方法，是美国零售商、服装制造商及供应商开发的整体业务概念，目的在于缩短原材料到销售点的时间和减少整条供应链的库存，最大限度地提高供应链的运作效率。随着企业竞争的日益激烈，企业经营业务实现了全球化，快速反应方法也得到了广泛应用。

（一）快速反应的含义及要素

《物流术语》对快速反应（Quick Response，QR）的定义为："供应链成员企业之间建立战略合作伙伴关系，利用电子数据交换（EDI）等信息技术进行信息交换与信息共享，用高频率小批量配送方式补货，以实现缩短交货周期，减少库存，提高顾客服务水平和企业竞争力为目的的一种供应链管理策略。"

快速反应的重点是对客户需求做出快速反应，要求供应链成员企业之间通过战略联盟共享利益、密切合作，共同预测未来需求。

快速反应包含控制、交流和协作3个要素。

（1）控制。为了快速对复杂多变的市场做出反应，供应链成员企业要有明确、有效的控制系统。产品开发与设计、市场需求预测、采购过程与生产管理、库存管理、日程安排、数据管理等必须通过快速准确的反应系统得以控制。

（2）交流。供应链成员企业之间的有效沟通和交流是供应链获得成功的重要因素。传统管理模式中，很多等待时间主要是由原材料或产成品的不合理库存引起的，而在现代物流管理中，企业通过产品的条码、EDI等技术可以快速识别产品并获得及时、准确的数据信息。

（3）协作。快速反应方法的应用基于供应链上所有的节点企业，供应链各成员企业之间必须共享信息、共同决策，才能通过有效协作获得预期收益。为了达成有效协作，供应链各成员企业之间必须使用并行通信以获得及时、多元化的决策信息。

（二）实施快速反应的收益

快速反应的实施能为供应链成员企业带来巨大收益。

1. 更好地服务客户

快速反应方法可以使零售商为最终客户提供更好的服务。由于制造商送来的货物与承诺的货物是相符的，制造商就能够更好地协调与零售商之间的关系，从而零售商也能更好地为客户服务。长期良好的客户服务会增加市场份额。

2. 销售额大幅增加

快速反应方法能够使供应链各成员企业及时跟踪货物的销售和库存情况，实施自动补货系统实现快速补货，保证客户在需要货物时可以得到现货，使销售额大幅增加。

3. 货物周转率大幅提高

快速反应方法可以让供应链各成员企业根据客户的要求频繁地小批量订货，从而减少供应链各成员企业的库存，并保证畅销货物的正常库存，加快货物周转。

4. 需求预测误差大幅减少

快速反应方法可以使零售商对需求预测的误差减少约50%，从而使整条供应链中由于需求变异放大原理导致的库存增加数量减少，达到降低供应链库存的效果。

（三）实施快速反应的步骤

实施快速反应需要以下6个步骤。

1. 条码和EDI

零售商首先必须安装条码、POS 扫描机和 EDI 设备等技术设备，以加快收款速度、获得更准确的销售数据并使信息沟通更加通畅。

2. 自动补货

快速反应的补货要求供应商更快更频繁地配送新订购商品，保证零售商及店铺不缺货，从而提高销售额。零售商通过对商品实施快速反应并保证这些商品能满足客户需求，加快商品周转，为客户提供更多可选商品。自动补货是通过对商品销售的预测来实施的，由零售商、批发商在仓库或店内实施。

3. 先进的补货联盟

为了保证补货业务的流畅，零售商和制造商要联合起来检查销售数据，共同预测未来需求并制订补货计划，在减少缺货的情况下降低库存水平。这还可以进一步由制造商利用数据分析提前进行生产和补货，以快速满足客户需求。

4. 零售空间管理

零售空间管理是指根据每个店铺的需求模式来规定其经营商品的花色品种和补货业务。一般来说，对于花色品种、数量、店内陈列及培训或激励等决策，制造商也可以参与甚至制定。

5. 联合开发新品

对于服装等生命周期较短的商品，制造商和零售商可以联合开发新品，这样既可以缩短从新品设计到新品上市的时间，又可以经常在店内对新品进行试销。

6. 快速反应的集成

这一步是通过重新设计业务流程，将前 5 步工作和供应链整体业务集成起来，以支持供应链战略的制定与实施。快速反应的集成要求零售商、制造商等供应链成员企业重新设计供应链、业绩评估系统、业务流程和信息系统，设计需以客户需求为核心，要集成相应信息技术。

二、有效客户反应

有效客户反应是在 1992 年，美国的食品杂货行业分销系统中，分销商和供应商为消除系统中不必要的成本和费用，给客户带来更大效益而进行密切合作从而产生的一种供应链管理方法。

（一）有效客户反应的定义

《物流术语》对有效客户反应（Efficient Customer Response，ECR）的定义为："以满足顾客要求和最大限度降低物流过程费用为原则，能及时做出准确反应，使提供的物品供应或服务流程最佳化的一种供应链管理策略。"

ECR 的最终目标是建立一个由供应商和零售商等组成的具有高效反应能力和以满足客户需求为基础的系统，提高整条供应链的效率，降低整个系统的成本，实现精确的信息流和高效的物流在供应链内的有序流动。

ECR 是一种观念，不是一种新技术。它重新研究供应链上下游企业之间生产、物流、销售的流程，主要目的在于消除供应链运作流程中没有为客户带来价值的成本，使供应链效率更高，期望能以更快、更好、更经济的方式把商品送到客户手中，满足客户的需求。

（二）ECR的四大要素

ECR 包含以下 4 个要素。

（1）有效引进新品（Efficient New Product Introduction）：有效开发新品，制订新品生产计划并进行生产，降低成本。

（2）有效店铺配置（Efficient Store Assortment）：提高商品的分销效率，使库存和店铺空间的利用率最优化，即在有限的店铺空间内，选择最佳的陈列方式，增加畅销商品，减少滞销商品。

（3）有效促销（Efficient Promotion）：提高仓储、运输、管理和生产效率，减少预先购买、供应商库存及仓储成本，使整条供应链的效率最高。

（4）有效补货（Efficient Replenishment）：使用电子数据交换技术、自动连续补货和计算机辅助订货，使补货系统的时间和成本最优化。

（三）ECR系统的构建

ECR 系统需要将信息技术、物流技术、营销技术和组织革新技术有机结合起来，消除组织间的隔阂，协调合作，满足客户需要。

1. 信息技术

为了满足供应链准确预测需要和及时传递数据，ECR 系统需要应用电子数据交换技术、POS 扫描技术、数据库等信息技术。

2. 物流技术

ECR 系统需要有先进的物流技术作为支撑，以实现准时配送和顺畅流动，这些物流技术主要包括连续补货计划、计算机辅助订货、预先发货通知、供应商管理库存、交叉配送和店铺直送等。

连续补货计划（Continuous Replenishment Program，CRP）是指利用及时准确的销售信息、生产时点信息确定已销售的商品或已消耗的库存数量，根据下游客户的库存信息和预先规定的库存补充程序确定发货补充数量和配送时间的计划方法。

计算机辅助订货（Computer Assisted Ordering，CAO）是指基于库存和客户需求信息，利用计算机进行自动订货管理的系统。当商品库存低于预定水平或销售量达到一定程度时，系统可以自动生成补货订单。

预先发货通知（Advanced Shipping Notice，ASN）是制造商或分销商在发货时利用电子通信网络提前向零售商传送的商品明细清单，这样可以使零售商事前做好货物进货准备工作，同时可以省去商品数据的输入作业，使商品检验作业效率化。

供应商管理库存（Vendor Managed Inventory，VMI）是指按照双方达成的协议，由供应链的上游企业根据下游企业的需求计划、销售信息和库存量，主动对下游企业的库存进行管理和控制的库存管理方式。

交叉配送（Cross-Docking）是在供应链环节中，把来自各个供应商的商品不经过中间仓库或站点，直接从一种运输工具转换到另一种运输工具，将发送给不同店铺的商品直接进行分拣装车的物流衔接方式。

店铺直送（Direct Store Delivery，DSD）是指直接由制造商或分销商将商品运送到店铺的运送方式，可以保持商品的新鲜度，减少商品运输破损，缩短交货周期。

3. 营销技术

ECR 系统中，营销技术主要包括商品分类管理和店铺货架空间管理。

（1）商品分类管理。商品分类管理是零售商对商品分门别类地进行采购、配送、销售、库存、核算，提高管理效率和经济效益。零售商可以在商品分类基础上，根据目标客户的需要，选择并形成有特色的商品组合，体现自身的个性化经营特色。

（2）店铺货架空间管理。店铺货架空间管理是对店铺的空间安排、各类商品的展示比例和商品在货架上的布置等进行最优化管理。

在 ECR 系统中，商品分类管理和店铺货架空间管理同时进行、相互作用。

4. 组织革新技术

ECR 系统需要供应链成员间及各成员企业内部部门的紧密协调和合作，因此应用 ECR 系统需要对企业的组织体系进行革新。首先，需要对供应链各成员企业内部组织体系进行革新，需要把按职能划分的组织形式改变为以商品流程衔接的组织形式。其次，需要在供应链各成员企业之间建立双赢的合作伙伴关系。最后，需要由供应链全体成员共同协调解决所产生的利益如何在各企业之间进行分配的问题。

（四）QR与ECR的比较

QR 与 ECR 是两种重要的供应链管理方法，二者既存在一定的差异又有相同点。

1. QR与ECR的差异

QR 主要针对纺织服装行业，主要目标是对客户需求做出快速反应，并快速补货。ECR 主要适用于食品杂货行业，主要目标是降低供应链各环节的成本，提高效率。

（1）侧重点不同。QR 侧重于缩短交货提前期，快速响应客户需求；ECR 侧重于减少和消除供应链的浪费，提高供应链运行效率。

（2）管理方法不同。QR 主要借助信息技术实现快速补货，通过联合开发新品缩短新品上市时间；ECR 除有效引入新品外，还实行有效商品管理、有效促销等。

（3）适用行业不同。QR 适用于商品单位价值高、季节性强、可替代性差、购买频率低的行业，ECR 适用于商品单位价值低、库存周转率高、利润率低、可替代性强、购买频率高的行业。

（4）改革重点不同。QR 改革的重点是加快补货和订货的速度，最大限度地减少缺货的情况，并且只在客户产生需求时才采购；ECR 改革的重点是提高效率和降低成本。

2. QR与ECR的共同特征

QR 与 ECR 都表现为超越企业之间的界限，通过合作追求高效率。

（1）供应链合作伙伴之间信息共享。

（2）制造商进一步涉足零售业，提供高质量的物流服务。

（3）供应链各成员企业间订货、发货等业务利用信息技术进行，提高信息传递速度。

三、价值链分析

（一）价值链分析的含义

价值链分析是由美国哈佛大学商学院教授迈克尔·波特提出的，是一种寻求确定企业竞争优势的方法。通过价值链分析，企业可以将自身与上下游的连接关系清晰展示出来。这有利于找出企业与上下游之间的增值与不增值环节，从而优化企业流程。

企业价值链包括为客户创造价值的基本活动和辅助活动。基本活动包括内部物流、生产运作、外部物流、市场与销售、服务等，辅助活动包括采购、技术研发、人力资源、企业基础设施建设等。

（二）价值链分析的分类

价值链分析分为内部价值链分析、横向价值链分析和纵向价值链分析 3 种。

1. 内部价值链分析

内部价值链分析的是企业内部的价值活动，始于原材料和外购件的采购，终于商品销售。内部价值链分析的目的是找出企业内部价值链、企业生产作业成本动因、与竞争对手的成本差异，对增值作业和非增值作业进行分类，探索提高增值作业效率的途径。企业内部价值链分析涉及企业的职能活动和生产经营活动。

2. 横向价值链分析

横向价值链分析是指对产业内部各企业之间的相互作用进行分析。在大多数产业中，总会有一些企业比其他企业获利更多。因此，企业通过横向价值链分析，可以确定自身与竞争对手之间的差异，从而制定能够为自身获取竞争优势的战略。

3. 纵向价值链分析

纵向价值链分析是将企业看作整个产业价值创造的一个环节，分析企业在所处产业上、中、下游价值链中的战略定位。纵向价值链分析是从整体价值链的层次上分析企业的成本和收益，从合理分享利润的角度进行战略规划。同时，从产业发展角度来看，纵向价值链分析也有助于降低企业之间的交易成本，提高产业的产出效率。

（三）价值链分析的步骤

企业可以从以下几个步骤进行价值链分析。

（1）把价值链分解为与企业战略相关的作业、成本、收入和资产，并分配到有价值的作业中。企业价值链包含内部物流、生产运作、外部物流、市场与销售、服务等 5 种基本活动和采购、技术研发、人力资源、企业基础设施建设等 4 种辅助活动。企业需要根据产业特点、企业战略等将上述活动分解到若干具体的、有价值的作业中。

（2）确定引起价值变动的各项作业，分析形成作业成本及其差异的原因。企业在识别出企业价值活动并将其分解到具体作业中后，需要对成本及其影响因素进行分析，找出差异产生的原因。企业分析每项价值活动的成本动因，有助于识别具有成本优势的作业或活动。

（3）分析供应链成员企业之间作业的相关性。企业应分析整条供应链中各成员企业之间的关系，确定核心企业与供应商和客户之间作业的相关性。价值活动之间的相关性和价值活动本身同等重要，因为一项价值活动的成本变动可能降低或提高另一项价值活动的成本。价值活动的相关性主要存在于企业内部、企业与供应商、企业与分销商、企业与竞争对手等价值活动中。

（4）重新组合或改进价值链以建立竞争优势。在价值活动分析、成本动因分析和相关性分析的基础上，企业应推进价值活动的优化与协调，重新组合或改进价值活动，使供应链中各成员企业在激烈的市场竞争中获得优势，具体包括识别竞争优势，识别增加价值的机会，识别降低成本的机会等。

内容小结

本部分主要介绍了供应链管理的基础知识，包括供应链管理认知、供应链设计和供应链管理方法等基本内容单元。

供应链管理是从供应链整体目标出发，对供应链中采购、生产、销售各环节的商流、物流、信息流及资金流进行统一计划、组织、协调、控制的活动和过程。供应链管理是一种新的管理策略，它把不同企业集成起来以提高整条供应链的效率，注重企业之间的合作。供应链管理主要涉及 4 个领域：供应、生产计划、物流、需求。

供应链设计是指以用户需求为中心，运用新观念、新思维、新手段从供应链角度去设计生产服务体系。供应链设计的主要内容包括供应链成员及合作伙伴选择、网络结构设计以及供应链运行基本规则设计。有效性供应链适用于功能型产品，反应性供应链适用于创新型产品。

供应链管理方法很多，对其的应用都是为了降低供应链成本，提高供应链效率，使所有成员企业受益。

 关键术语

供应链　供应链管理　供应链设计　有效性供应链　反应性供应链　快速反应　有效客户反应　价值链分析

 **同步测试**

一、单项选择题

1. 将本企业不擅长的业务交由更擅长的企业去做的做法称为（　　）。
   A. 业务外包　　　　　B. 共同开发　　　　　C. 垂直一体化　　　　D. 纵向一体化

2. 21 世纪的竞争将是（　　）。
   A. 企业和企业的竞争　　　　　　　　B. 供应链和供应链的竞争
   C. 企业和供应链的竞争　　　　　　　D. 以上都不是

3. QR 是从美国（　　）发展起来的一种供应链管理方法。
   A. 汽车行业　　　　　B. 食品杂货行业　　　C. 纺织服装行业　　　D. 以上都不是

4. VMI 是（　　）的英文首字母缩写。
   A. 连续补货计划　　　B. 计算机辅助订货　　C. 供应商管理库存　　D. 店铺直送

5. （　　）始于原材料和外购件的采购，终于商品销售。
   A. 内部价值链分析　　　　　　　　　B. 外部价值链分析
   C. 横向价值链分析　　　　　　　　　D. 纵向价值链分析

二、多项选择题

1. 供应链管理的内容包括（　　）。
   A. 供应　　　　　　　B. 生产计划　　　　　C. 物流　　　　　　　D. 需求

2. 供应链管理与传统管理模式的区别表现在（　　　）。

    A. 供应链管理强调整个物流过程　　　　B. 供应链管理依赖战略管理

    C. 供应链管理的关键是采用集成化管理　D. 供应链管理具有更高的目标

3. 下列选项中，（　　　）属于价值链的基本活动。

    A. 内部物流　　　　B. 外部物流　　　　C. 采购　　　　D. 人力资源

4. 供应链具有（　　　）等特征。

    A. 复杂性　　　　B. 动态性　　　　C. 面向用户需求　　　D. 交叉性

三、判断题

1. 供应链往往由多个、多类型甚至多国企业构成，所以供应链节点企业组成的跨度（层次）不同，结构模式比一般单个企业的结构模式更为复杂。（　　）

2. 供应链管理的关键是各成员企业资源的简单连接。（　　）

3. 推式供应链运作方式以用户的需求为核心。（　　）

4. 供应链中，节点企业和节点企业之间是一种简单的连接关系。（　　）

5. 供应链中的核心企业只可能是生产制造企业。（　　）

6. 在实际管理运作中，企业需要根据不断变化的需求改变供应链的组成。（　　）

实训项目

实训1　啤酒游戏

实训目标

通过本项目的实训，使学生了解供应链管理的重要性，培养供应链管理意识。

实训要求

用几个企业构建一条供应链，生成订单、库存记录表等资料。学生可使用教室及多媒体教学设备进行实训。

1. 学生自由组成小组，每组5人。

2. 分组模拟啤酒游戏的具体运作。

3. 分组统计供应链各企业的库存成本。

4. 各小组比较供应链成本差异，分享心得体会。

实训指导

1. 指导学生依次完成订单，做好库存记录，描绘出库存记录曲线。

2. 指导学生统计供应链库存成本。

实训2　基于产品的供应链设计

实训目标

通过本项目的实训，使学生了解供应链设计的内容和原则，掌握基于产品的供应链设计策略，体会供应链设计的重要性。

实训要求

选择身边熟悉的一种产品，如计算机、食品、服装、手机、家用汽车等，分析基于该产品可设计出哪种类型的供应链，设计时应侧重什么。

1. 学生自由组成小组，每组 5 人。

2. 小组自行选择一种产品，分析该产品的特性。

3. 各小组根据所选产品及其特性，进行供应链设计，明确供应链类型及设计侧重点。

4. 形成供应链设计方案，在班级展示。

实训指导

1. 指导学生了解产品的类型及其特性。

2. 指导学生理解供应链的类型及其特征。

3. 指导学生进行供应链设计。

参 考 文 献

［1］钱廷仙. 现代物流管理［M］. 3 版. 北京: 高等教育出版社，2019.

［2］顾东晓，章蕾. 物流学概论［M］. 2 版. 北京: 清华大学出版社，2021.

［3］甘卫华，傅维斯，徐静. 现代物流基础［M］. 4 版. 北京: 电子工业出版社，2020.

［4］朱友发，吴小梅，焦梦芹. 新编现代物流管理概论［M］. 北京: 航空工业出版社，2012.

［5］高文华，王桂花. 供应链管理［M］. 北京: 清华大学出版社，2009.

［6］沈珺，徐家骅. 物流管理概论［M］. 北京: 清华大学出版社，2006.